Kulturvergleichende Psychologie

Petia Genkova

Kulturvergleichende Psychologie

Ein Forschungsleitfaden

Petia Genkova
FH Bund Brühl, Deutschland

ISBN 978-3-531-18117-2   ISBN 978-3-531-94132-5 (eBook)
DOI 10.1007/978-3-531-94132-5

Die Deutsche Nationalbibliothek verzeichnet diese Publikation in der Deutschen National-
bibliografie; detaillierte bibliografische Daten sind im Internet über http://dnb.d-nb.de
abrufbar.

Springer VS
© VS Verlag für Sozialwissenschaften | Springer Fachmedien Wiesbaden 2012
Das Werk einschließlich aller seiner Teile ist urheberrechtlich geschützt. Jede Verwertung,
die nicht ausdrücklich vom Urheberrechtsgesetz zugelassen ist, bedarf der vorherigen Zustimmung des Verlags. Das gilt insbesondere für Vervielfältigungen, Bearbeitungen, Übersetzungen, Mikroverfilmungen und die Einspeicherung und Verarbeitung in elektronischen
Systemen.

Die Wiedergabe von Gebrauchsnamen, Handelsnamen, Warenbezeichnungen usw. in diesem
Werk berechtigt auch ohne besondere Kennzeichnung nicht zu der Annahme, dass solche
Namen im Sinne der Warenzeichen- und Markenschutz-Gesetzgebung als frei zu
betrachten wären und daher von jedermann benutzt werden dürften.

Einbandentwurf: KünkelLopka GmbH, Heidelberg

Gedruckt auf säurefreiem und chlorfrei gebleichtem Papier

Springer VS ist eine Marke von Springer DE. Springer DE ist Teil der Fachverlagsgruppe
Springer Science+Business Media
www.springer-vs.de

Inhalt

Vorwort	9
1 Einleitung	11
2 Kulturvergleichende Psychologie: Gegenstand, theoretische Konzepte und Perspektiven	13
2.1 Einleitung	13
2.2 Kulturvergleichende Psychologie und Kulturpsychologie: Gegenstand	15
2.3 Kultur – ein operationalisierbares Konstrukt?	20
2.4 Ziele und konzeptueller Rahmen der Kulturvergleichenden Psychologie	29
2.5 Paradigmen und Perspektiven der Kulturgleichenden Psychologie	31
2.6 Forschungsansätze der Kulturvergleichenden Psychologie	37
2.7 Zusammenfassung	50
3 Methoden und methodische Probleme der Kulturvergleichenden Psychologie	51
3.1 Einleitung	51
3.2 Gütekriterien der Kulturvergleichenden Psychologieforschung	53
3.2.1 Objektivität, Reliabilität, Validität	54
3.2.2 Äquivalenz und Vergleichbarkeit	58
3.2.3 Äquivalenz bei der Übersetzung	66
3.3 Statistische Analysen in der kulturvergleichenden Forschung	73
3.3.1 Item-Statistik	73
3.3.2 Analyse von Varianz (Intervall- und Ratio-Level-Skalen)	75
3.3.3 Mantel-Haenszel-Statistik (für dichotomische Daten)	77
3.3.4 Loglineare Modelle	78
3.3.5 Item-Response-Theorie	80
3.3.6 Standardisierung bei Kulturvergleichen	82

3.3.7	Strukturorientierte Techniken bei Kulturvergleichen	83
3.3.8	Level-orientierte Techniken bei Kulturvergleichen	85
3.3.9	Evaluation von hypothetisierten Kausalitäten von kulturellen Differenzen	86
3.4	Das Selektionsproblem der Stichproben bei Kulturvergleichen (sampling)	86
3.5	Quantitative vs. qualitative Methoden	90
3.5.1	Qualitative Methoden bei der Kulturvergleichenden Psychologie	92
3.5.2	Quantitative Methoden bei Kulturvergleichen	108
3.6	Holokulturelle Forschungsmethoden	111
3.7	Skills, Kontext und Transfer bei kulturvergleichenden Untersuchungen	113
3.8	Zusammenfassung: Kritische Ansätze in der Kulturvergleichenden Psychologie	117
4	**Existenz universeller kultureller Muster**	**123**
4.1	Einleitung	123
4.2	Kulturelle Universalien und universelle kulturelle Muster	123
4.3	Nationalcharakter (Nationale Stereotype)	130
4.4	Werte	133
4.5	Zusammenfassung	138
5	**Individualismus/Kollektivismus**	**141**
5.1	Einleitung	141
5.2	Das Forschungskonstrukt Individualismus/Kollektivismus in der Kulturvergleichenden Psychologie. Definitionen	142
5.3	Methoden, methodische Probleme und empirische Untersuchungen	149
5.4	Strukturmodell von Individualismus/Kollektivismus	152
5.5	Individualismus/Kollektivismus – Merkmale des Forschungskonstruktes	158
5.6	Situationen, Faktoren und Konsequenzen der Dimension Individualismus/Kollektivismus	158
5.7	Diskussion und Zusammenfassung	167
5.7.1	Kritik am Forschungskonstrukt Individualismus/Kollektivismus	167
5.7.2	Kulturvergleichende Psychologie und Individualismus/Kollektivismus	169

6 Autoritarismus	173
6.1 Einleitung und begriffliche Klärung	173
6.2 Methodische Probleme und Entwicklung des Forschungskonstrukts	175
6.3 Zusammenhangsvariablen und Kulturvergleichende Untersuchungen in Bezug auf den Autoritarismus	193
6.3.1 Zusammenhangsvariablen des Autoritarismus	193
6.3.2 Kulturvergleichende Autoritarismusforschung	198
6.4 Zusammenfassung	203
7 Subjektive Kultur	205
Literatur	213
Stichwortverzeichnis	235

Vorwort

In der Bestrebung faire kulturvergleichende und interkulturelle Forschung zu betreiben, hatte ich mich auf die Suche nach methodischen Lösungen und fundierten Konzepten gemacht. Ein Leitfaden für diese teilweise anspruchsvolle und disziplinär heterogene Forschung wäre hierbei auf jeden Fall erleichternd gewesen, unabhängig davon, ob grundlagen- oder anwendungsbezogene Forschung betrieben wird. So ist die Idee entstanden, einige dieser Konzepte zu einem Leitfaden für Kulturvergleichende Psychologie zusammenzufassen.

Eine lange Arbeit wie diese verlangt viel Zeit, Mühe, und Wohlbefindensabschläge, bringt dann aber auch enorme Zugewinne.

An dieser Stelle möchte ich mich für die tolle Unterstützung bedanken.

Zunächst vielen Dank für die fachliche Unterstützung und den gewinnbringenden Austausch von und mit Herrn Prof. Dr. Bierhoff und Herrn Prof. Dr. Preiser. Für die loyale und zuverlässige Hilfe bei den technischen und sprachlichen Korrekturen möchte ich gerne Frau Stefanie Strunz und Herrn Michael Johann meinen Dank aussprechen.

1 Einleitung

Die kulturvergleichende Forschung und die Interkulturelle Kommunikation werden immer wieder als moderne und aktuelle Forschungstrends bezeichnet, dennoch sind sie kein Mainstream. Trotzdem ist es eine Tatsache, dass die Zahl an interkulturellen Trainings durch Globalisierung und Integrationsprozesse zugenommen hat und dass die Aufmerksamkeit der Öffentlichkeit durch die Massenmedien häufiger auf die kulturellen Unterschiede gelenkt wird, obwohl es sich um eine Forschungsnische handelt.

Die moderne wissenschaftliche Psychologie sieht sich als eine universelle Wissenschaft und die Mainstream Psychologie wird immer wieder beschuldigt, culture-bound oder culture-blind (Jahoda & Krewer, 1997) zu sein. Jedoch hinterfragt die Psychologie in den letzten Jahrzehnten immer stärker die Universalität ihrer Theorien und empirischen Ergebnisse und betrachtet diese kulturabhängig differenziert.

Der Psychologie wird oft vorgeworfen, dass sie nur wenige Antworten auf die Fragen gibt, die sich die Menschen im Alltag stellen. Diese Lücke wird durch psychologisierende Laien- und Selbsthilfeliteratur gefüllt, wobei deren Aussagen im Alltag überwiegend mit den wissenschaftlich fundierten Erkenntnissen verwechselt werden. Zu einem dieser Themen gehört die Frage, welche Rolle „kulturelles Temperament spielt". Handelt es sich dabei nicht um einfache Gruppen- oder interindividuelle Unterschiede? Das Ergebnis, sowohl wissenschaftlich, als auch praxisorientiert, ist meistens, dass Kultur und ihr Einfluss auf Bewusstsein, Denk-, Verhaltens- und Erlebnismuster unter- oder überschätzt werden.

Jedes Lehrbuch – sei es aus den Bereichen der Sozial- und Kulturwissenschaften, Soziologie oder Psychologie, welches die Kultur zum Forschungsobjekt hat, beginnt mit den Worten, dass es sehr viele Definitionen von Kultur gebe, die überdies unterschiedliche Aspekte betonen. Darüber hinaus gibt es auch in der Philosophie und Anthropologie verschiedene Tendenzen und Auffassungen, wie beispielsweise die Themen „Soll man von einer globalen menschlichen Kultur oder von mehreren Kulturen sprechen?" oder „Was ist der Unterschied zwischen Kultur und Zivilisation?" (Benedict, 1990; Malinowski, 1990; Levi-Strauss, 1990; Geertz, 1990; Mauss, 1990; Boas, 1990; Mead, 1990; Radkliff-Brown, 1990; White, 1990; Kroeber & Kluckhohn, 1990 u.a.). In den geisteswissenschaftlichen Auffassungen werden auch oft die Thesen der Psychoanalyse diskutiert. Diese spielen aber keine Rolle in den gegenwärtigen psychologischen Untersuchungen, da sie nicht empirisch verifizierbar sind.

Dieses Lehrbuch beschäftigt sich zentral mit den methodischen Schwierigkeiten und Problemen bei interkulturellen, kultur- und kulturvergleichenden empirischen Untersuchungen in der Psychologie.

Zum einen ist die Idee für dieses Lehrbuch aus dem wissenschaftlichen Interesse entstanden, sich eher auf die kulturellen Gemeinsamkeiten und Universalität zu konzentrieren, zum anderen „das Unvergleichbare" methodisch korrekt und anspruchsvoll zu vergleichen.

Da die Kulturvergleichende Psychologie als relativ neue Teildisziplin gilt, sind viele methodische Schwierigkeiten hinsichtlich der Vergleichbarkeit zu überwinden. Dennoch hat die Psychologie selbst den Anspruch der Universalität. Somit stellt die Universalität ein Hauptuntersuchungskonstrukt dar. Wie man Kultur operationalisieren kann und wie Kultur in den subjektiven Theorien der Menschen aufgefasst wird, sind weitere Forschungsfragen dieser Arbeit. Sie soll als eine Art Leitfaden und als Werk zum „Nachblättern" dienen, um eine kulturvergleichende Untersuchung zu planen, durchzuführen, „kulturgerecht" auszuwerten und differenziert kulturspezifische, kulturübergreifende und universelle Zusammenhänge zu ermitteln.

2 Kulturvergleichende Psychologie: Gegenstand, theoretische Konzepte und Perspektiven

2.1 Einleitung

Dieses Kapitel hat das Ziel, die Kulturvergleichende Psychologie als eine neue Teildisziplin der Psychologie darzustellen. *„Cross-cultural psychology has grown into a thriving intellectual enterprise circa 2000. This leads us to (...) begin this introductory text with a paradox: cross-cultural psychology will be shown to have succeeded when it disappears"* (Segall et al., 1999).

Da die Kulturvergleichende Psychologie nicht zum *Mainstream* der Psychologie gehört, handelt sich dabei nicht um Konstrukte, die schon fest etabliert sind. Nur anhand dieser Konzepte könnte man die methodischen Schwierigkeiten und die Komplexität einer solchen kulturvergleichenden, psychologischen Fragestellung erkennen. Ebenso wie sich nur so die Problemstellungen bei Durchführung und Auswertung einer kulturvergleichenden Untersuchung erschließen. Dieses Kapitel will somit einen zusammenfassenden Überblick über die Vielfalt der vorherrschenden Konzepte geben.

Auf der Suche nach Antworten auf die Frage, warum man sich mit Kulturvergleichender Psychologie *(cross-cultural psychology)* beschäftigen muss, treffen wir auf das persönliche Verlangen von Menschen, die anderen Kulturen gegenüber einfühlsamer sind oder durch Akkulturation dazu gekommen sind, den Einfluss von Kultur auf das alltägliche Leben und Verhalten zu erforschen. Dadurch wird die Kulturvergleichende Psychologie immer als Randbereich betrachtet. Das führt dazu, dass die kulturvergleichende Forschung in der Psychologie teilweise nicht ernst genommen wird. So wie Frauen eben Genderforscherinnen sind, so sind auch Personen, die einen Akkulturationsprozess durchgemacht haben, kulturvergleichende Forscher. Die kulturvergleichende Forschung und die Interkulturelle Kommunikation werden immer wieder moderne und aktuelle Forschungstrends, dennoch kein *Mainstream*. Trotzdem ist es eine Tatsache, dass die Zahl an interkulturellen Trainings durch Globalisierung und Integrationsprozesse zugenommen hat und dass die Aufmerksamkeit der Öffentlichkeit durch die Massenmedien häufiger auf die kulturellen Unterschiede gelenkt wird, obwohl es sich um eine Forschungsnische handelt.

Da die Kulturvergleichende Psychologie auf keine lange Tradition zurückblicken kann, spricht man oft von ihrem heterogenen Charakter. Im Unterschied zu z. B. der Sozial- oder Entwicklungspsychologie gibt es keine festen Paradigmen und Inhalte eines Lehrbuches über Kulturvergleichende Psychologie. Die Versuche, das zu verändern, scheitern meistens nach den Kapiteln „Gegenstand", „Methodische Probleme" und „Konzeptueller Rahmen". Die übrigen Stichpunkte hängen vom Bereich des einzelnen Forschers ab. So sucht z. b. der Entwicklungspsychologe den Zugang zur Kulturvergleichenden Psychologie durch den Blickwinkel der Entwicklungspsychologie und der Sozialpsychologe den durch die Sozialpsychologie.

Die methodischen Probleme bei der Durchführung von Untersuchungen und die Forschung mit *„patchwork"*-Charakter stellen weitere Probleme dar, die diese Teildisziplin der Psychologie als eine noch neue, eher „postmoderne" Disziplin hat. Aufgrund der Prozesse der Integration und der Globalisierung erhalten das bessere Verständnis für andere Kulturen und der Umgang mit ihnen enorme Bedeutung. Da die „klassischen" Kulturwissenschaften eher ihre Erkenntnisse aus der Anthropologie und Soziologie schöpfen und häufig in Zusammenhang mit der Literaturwissenschaft gebracht werden, stellt eine derartige, empirisch vergleichende Forschung für die Psychologie eine echte Herausforderung dar. Oft wird aber die Kulturvergleichende Psychologie als ein peripherer Bereich der Psychologie angesehen. Er ist auch noch kein fester Bestandteil der Lehrpläne, um ein Diplom in Psychologie zu erlangen (vgl. Ho & Wu, 2001; Tedeshi, 1988; Malpass, 1999, Wheeler & Reis, 1988; Messick, 1988, Triandis, 1988; Kukla, 1988). Die Antwort auf die Frage, warum dies so ist, lautet folgendermaßen: Die Psychologie hat schon längst ihren empirischen Anspruch als eine universelle Wissenschaft erlangt, wobei die meisten psychologischen Ansätze bestrebt sind, die objektiven, universellen psychologischen Prinzipien zu beschreiben, zu erklären und vorauszusagen (Segall et al., 1999; Berry et al., 1992). Somit kann eine Auseinandersetzung mit Kulturvergleichen vermieden werden.

Ethnozentrischer Forscherbias

Viele psychologische Theorien und Untersuchungen greifen auf Stichproben aus den USA oder im Allgemeinen aus dem Westen zu. Dies ist auch der Grund für den problembehafteten Anspruch der Psychologie, eine universelle Wissenschaft zu sein. Diese Untersuchungen werden für allgemeine Aussagen herangezogen, die als repräsentativ für die ganze Welt gelten sollten.

Eine Untersuchung mit 100 Personen über aggressives Verhalten (dabei oft Psychologiestudenten, die über psychologische Vorkenntnisse verfügen) wird manchmal als allgemeingültig für das Phänomen Aggression zitiert. Anderseits werden Untersuchungen außerhalb der USA immer mit „the case of .... e. g. the Netherlands" bezeichnet und/oder sind so zu bezeichnen (nach Berry et al., 2002).

So kommen wir zur Antwort sowohl auf die Frage nach der Rolle und der Bedeutung als auch nach dem Bereich *(Domain)* der Kulturvergleichenden Psychologie im gegenwärtigen öffentlichen und wissenschaftlichen Raum. Wenn sich die Kulturvergleichende Psychologie als Disziplin durchsetzt, wird sie die Aufgabe der Psychologie selbst erfüllen, eine universelle Wissenschaft zu sein. Das Zitat am Anfang dieses Kapitels stellt ebenfalls eine Art Antwort auf die Frage nach der Bedeutung der Kulturvergleichenden Psychologie dar.

Ethnorelatives Kulturverständnis

Auf der Suche nach weiteren Antworten sollte man nie das Leitprinzip vergessen: Keines der Kulturmodelle ist positiv oder negativ zu bewerten, sondern nur als gleichgestellt oder unterschiedlich zu betrachten (Segall et al., 1999).

2.2 Kulturvergleichende Psychologie und Kulturpsychologie: Gegenstand

Die *mainstream* Psychologie wird immer wieder beschuldigt, *culture-bound* oder *culture-blind* (Jahoda & Krewer, 1997) zu sein: *„It is not possible to be „cross-cultural" without first being „cultural", but to be only „cultural" (or to pretend that it is possible to be so) eliminates the attainment of „general principles" to which all sciences aspire." (Berry, 1999).* Um die Unterschiede zwischen Kulturpsychologie *(cultural)* und Kultur-vergleichender Psychologie *(cross-cultural psychology)* darzustellen, werden hier verschiedene Definitionen des Gegenstandes der Kulturvergleichenden Psychologie aufgelistet, um die Vielfalt und die zahlreichen Tendenzen dieser Forschungsbereiche zu zeigen.

Oft zitierte Definitionen sind nachfolgend dargestellt:

Eckensberger (1972) versteht darunter: *„Cross-cultural research in psychology is the explicit, systematic comparison of psychological variables under different cultural conditions in order to specify the antecedents and processes that mediate the* *emergence of behaviour differences."* Diese Definition legt den Akzent auf die Verhaltensdifferenzen in unterschiedlichen Kulturkontexten.

Triandis, Malpass & Davidson (1972) betonen: *„Cross-cultural psychology includes studies of subjects from two or more cultures, using equivalent methods of measurement, to determine the limits within which general psychological theories do hold, and the kinds of modifications of these theories that are needed to make them universal."* Diese Definition betont die Bedeutung der methodischen Probleme und die Ansprüche kulturvergleichender Forschung im Vergleich zu allgemeingültigen universellen Angaben.

Brislin, Lonner & Thorndike (1973) führen eine methodenbezogene Definition an: *„Cross-cultural psychology is the empirical study of members of various culture groups who have had different experiences that lead to predictable and significant differences in behavior. In the majority of such studies, the groups under study speak different languages and are governed by different political units."*

Weiterhin betont Triandis (1980): *„Cross-cultural psychology is concerned with the systematic study of behavior and experience as it occurs in different cultures, is influenced by culture, or results in changes in existing cultures."*

Berry, Poortinga, Segall & Dasen (2002),: *„Cross-cultural psychology is the study of similarities and differences in individual psychological functioning in various cultural and ethnic groups, of the relationships between psychological variables and sociocultural, ecological, and biological variables, and of current changes in these variables."*

Cole et al. (1974): *„Cultural psychology (is) the study of the culture's role in the mental life of human beings."*

Shiraev & Levy (2000): *„Cultural psychology is the critical and comparative study of cultural effects on human psychology. Too different is the cultural psychology in the study that seeks to discover systematic relationships between culture and psychological variables."*

Ho & Wu (2001): *„Cross-cultural psychology is the scientific study of human behavior and mental processes, including both their variability and invariance, under diverse cultural conditions. Its primary aims, are to investigate (a) systematic relations between behavioral variables and ethnic-cultural variables, and (b) generalizations of psychological principles."* Diese Definition unterstreicht – wie die Autoren selbst betonen – einige Aspekte: Erstens ist die Kulturvergleichende Psychologie eine Wissenschaft, die sogar über die üblichen methodischen Grundlagen der Psychologie hinausgeht. Zweitens beschäftigt sie sich im Gegensatz zur Kulturanthropologie nicht primär mit dem Vergleich von Kulturen, indem sie kulturelle Merkmale und Unterschiede einer Kultur im Gegensatz zu einer oder mehreren anderen Kulturen betont. Sie konzentriert sich auf das Individuum, das somit in einem bestimmten kulturellen Kontext Gegenstand der Analyse ist. Drittens bedient sich die Kulturvergleichende Psychologie – wie auch die Allgemeine Psychologie – aller Methoden zum Erforschen von Verhalten und mentalen Prozessen und stellt diese darüber hinaus in unterschiedlichen Kulturkontexten fest. Viertens ist ein vergleichender Rahmen immer operativ, eine *cross*-ethnische oder *cross*-nationale vergleichende Analyse gilt nicht als kulturvergleichend, wenn keine relevanten kulturellen Variablen einbezogen werden.

Natürlich ist der Vergleich Bestandteil jeder wissenschaftlichen Analyse, da die Signifikanz eines Phänomens nur im Vergleich zu Hintergrundmustern, Regeln und Gemeinsamkeiten festgestellt werden kann. Die Kulturvergleichende Psychologie geht allerdings darüber hinaus und überprüft die Bedingungen, unter denen diese systematischen und legitimen Vergleiche gemacht werden können. Hierbei stellt sich die Frage nach der Kompatibilität von Stichproben, nach der Äquivalenz von Messungen und nach deren Vergleichbarkeit, da sie in verschiedenen Kulturkontexten durchgeführt werden. Dies wird eingehender im Kap. 3 betrachtet.

Berry et al. (2002) fassen den Sachverhalt prägnant zusammen: „*Cross-cultural psychology is the study of similarities and differences in individual psychological functioning in various cultural and ethno-cultural groups; of the relationships between psychological variables and socio-cultural ecological and biological variables; and of ongoing changes in these variables.*" Diese Definition hebt den gesamten Rahmen der Interaktion zwischen Umwelt und individuellen Variablen hervor.

Was ist nun der Gegenstand der Kulturvergleichenden Psychologie? Kulturvergleichende Psychologie *(cross-cultural psychology)* ist nicht Kulturpsychologie *(cultural psychology)*. Letztere hat den Einfluss der Kultur auf die Individuen zum Forschungsgegenstand. Darüber hinaus hat die Kulturvergleichende Psychologie den Anspruch, das in unterschiedlichen Kulturmodellen zu vergleichen. Da die gegenwärtige Psychologie sich eindeutig als eine empirische Wissenschaft versteht und dies auch ist, stellt die Kulturvergleichende Psychologie diesbezüglich keine Ausnahme dar (vgl. Segall et al., 1999).

Dabei hat die Kulturvergleichende Psychologie trotzdem Probleme, das Verhalten und Erleben unter dieser Perspektive zu erforschen, weil das Verständnis und die Definition von diesen eigentlich kulturell bedingt und dadurch auch unterschiedlich ist. Auf den ersten Blick sieht alles einfach und logisch aus, da wir wegen unserer eigenen sozialen Vorstellungen und Auffassungen „befangen" sind. Natürlich unterscheiden sich die anderen oder die „Fremden" von uns, schließlich sind sie ja „fremd" oder eben „anders". Aber so etwas festzustellen, ist nicht allein die Aufgabe der Kulturvergleichenden Psychologie. Das eigentliche Problem dieser Befangenheit besteht darin, dass jeder Vergleich in denjenigen Kategorien vollzogen wird, die wir als Vergleichsmaßstab setzen und die unserem kulturellen Verständnis entsprechen. In diesem Sinne bleiben wir kulturell befangen und urteilen wertend über die anderen. Da die Psychologie als eine wissenschaftliche Disziplin hauptsächlich ein Produkt westlicher anthropologischer Reflexionen und deren Institutionalisierung in unterschiedlichen Disziplinen ist, kann man festhalten, dass die Herkunft der kulturell bezogenen Psychologie mit einem ethnozentrischen Vorhaben zusammenhängt, welches mit dem westlichen Streben nach Selbstverständnis in der Widerspiegelung der anderen verbunden ist.

Von der Antike zur Globalisierung

Das gilt sowohl für die Antike, das Mittelalter, die Renaissance als auch für Aufklärung (Jahoda & Krewer, 1997). Das Interesse für die „anderen", deren Moral und Verhalten, die sich von unseren eigenen unterscheiden, begann noch in der Zeit der Antike. Jede Grenzüberschreitung ist Voraussetzung für dieses Interesse. Daher auch der Begriff „Barbaren" – das waren eben für das antike Griechenland alle, die nicht Griechisch reden konnten und deshalb anders – nicht wie die „demokratischen Griechen" dachten.

Die griechischen Städte waren auch eine Art gelebte Geistesgemeinschaft (Klineberg, 1980). Daher ist nachvollziehbar, dass im Zeitalter der Globalisierung dieses Interesse verstärkt wird.

Die Kulturvergleichende Psychologie hat sich zuerst nicht als eine Disziplin der Psychologie gesehen, sondern als eine Funktion einer partikular methodischen Strategie der *Mainstream*-Psychologie, die sogenannte kulturvergleichende Perspektive (Brislin, 1983, vgl. Jahoda & Krewer, 1997). In diesem Sinne kann die Kulturvergleichende Psychologie durch ihre Methoden definiert werden (Jahoda & Krewer, 1997).

Bei der Lektüre von Literaturquellen ist meistens festzustellen, dass viele der Autoren auf gleiche oder ähnliche Erkenntnisse bezüglich des Zusammenhangs zwischen Psychologie und Kultur, sozialem Verhalten und Kultur gekommen sind. Oft wird gar nicht auf andere Schwerpunkte eingegangen. Was ist die Ursache für diese Entwicklung? Obwohl die Kulturvergleichende Psychologie offiziell schon etwa drei Jahrzehnte (Berry et al., 2002) existiert, wird sie als ein peripherer Bereich der Psychologie angesehen. Wie später eingehend erklärt wird, beziehen sich die Zitate von kulturvergleichenden Theorien auf einem beschränkten, etablierten Kreis von Autoren, die meistens auch, was ebenfalls aus den Literaturquellen ersichtlich ist, zusammenarbeiten. Dazu gehören Berry, Triandis, Segall, Dasen, Poortinga, Adamopoulus, Cole, Shweder und im deutschsprachigen Raum Thomas, Trommsdorf, Boesch, Eckensberger, Großmann (vgl. Thomas, 1993; Großmann, 1993; Helfrich, 1993; Trommsdorff, 1993 u. a.).

In den aktuellen Darstellungen der Forschungsschwerpunkte der Kulturvergleichenden Psychologie kann festgestellt werden, dass diese auch die Forschungsschwerpunkte der Kulturpsychologie implizieren und den Zusammenhang zwischen Kultur und Psychologie beinhalten (s. u., vgl. Berry, 1999).

In den Anfängen der Kulturvergleichenden Psychologie war es noch sehr schwierig, die Grenzen ihres Forschungsbereichs abzustecken. Die Kulturvergleichende Psychologie hat den Anspruch, auch einige einzigartige Theorien und Methoden zu entwickeln, obwohl sie den theoretischen Rahmen der Psychologie benutzt, um Daten zu organisieren.

Es ist aber festzustellen, dass sich die Kulturvergleichende Psychologie trotzdem eher weiterhin durch ihre Methoden als durch ihre Theorie definiert. Das, was zu diesem Zeitpunkt bei der Entwicklung der Kulturvergleichenden Psychologie als offensichtlich wahrgenommen wird, war zu den Anfängen nicht so. Heute ist klar, dass keine Methode einfach so in einem anderen Kulturkontext ohne drastische Modifikation benutzt werden kann (Triandis, 1980), früher wurde dies jedoch einfach so gehandhabt. Ein typisches Beispiel dafür ist die Anwendung von Intelligenztests.

Aus der Forschung
Methodische Schwierigkeiten bei Intelligenztests

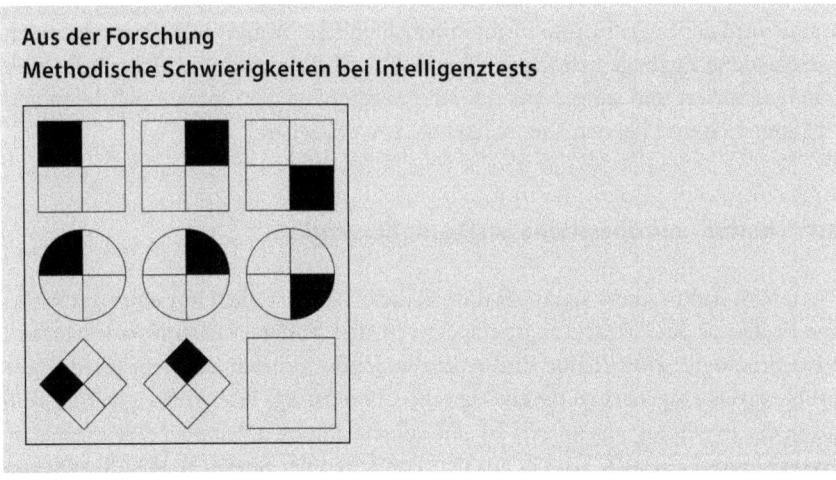

Die Abbildung zeigt ein von John C. Raven im Jahre 1956 entwickeltes kulturunabhängiges, sprachfreies Verfahren, die sogenannten Progressive Matrizen, das kulturübergreifende Verzerrungen vermeiden sollte. Jedoch zerstreute sich dessen Anspruch als kulturunabhängiges Testverfahren, denn kulturelle Variationen im Denkstil sind nicht nur auf Sprachunterschiede zurückzuführen. (aus http://commons.wikimedia.org/wiki/File:RavenMatrix.gif)

Dennoch weist die Kulturvergleichende Psychologie keine eigenen Theorien auf (Triandis, 1980). Hier trifft man auch keine Theorie, wie die der kognitiven Dissonanz (Festinger, 1957) oder die der sozialen Dominanz (Sidanius, 1999). Viele sprechen von nur einigen theoretischen Perspektiven, wie z. B. Whiting, (1961), McClelland (1961), Parson and Shils (1951), Triandis et al. (1972).

Die Wissenschaftler benutzen unterschiedliche Arten von Systemen von Variablen, um ihre Forschung voranzutreiben (Triandis, 1980):

1. Die Ökologie: Umwelt, Geographie, Ressourcen
2. Das Subsistenzsystem: Methoden der Ökologie zur Erklärung von Überleben (Agrokultur, Angeln, Industrie)
3. Das soziokulturelle System: Institutionen, Normen, Rollen und Werte, die bei den Individuen existieren
4. Das individuelle System: Wahrnehmung, Lernen, Motivation, subjektive Kultur (die Wahrnehmung der Elemente des Kultursystems).

Damit wird der Begriff „Kultur" auf unterschiedliche Weisen aufgefasst und durch verschiedene Zugänge betrachtet. Dennoch wird die unterschiedliche Definition häufig ignoriert und somit ist es schwer, Präzision bei der Operationalisieren von Phänomenen und bei den Untersuchungen zu erreichen.

2.3 Kultur – ein operationalisierbares Konstrukt?

Kann man Kultur überhaupt operationalisieren? Das ist nicht nur eines der strittigen Probleme der Betrachtungsperspektiven auch anderer Geisteswissenschaften, wie Ethnologie, Philosophie und Anthropologie, sondern auch ein praktisches Problem der empirischen psychologischen Forschung. Wie wird eigentlich Kultur in der Psychologie definiert? Ist *„the cultural nature of human being: created or given"*? Jedes Lehrbuch – sei es aus den Bereichen der Sozial- und Kulturwissenschaften, Soziologie oder Psychologie – welches die Kultur zum Forschungsobjekt hat, beginnt mit den Worten, dass es sehr viele Definitionen von Kultur gebe, die überdies unterschiedliche Aspekte betonen. Darüber hinaus gibt es auch in der Philosophie und Anthropologie verschiedene Tendenzen und Auffassungen, wie beispielsweise die Themen „Soll man von einer globalen menschlichen Kultur oder von mehreren Kulturen sprechen?" oder „Was ist der Unterschied zwischen Kultur und Zivilisation?" behandelt werden sollen (Sprengler, 1993, Dilthey, 1993; Husserl, 1993; Benedict, 1990; Malinowski, 1990; Levi-Strauss, 1990; Geerzt, 1990; Mauss, 1990; Boas, 1990; Mead, 1990; Radkliff-Braun, 1990; White, 1990; Kroeber & Kluckhohn, 1990 u. a.). In den geisteswissenschaftlichen Auffassungen werden auch oft die Thesen der Psychoanalyse diskutiert. Diese spielen aber keine Rolle in den gegenwärtigen psychologischen Untersuchungen, da sie nicht empirisch verifizierbar sind.

Dass sich die Philosophie schon länger mit der Frage der kulturellen Einflüsse beschäftigt, kann anhand einiger Definitionen in den psychologischen Quellen verdeutlicht werden, zum Beispiel: „Kultur ist das Schlüsselkonzept der Anthropologie, wie die Energie in der Physik oder die Gruppe in der Soziologie" (Segall et al., 1999). Was ist aber für das psychologische Wissen relevant, um die Kultur als ein verifizierbares Konstrukt in die empirische psychologische Forschung zu integrieren?

Umgang mit der definitorischen Heterogenität des Konstrukts Kultur

Die Vielfalt von Definitionen ist durch die Komplexität des Phänomens bedingt. In diesem Sinne und besonders im Falle einer Operationalisierung zum Zweck der Kulturvergleichenden Psychologie ist es immer ratsam, von einer genauen Definition auszugehen, die die Vielfalt von Aspekten zwar vielleicht etwas eingegrenzt und reduziert darstellt, dafür aber die Präzision erhöht (vgl. auch Triandis, 1994; Berry et al., 2002).

Der erste Gebrauch des Begriffs Kultur in einer anthropologischen Arbeit ist bei Tylor (1871, vgl. auch Kroeber & Kluckhohn, 1990) zu finden, der Kultur als Komplex definiert, welches Wissen, Glaube, Kunst, Gesetze, Gebräuche und alle anderen Ressourcen und Gewohnheiten *(habits),* die einen Menschen als Mitglied der Gesellschaft charakterisieren, einbezieht.

Einige der Definitionen von Kultur bestehen einfach aus einer langen Liste mit aufgezählten Stichpunkten, was der Inhalt einer Kultur sei. Wissler z. B. (1923, nach Berry et al., 2002) schlägt als Definition vor, folgende Kategorien zu berücksichtigen: Sprache, materielle Charakterzüge *(traits)*, Kunst, Wissenschaft, Religion, Gesellschaft, Infrastruktur, Regierung und Kriege. Diese Liste ähnelt ziemlich den allgemeinen Kategorien, die bei *The Human Relations Area Files (HRAF)* genannt werden: Allgemeine Merkmale, Nahrung und Bekleidung, Technologie und Wohnen; Wirtschaft und Transport; individuelle und familiäre Tätigkeiten; Gemeinschaft und Verwaltungsstrukturen; Wohlstand, Religion, Wissenschaft, Sexualleben und Lebenszyklus.

Nach Herskovits (1955) ist Kultur der vom Menschen erschaffene Teil *(human-made)* der Umwelt. Diese Definition impliziert sowohl die objektiven Gegebenheiten als auch die subjektive Kultur (Kategorien, Normen, Rollen und Werte – nach Triandis, 1994; Triandis, 1996), die später eingehender betrachtet wird. Triandis (1994) meint: „Kultur ist ein Set von *„human-made"* objektiven und subjektiven Elementen, die in der Vergangenheit die Wahrscheinlichkeit des Überlebens erhöht haben, und in Zufriedenheit für die Mitglieder in einer ökologischen Nische resultieren. Diese wird durch die Gemeinsamkeiten unterstrichen, dass die Kommunikation zwischen den Mitgliedern durch die gemeinsame Sprache, Zeit und Ort bestimmt wird."

Somit stellt Kultur nicht nur einen objektiven Kontext dar, sondern ist auch subjektiv. Dazu gehört die Auffassung von Geerzt (1990), dass Kultur in *„the mind of the people"* ist, und ein historisch *„transmitted pattern of meanings embodied in symbols"* darstellt (nach Boesch, 2002). Eine Art *„conceptual structure or systems of ideas"*. Diese Konzeption wird als Gegenstand der Kulturpsychologie aufgegriffen (z. B. Cole, 1996; Shweder, 1990). Weiterhin bezeichnet Rohner (1984, Triandis, 1980) Kultur als *„an organized system of meanings which members of that culture attribute to the persons and objects which make up the culture, transmitted from one generation to the next."*

Es gibt auch Definitionen, die primär auf das Verhalten bezogen sind, so z. B.: Skinner (1981): „Kultur ist ein Set von Verstärkungsregeln"; Hofstede (1991): „Die Kultur ist *Software of the Mind"* sowie Barnlund & Araki (1985, Segall et al., 1999): *„Cultures have no existence expect as they are manifest in the behavior of the people who constitute them. A culture is only an abstraction based on the commonalities displayed in the behavior of a given community of people."* Boesch (1991, vgl. auch Boesch, 2002) gibt eine Definition, die seiner symbolischen Handlungstheorie entspricht: *„Culture is a field of action, whose contents range from objects made and used by human beings to institutions, ideas and myths. Being an action field, culture offers possibilities of, but by the same token stipulates conditions for, action. As an* *action field, culture not only induces and controls action, but is also continuously transformed by it; therefore, culture is as much a process as a structure."*

Kroeber & Kluckhohn (1990) betonen, dass bei mehreren Definitionen von Kultur drei zentrale Aspekte (anhand einer Auswertung von 164 Definitionen in der Anthropologie zwischen 1871 und 1950) enthalten sind: (1) Die Kultur zeichnet sich in adaptiven Interaktionen ab. Als solche sind Sprache, Konzepte, Symbole, Religion, Verhaltensmuster und soziale Muster wie Heirat usw. zu bezeichnen. (2) Kultur besteht aus gemeinsamen Elementen – Sprache, Zeit und Ort. (3) Kultur wird über längere Zeitperioden und über Generationen hinweg übertragen. In diesem Sinne gilt die Kultur als „superorganisch", da sie nicht direkt von den einzelnen Individuen abhängt, sondern über diesen steht und über sie weitergegeben wird.

Diese Auswertung beruht auf sechs Hauptkategorien von Definitionen der Kultur, welche die beiden Autoren in der anthropologischen Literatur festgestellt haben. Diese sind: (1) deskriptive Definitionen (eine Liste von Merkmalen); (2) historische Definitionen (diese akzentuieren die Akkumulation von Tradition über die Zeit und als Erbe); (3) normative Definitionen (die von allen Individuen geteilten Regeln, wobei hier der Fokus darauf gerichtet ist, die Logik dieser Regeln zu verstehen); (4) psychologische Definitionen (diese stellen mehrere psychologische *Features* wie Adaptation, Problemlösen, Lernen und *Habits* in den Vordergrund, d.h. Kultur wird gelernt und das Resultat dieses Lernens ist das Festlegen von *Habits* in einer Gruppe. Dabei werden implizite Kategorien (wie Einstellungen) und explizite (wie *habits*) als kulturelle Phänomene betrachtet. Demnach handelt es sich dabei um Kultur als ein psychologisches Konstrukt. Eine Kultur kann anhand der Daten der Individuen erforscht werden (vgl. auch später Triandis, *cultural syndrom*); (5) strukturelle Definitionen, die die Muster oder die Organisation von Kultur betonen; (6) genetische Definitionen, die die Herkunft und Genesis betonen. Hier wird die Kultur mit ihrer adaptiven Funktion in Bezug auf die Gewohnheiten einer Gruppe im Zusammenhang mit der sozialen Interaktion und den kreativen Prozessen des Menschen betrachtet. Diese Kategorie korrespondiert auch mit dem ökologischen Rahmen der Betrachtung der Kultur.

Daher schlagen Kroeber & Kluckhohn (1952) folgende Definition vor, die am häufigsten zitiert wird: *„Culture consists of patterns, explicit and implicit, of and for behavior acquired and transmitted by symbols, constituting the distinctive achievements of human groups, including their embodiments in artefacts; the essential core of culture consists of traditional (i.e., historically derived and selected) ideas and especially their attached values; cultural systems may on the one hand be conditioning elements of further action."*

Dagegen wird als eine kurze psychologische Definition im Lehrbuch für Kulturvergleichende Psychologie von Berry et al. (2002) vorgeschlagen: „*Culture is a shared way of life of a group of people.*"

Was für eine Person das Gedächtnis ist, ist für eine Gesellschaft die Kultur (Kluckhohn, 1954). Die psychologische Betrachtungsweise beruht im Unterschied zu den kulturwissenschaftlichen und philosophischen Interpretationen auf der Tatsache, dass die Menschen sich mehr ähneln als sie unterschiedlich sind (Brown, 1991). In diesem Zusammenhang werden die universellen Merkmale des Verhaltens gesucht (vgl. Lonner, 1980; Triandis, 1978; vgl. Triandis, 1994). Alle Menschen unterscheiden zwischen Liebe und Hass, Aggression und prosozialem Verhalten, sowie formellen und intimen Beziehungen (vgl. Triandis, 1994). Wie Brown (1991) bestätigt, haben alle Menschen Sprache, Nahrungstraditionen, Kunst, Mythen, Religion, Familienstrukturen, wirtschaftliche Systeme, Regierungen, Kriege, hygienische Gewohnheiten und Inzest-Tabus. Aber diese Kategorien sind unterschiedlich in ihrer Repräsentation. Demnach sind die Kategorien universell, aber ihr Modus – wie sie also zum Ausdruck kommen – ist unterschiedlich. Hier tritt aber ein anderes Problem auf, da im Prozess der Stereotypisierung auch oft die Gemeinsamkeiten entweder überschätzt oder unterschätzt werden. Natürlich kann man keine der beiden Betrachtungsweisen akzeptieren. Die Tendenz zu denken, dass die Menschen ähnlich wie A, B, C, ..., N sind, und unterschiedlich im Vergleich zu X, Y und Z, gehört eigentlich auch zu den universellen Merkmalen des menschlichen Verhaltens (Zipf, 1949). Hier sollte man aber berücksichtigen, dass die Kultur manchmal zu sehr dazu beansprucht wird, Differenzen oder Gemeinsamkeiten zu erklären und das, was nicht direkt erklärbar oder erkennbar ist, zu bestätigen (vgl. Ho & Wu, 2001). Wie es auch der hilflose Arzt tut, der keine kausale Erklärung findet und deshalb sagt, dass jede Beschwerde psychosomatisch sei. In ihrer unreifsten Form lautet dann eine Erklärung: „Personen in Kultur A unterscheiden sich von Personen in Kultur B, weil sich Kultur A von Kultur B unterscheidet." All das passiert wiederum nur, weil ohne Beachtung der persönlichkeitsrelevanten Variablen (wegen der unterschiedlichen Sozialisation und dem diesbezüglich einbezogenen Kulturmodell) nur ein Phänomen mit seinen Merkmalen (vgl. Ho & Wu, 2001) bei der Forschung berücksichtigt wird.

Aus der Forschung
Schlechtere Leistung und Stereotype

„In einer Studie versuchten weiße und dunkelhäutige Studierende, sehr schwierige verbale Aufgaben zu lösen, wie sie in der Abschlussprüfung enthalten sind. Der Hälfte der Studierenden wurde vermittelt, ihr Abschneiden bei diesen Fragen sage etwas über Ihre *Intelligenz* aus; der anderen Hälfte wurde lediglich gesagt, dass es bei dem Experiment um psychologische Prozesse bei der *Problemlösung* gehe. Die Theorie der Bedrohung durch Stereotype besagt, dass nur Studierende, bei denen die Situation eine Bedrohung durch einen Stereotyp auslöst – in diesem Fall die dunkelhäutigen Studierenden in der „*Intelligenzdiagnostik*"-Bedingung – eine schlechtere Leistung erbringen. [...] Wenn farbige Studierende glaubten, ihre Leistung würde zur Beurteilung ihrer Intelligenz herangezogen, erbrachten sie schlechtere Leistungen [...]. Dieselbe Logik der Bedrohung durch Stereotype gilt für jede Gruppe, für die es ein Stereotyp schlechterer Leistung gibt. [...]" (Zimbardo, 2008)

Triandis (1994) schlägt eine Qualifikation der betreffenden kulturellen Attribute vor. Grundsätzlich ist immer zu berücksichtigen, dass jede Kultur einzigartig ist, genau wie jede Person, die Wissenschaft aber mit Generalisierungen und Allgemeinaussagen arbeitet und diese somit hervorhebt:

Bei Kulturvergleichen wird sehr oft gesagt: „Die Menschen in Kultur X sind so und so." oder „Die Menschen in Kultur Y machen das und jenes." Deshalb ist es sehr wichtig, immer folgende Aspekte zu bedenken (gekürzt dargestellt, Triandis, 1994):

1. Kulturen (Kulturmodelle) und Gesellschaften sind enorm heterogen. Das ist auch der Grund dafür, dass große nationale Einheiten für einen Ersatz für Kultur gehalten werden. Genau betrachtet sind aber Nationen und Kulturen sehr unterschiedliche Konzepte. Der Begriff „Nation" hat sich aber als Bezeichnung für eine Stichprobe, aus der die Daten stammen, durchgesetzt, ohne dass er zusätzliche Informationen bringt.

    Innerhalb einer Kultur gibt es viele verschiedene Personen. Das sollte besser bei jeder Aussage berücksichtigt werden. „Die Amerikaner essen Pizza" ist zwar eine grundsätzlich korrekte Aussage, aber es gibt auch Amerikaner, die keine Pizza essen, Diäten machen oder sogar allergisch gegen Pizza sind. Besser ist es daher zu behaupten: „Viele Amerikaner essen Pizza."
2. Keine Beschreibung einer Kultur fokussiert auf den Prototyp der Individuen in dieser einen Kultur. Wenn wir ein bestimmtes Wort benutzen, z. B. „gelb", arbeiten wir mit unterschiedlichen Stimuli, als seien diese identisch. Unser Auge unterscheidet zwischen 7.5 Millionen Farben, aber wir benutzen kaum mehr als 40 Farbbenennungen, weil wir die Farbstimuli in Kategorien grup-

pieren. Ähnlich gibt es viele Menschen, die vielleicht Mitglieder der gleichen Kultur sind.
3. Kultur ist eine Bezeichnung, die oft verwechselt und vermischt wird, und zwar mit Sprache, geographischer Lage, Geschichte, Religion, sozialer Klasse, Rasse, dörflich-urbanem Wohnstatus, Nationalität und vielen anderen Kategorien. Wenn wir beurteilen wollen, worüber wir genau sprechen, müssen wir alle diese relevanten Kategorien spezifizieren, aber die meiste Zeit mangelt es uns an der nötigen Information, um das zu tun. Wenn die Menschen sich durch ein bestimmtes Verhaltensmuster ausdrücken, zeigen sich ihre „Stichprobenelemente" aus einer Kultur entsprechend ihrer Zugehörigkeit zu bestimmten Gruppen, deren Religion, sozialer Schicht oder demographischen Kategorien. Das „Schöpfen" von „eigener Kultur" kann aber auch nicht mit der Nationalkultur korrespondieren. Demnach befinden sich Menschen auf einem unterschiedlichen Niveau von Akkulturation und haben unterschiedliche Umgangsweisen beim Kontakt mit anderen Kulturen.

Das betrifft sowohl den Umgang mit den Massenmedien als auch die direkten Veränderungen der eigenen Kultur. Die Nationalkultur ist nur einer der Aspekte des Einflusses in Bezug auf Kulturmodelle.

Bemerkung: Hier sollte man auch berücksichtigen, dass es innerhalb einer Nation (Nationalstaat) mehrere kulturelle Gruppen gibt, bzw. mehrere Kulturen, die sich voneinander unterscheiden. Einige der ethnischen Gruppen unterscheiden sich auch dann noch, wenn sie schon länger Teil eines Staates sind, z.B. Aboriginal, African und Spanish People in Amerika (Berry et al., 2002). Smith & Bond (1998) berücksichtigen, dass die kulturellen Gruppen innerhalb einer Nation allerdings doch durch gemeinsame Medien, Religion, Ausbildung und Sprache verbunden sind. Trotzdem beinhalten diese Nationen auch viele Sub-Gruppen und bei einem Nationalvergleich werden diese miteinbezogen.
4. Jede Stichprobe aus Daten basiert auf einem bestimmten Zeitabschnitt. Ein Ethnograph führt z.B. eine Felduntersuchung zwei Jahre durch und publiziert sie aber erst ein paar Jahre später. Während dessen hat sich die untersuchte Kultur schon wieder verändert. Die Kulturen bzw. die Kulturmodelle verändern sich permanent und sind auch stark von weltweiten Ereignissen wie z.B. Kriegen usw. geprägt.
5. Der wichtigste Gesichtspunkt dabei ist, zu verinnerlichen, dass eine Kultur nicht diese oder jene Charakteristiken hat. Eine Kultur ist vielmehr nur als eine Kultur zu bezeichnen, die vielleicht diese oder andere Charakteristiken hat.

6. Andere Kulturen beeinflussen die Menschen durch Reisen, Kommerz, Massenmedien, Missionare und anderen Tauschressourcen. Die Massenmedien implizieren häufig einige amerikanische Kulturelemente, die nicht immer den globalen entsprechen. Einige Elemente von fremden Kulturen haben eine längere Geschichte, andere eine kürzere. Diese Elemente zu erkennen und als „nicht die eigenen" zu bezeichnen, ist sehr wichtig.

Dazu sind aber noch zwei weitere Aspekte hinzuzufügen (Genkova, 2009):

7. Statt über „Kultur" bei den Kulturvergleichen und psychologischen Fragestellungen zu sprechen, sollten wir immer lieber über „Kulturmodelle" sprechen. Warum? Im Unterschied zu einer Kultur, die auch die geschichtliche Entwicklung impliziert, wird beim Ausdruck „Kulturmodell" eher an eine Querschnittsstudie gedacht. Bei dieser werden bestimmte Muster *(patterns)* angesprochen, die in dem Modell enthalten sind. In einer Kultur sind zwar auch diese *Patterns* in ihrer Entwicklung und Modifikation enthalten, können aber durch eine Untersuchung nicht erfasst werden. Anderseits führt dieser Ausdruck auch zu begrifflicher Klarheit, da wir von einer Modellausprägung einer Kultur sprechen und auf diese Weise eine Antwort auf die Frage „Gibt es mehrere Kulturen oder nur eine?" gegeben werden kann. Gleichzeitig sprechen wir von kulturellen (also mit der Kultur verbundenen) Aspekten und von der Zugehörigkeit zu einer bestimmten Kultur.

8. Weiterhin sollte man bei den kulturvergleichenden Studien von einem aktuellen Kulturmodell sprechen. Der Grund dafür besteht darin, dass die meisten interkulturellen Untersuchungen Querschnittsstudien sind. Wir können keine Verallgemeinerungen über eine Kultur aufgrund einer begrenzten Stichprobe zu einem bestimmten Zeitpunkt machen. Die kulturellen Muster verändern sich nicht nur modal und lokal, sondern auch temporal, und das soll bei jeder Untersuchung zum Ausdruck gebracht werden. Was wäre bei einer Längsschnittstudie? Dann wäre der Ausdruck „aktuell" trotzdem angebracht, da wir zwar einen längeren Zeitabschnitt zwischen Zeitpunkt A und Zeitpunkt B betrachten würden. Dieser Abschnitt repräsentiert aber wieder nur einen kleinen Teil der gesamten zeitlich bedingten (historischen) Entwicklung einer Kultur.

Die Kultur ist der Rahmen, der unsere Perspektive auf die Außenwelt bestimmt. Wir betrachten die anderen Kulturen nicht als „objektiv", so wie sie sind, sondern so wie wir sie sehen und wie wir sind. Die Sozialpsychologie und die Kognitive Psychologie haben schon längst festgestellt, dass vergangene Ereignisse unsere aktuelle Wahrnehmung prägen. Diese Grundidee hilft uns auch, die interkulturellen Unterschiede zu verstehen (Triandis, 1994). In diesem Sinne beeinflusst die Kultur die Art und Weise, in der Individuen Informationen gebrauchen, selektieren und interpretieren (Kluckhohn, 1954). Das hängt auch mit der Ökologie zusammen, die hier als physische Umgebung und als Bezeichnung dafür, wo die Menschen leben, zu verstehen ist. Die Ökologie bezieht sich auf die Objekte, Ressourcen und geographischen Gegebenheiten der Umgebung sowie auf die Art und Weise, in der wir mit diesen umgehen. Wenn es z. B. irgendwo viel Fisch gibt, gibt es dort auch viele Fischer (Triandis, 1994). Deshalb kann man behaupten, dass die Ökologie die Kultur beeinflusst und diese wiederum das Verhalten (Berry, 1999, vgl. Berry et al., 2002). Die Kultur ist das, was den Sinn der Kontrolle über die Umgebung ausmacht, dieser Sinn ist mit Mythen, Normen usw. verbunden (s. Abbildung 2.1).

Abbildung 2.1 Zusammenhang zwischen Umwelt, Kultur und Verhalten (nach Berry et al., 2002)

Hier trifft der übliche Spruch aus der Psychotherapie zu, dass das globale Denken notwendig, aber das fallspezifische Handeln erforderlich ist. „Die Psychologie hat die Mühe, auf dem gedachten Kontinuum zwischen Allgemeinaussagen über den Menschen und speziellen Aussagen über Individuen einen festen Platz zu finden." (Großmann, 1993). Das individuelle Verhalten wird durch sehr viele Prädiktoren vorausgesagt, seien dies die Ökologie, die sozialen Organisationen, Gemeinschaften, Familienverhältnisse und Persönlichkeitsdimensionen (Georgas, 1989,). Hinzu kommt noch, dass wir zusätzlich die Verhaltensmuster berücksichtigen sollten.

Herausgestellt werden sollte auch, dass es in der Anthropologie und Kulturvergleichenden Psychologie im Unterschied zum alltäglichen Gebrauch des Kulturbegriffes keine Assoziation mit „hoher Kultur" oder Kunst, sondern mit allen Produkten der Menschen gibt. Kultur ist auch nicht identisch mit Zivilisation: Alle menschlichen Gruppen besitzen Kultur, unabhängig von der von einigen getroffenen Unterscheidung in kultivierte und primitive Gruppen. Eine derartige Differenzierung ist in der Anthropologie und Kulturvergleichenden Psychologie nicht zulässig, da sie eine Wertung enthält. Kultur ist auch nicht eins mit Gesellschaft, obwohl beide Begriffe sehr eng miteinander verbunden sind. Der Unterschied ist, dass die Gesellschaft eine organisierte Gruppe von Personen mit gleichen Zielen darstellt, während Kultur eher die Art des Lebens in der Gemeinschaft bezeichnet (Berry et al., 2002).

Die meisten Phänomene der Psychologie, insbesondere der Sozialpsychologie, werden von bestimmten Gesellschaften und Kulturmodellen beeinflusst. Deren Veränderungen bewirken auch die Veränderungen in den Phänomenen, die mit der Zeit immer größer werden können. Wenn das passiert, sollte man diese Veränderungen in die theoretischen Hintergründe integrieren, so dass letztlich auch die Theorie geändert wird.

Kultur und Psychologie

Um die Zusammenhänge zwischen Kultur und Psychologie besser ersichtlich zu machen, ist es notwendig, nicht nur zu globalen Erklärungen überzugehen, sondern auch spezifische Eigenschaften (Charakterzüge) der Kultur zu erkennen und festzulegen, die die kulturelle Variation sowie die Konstanten erklären können (Segall, 1986).

In diesem Sinne ist das Konzept der Internalisierung relevant (Ho & Wu, 2001), da hier eigentlich die Frage aufgeworfen wird, inwieweit die kulturellen Unterschiede auch in den Unterschieden zwischen den individuellen psychologischen Erfahrungen wieder zu finden sind, wodurch wiederum eigentlich der Kausalzusammenhang zwischen individueller Erfahrung und dem Formieren der Persönlichkeit – ein klassisches psychologisches Problem – angesprochen wird. Natürlich ist diese Art der Theoretisierung komplexer und komplizierter als die üblicherweise in der Psychologie verwendete Art. Deshalb liegt die Frage nahe: Ist die aufwändige Auseinandersetzung mit Kultur notwendig, um eine gute psychologische Forschung zu vollziehen (Triandis, 1994), oder wird diese Forschung aus empirischer Perspektive nur erschwert, ohne ersichtlichen Zugewinn?

2.4 Ziele und konzeptueller Rahmen der Kulturvergleichenden Psychologie

Die Ziele der Kulturvergleichenden Psychologie werden durch ihre Definitionen vorgegeben (vgl. Kap.2.1).

Erstes Ziel: Testen der Allgemeingültigkeit der existierenden psychologischen Thesen und Theorien (Whiting, 1961; Segall et al., 1999; Brislin, 1990; Adler & Gielen, 2001; Berry et al., 2002).

Zweites Ziel: Erklären von anderen Kulturen, damit kulturelle und psychologische Variationen festgestellt werden, die nicht in unserem aktuellen Kulturverständnis impliziert sind (Berry, 1997; Berry et al., 2002).

Drittes Ziel: Organisieren und Integrieren der Ergebnisse, die durch die ersten zwei Ziele erreicht wurden, in das psychologische Wissen und Generieren einer in diesem Sinne allgemeingültigen universellen Psychologie, die für mehrere Kulturen gelten soll (Berry et al., 2002). Dieses Ziel ist besonders wichtig, da, wenn man an die Grenzen des psychologischen Wissens stößt (erstes Ziel) und die Vielfalt der Ausprägungen eines psychologischen Phänomens feststellt (zweites Ziel), man diese in eine allgemeingültigere psychologische Theorie und in das entsprechende Wissen integrieren sollte (drittes Ziel, Berry et al., 2002). Weil auch andere Disziplinen solche universellen Ansprüche haben (z. B. Biologie, Linguistik, Soziologie und Anthropologie), setzt sich die Auffassung durch, dass die Psychologie dieses dritte Ziel erfolgreich erreichen wird (Berry, 1999, ähnlich Thomas, 1993).

Kulturpsychologie und Kulturvergleichende Psychologie

Durch die Zielsetzung der Kulturvergleichenden Psychologie kann man behaupten, dass die aktuelle, Kulturvergleichende Psychologie in sich auch die Ziele der Kulturpsychologie (s. u.) impliziert. Die Kulturvergleichende Psychologie strebt an, die Kulturpsychologischen Fragestellungen auf einer Metaebene zu vereinigen.

Die Kulturvergleichende Psychologie beruht auf verschiedenen wissenschaftlichen Disziplinen: Auf der Biologie (die Struktur und Funktionalität des menschlichen Organismus), der Allgemeinen Psychologie (akzentuiert auf das Individuum) und der Kulturanthropologie (sozialwissenschaftlicher Bezug), insbesondere auf ihrem an einem Populationsniveau ausgerichteten und durch viele naturalistischen Beobachtungsmethoden benutzender Teilbereich. In diesem Sinne ist die Kulturvergleichende Psychologie eine interdisziplinäre (Meta-)Wissenschaft, die mit einer breiten Palette von Methoden und Wissen anderer Disziplinen operiert. Der Fokus liegt auf dem Verständnis eines Populationseinflusses auf das Individuum, so dass man einen nicht ethnozentrischen Standpunkt etabliert, um eine langfristige Orientierung hin zum Generieren von universellen, psychischen Gesetzmäßigkeiten zu fördern (Berry et al., 2002).

Berry et al. (1992) formulieren zwei Positionen. Zum einen: Der Kulturkontext und der Vergleich zwischen den Kulturen sind enorm wichtig, um die menschlichen psychischen Phänomene zu verstehen; diese beiden Aspekte gehören zur Kulturvergleichenden Psychologie. Zum anderen: Der Zusammenhang zwischen Individuum und Kultur ist reziprok. Das Individuum reproduziert Kultur und das Individuum wird von der Kultur beeinflusst. Das eine kann aber nicht ohne das andere analysiert oder gemessen werden. Keines von beiden kann getrennt voneinander konzeptualisiert, geschweige denn nur auf sich allein reduziert werden. Die Kulturvergleichende Psychologie überprüft ihre Hypothesen anhand empirischer Studien, worin das Problem bei der „inherent ambiguity" kultureller Gruppen liegt. In diesem Sinne ist diese kritische Betrachtung der Methoden der Sozialwissenschaften eine ihrer wichtigsten Funktionen (Berry et al., 2002).

Zuerst als Subdisziplin der Allgemeinen Psychologie entstanden (vgl. Klineberg, 1980, Segall, Dasen, Berry & Poortinga, 1999) wurde die Kulturvergleichende Psychologie für eine partikulär methodische Strategie der empirischen mainstream-Psychologie gehalten (Brislin, 1990). Deshalb ist das Etablieren der Kulturvergleichenden Psychologie mit der Suche nach deren eigener Identität verbunden (Berry et al., 1992) und in den letzten Jahren viel mehr von den Theorien und Ansätzen der Entwicklungs- und Sozialpsychologie geprägt.

2.5 Paradigmen und Perspektiven der Kulturgleichenden Psychologie

Um eine psychologische kulturvergleichende Untersuchung methodisch und theoretisch fundiert durchzuführen, hat man sich mit den Paradigmen und Perspektiven der Kulturvergleichende Psychologie, die nicht zur *Mainstream* Psychologie gehören, auseinandersetzen. Hierin ist auch der Grund für diese Darstellung zu sehen. Nur dann kann man die empirischen Ergebnisse gut analysieren und begründen.

Der Grund, warum man in der Kulturvergleichenden Psychologie von Perspektiven und nicht von Theorien spricht, ist eigentlich der, dass Perspektiven breiter gefasst sind als Theorien (Lambert, 1980). Die Perspektiven schließen Theorien (zusammen mit Modellen, Rahmen und Paradigmen) ein, umfassen also viel mehr. Diese gegenwärtige intellektuelle Flexibilität der Kulturvergleichenden Psychologie kann zwar nicht alle Standpunkte einbeziehen, erleichtert aber die Schwerpunktsetzung für zukünftige empirische Arbeiten. Nicht erfasst sind etwa die sogenannten „naiven Theorien" (auch als Laientheorien oder subjektive Theorien bezeichnet) und die „*cultural codes*" (Lambert, 1980), was auch einen Teil der zentralen und innovativen Fragestellung dieser Arbeit darstellt und zwar in Bezug auf das subjektive kulturbezogene Wohlbefinden.

Wenn wir von der begrifflichen Bedeutung der Paradigmata ausgehen (Paradigma ist als Begriff von Kuhn (1952) eingeführt worden und wird als ein instruktives, anregendes bzw. stimulierendes Konstrukt aufgefasst), ist das Konzept der Paradigmata auch für die Kulturvergleichende Psychologie relevant. Mit den Veränderungen des Kulturverständnisses findet auch ein entsprechender Paradigmenwechsel statt (Lambert, 1980).

> **Veränderungen und Kultur**
>
> Je nachdem ob sich eine Kultur verändert hat, hat sich auch ihr Verständnis von Kultur und die Vorstellung davon, wie man Kultur wahrnimmt, analysiert und erforscht, geändert (Lambert, 1980).

Welche Richtlinien werden für die Zukunft der Kulturvergleichenden Psychologie vorgeschlagen (Lambert, 1980)? Da die Kulturvergleichende Psychologie eigentlich für interdisziplinäre Forschung prädestiniert ist, schließt die Suche nach universellen Prinzipien damit alle Variablen der menschlichen Entwicklung, inklusive der individuellen Unterschiede, mit ein.

Beim Erforschen des menschlichen Verhaltens sollten wir zuerst von einem „kulturell bedingten" Verhalten sprechen, bevor wir uns mit „interkulturellen Unterschieden" beschäftigen (Berry, 1999; vgl. auch Berry et al., 2002).

In diesem Zusammenhang (vgl. Berry, 1969; 1999) werden folgende Forschungsansätze betrachtet: *imposed etic; emic* und *derived etic*. Diese Felder korrespondieren mit den drei Zielen des „Transfers (meistens vom Westen zu anderen Kulturgruppen) und Testens" von psychologischem Wissen, dem Erklären von psychischen Phänomenen in diesen anderen Kulturen (natürlich auch aus der einheimischen Betrachtungsweise) und schließlich dem Integrieren und Generieren der empirischen Befunde aus den ersten beiden Feldern zum Erreichen einer psychologischen Forschung, die den Anspruch hat, universell zu sein.

Tatsache ist, dass die Allgemeine Psychologie die Kultur als einen eventuellen Einfluss auf das menschliche Verhalten ignoriert oder auf sehr beschränkte Daten, die aus anderen Kulturen wie z. B. den westlichen euro-amerikanischen stammen, zurückgreift. Welche Lösungen schlägt die Psychologie für diese Schwierigkeiten vor?

1. Konzeptualisierung und Erforschung der Kultur als wichtigen Kontext der menschlichen Entwicklung *(„culture approach")* und
2. Anstreben von komparativen *(„cross-cultural")* Studien, um den Einfluss der verschiedenen Kulturmodelle auf menschliche Entwicklung und Verhaltensmuster festzustellen (vgl. Segall et al., 1999).

In der früheren Forschung ist die *emic-etic* Unterscheidung sehr wichtig gewesen und sie wird auch weiterhin betont. Diese Begriffe sind in Analogie mit der Sprache entstanden, so wie Phon*emics*. Hierbei handelt es sich um solche Laute, die nur in einer Sprache anzutreffen sind. Die Phon*etics* stellen hingegen Laute dar, die in allen Sprachen vertreten sind. Der Linguist Pike (1967) hat durch Ableitung von diesen Begriffen, die *Etic* als Bezeichnung für die universelle kulturelle Merkmale und *Emic* als Bezeichnung für die kulturspezifischen, unikalen Merkmale eingeführt.

- *Emic-Perspektive:* Diese Perspektive stellt das lokale Wissen und lokale Interpretationen vor.
- *Etic-Perspektive:* Diese Perspektive wird als wichtiger angesehen, da sie die relativen Variationen im Kulturkontext aus Variationen im Verhalten ableitet (Pike, 1967).
- *Imposed etic* beruht auf Vergleichen.
- *Derived etic:* Diese Perspektive akzentuiert darauf, dass ähnliche *Emic*-Ansätze in mehreren Kulturen anzutreffen sind, wobei die Ambition, psychologische Universalien (eben eine Universal-psychologie) zu schaffen, den Kern dieser Perspektive darstellt.

Darüber hinaus schlägt Naroll (1983) den Begriff *theoretics* vor. Dieser ist mit diesem Niveau der Analyse verbunden, wobei allgemeine Prinzipien der Analyse formuliert werden, damit man die systematische Variation, aber auch die Invarianz des menschlichen Verhaltens betrachten und erklären kann. Berry (1980) definiert *theoretics* als „*theoretical concepts employed by social scientists to interpret and account for emic variation and etic constancies*".

In Zusammenhang mit den drei Zielen der Kulturvergleichenden Psychologie werden auch die drei wichtigsten theoretischen Paradigmen (Orientierungen) in der Kulturvergleichenden Psychologie festgelegt: Absolutismus, Relativismus und Universalismus (Berry et al., 1992; Berry et. al, 2002; Großmann, 1993).

Die drei wichtigsten theoretischen Paradigmen in der Kulturvergleichenden Psychologie

Absolutismus setzt voraus, dass die psychologischen Phänomene in allen Kulturen in qualitativer Perspektive gleich sind (z. B. Depression ist Depression, Liebe ist Liebe, Berry et al., 2002). Damit ist gemeint, dass Kultur nur eine kleine oder gar keine Rolle bei den menschlichen Eigenschaften spielt. Deshalb erfolgt das Erforschen des menschlichen Verhaltens durch standardisierte Instrumente (es ist eben nur eine sprachliche Übertragung bzw. Übersetzung erforderlich – *imposed etic*-Ansatz). Dies ist für die frühere Perspektive kennzeichnend, welche später sehr kritisiert und infolgedessen auch verworfen wurde.

Im *Relativismus* wird das menschliche Verhalten als kulturell bedingt betrachtet. Es ist ein Streben nach dem Vermeiden von Ethnozentrismus und ein Versuch, die Menschen in ihren eigenen Begriffen zu verstehen. Die Erklärung der Vielfalt von Denk- und Verhaltensmustern beruht auf den kulturellen Mustern, in denen eine Person sich entwickelt hat. Vergleiche werden deshalb als problematisch bzw. ethnozentrisch angesehen und deshalb vermieden. Dieses Paradigma repräsentiert die *Emic*-Orientierung.

Das *Universalismus-Paradigma* fasst die beiden vorigen Perspektiven zusammen. Der Universalismus setzt voraus, dass die Grundmerkmale der menschlichen Natur für alle gleich sind (insbesondere ein Konstrukt von psychologischen Gegebenheiten). Die Kultur beeinflusst die Entwicklung und die Repräsentation dieser Merkmale. In diesem Sinne bringt die Kultur die unterschiedlichen Variationen dieser Merkmale und Bereiche mit sich. Die Einschätzungen basieren auf vorausgesetzten Prozessen, aber die Messungen werden in kulturbedingten Versionen interpretiert. Infolge dessen muss man mit Kulturvergleichen vorsichtig umgehen, obwohl viele methodologische Prinzipien die Gütekriterien verbessern. Die Interpretation von Gemeinsamkeiten und Differenzen sind jeweils kulturabhängig (vgl. Van de Vijver & Leung, 1997a). Diese Orientierung repräsentiert den *derived-etic*-Ansatz. Das ist auch das Grundmerkmal der meisten Kulturvergleichenden Studien in der Psychologie und somit die aktuelle Anforderung an die Kulturvergleichende Psychologie (z. B. Greenfield, 1997; Poortinga & Van de Vijver, 1987).

Obwohl noch andere Orientierungen feststellbar sind, kann man diese doch den drei Hauptperspektiven zuordnen (nach Berry, 1999; Berry et al., 2002): *imposed etic*-Ethnopsychologie (Diaz-Gueero, 1975), *social psychology* (Berry, 1983), *indigene psychology* (Enriquez, 1990; Kim & Berry, 1993; Sinha, 1997), *cultural psychology* (Shweder & Sillivan, 1993); *derived etic view-universal psychology* (Berry et al., 1992); eine Kombination von *emic* und *derived-etic* Positionen (z. B. Berry et al., 1992) sowie von Indigener Psychologie (Berry & Kim, 1993) als wichtiger Schritt zur universalen Psychologie.

Zusammenfassend soll noch einmal betont werden, dass die Kulturvergleichende Psychologie beide Perspektiven, „*within*" und „*across*", verbindet (vgl. Tabelle 2.1 und Abbildung 2.2). Darum wird von einem pluralistischen Ansatz der Kulturvergleichenden Psychologie gesprochen (vgl. Paranjpe, 1989; Tyler, 1989).

Tabelle 2.1 Drei Orientierungen der Kulturvergleichenden Psychologie, nach Berry et al, 2002

		Absolutist	Universalist	Relativist
1. Allgemeine Orientierung				
a)	Dem Verhalten zugrundeliegende Faktoren	Biologisch	Biologisch und kulturell	Kulturell
b)	Bedeutung von Kultur in Verhaltensausprägung	Begrenzt	Substentiell	Substentiell
2. Theoretische Perspektive				
a)	Gemeinsamkeiten aufgrund von	Basisprozessen innerhalb aller Spezien	Basisprozessen innerhalb aller Spezien	Grundsätzlich bisher nicht untersucht
b)	Unterschiede aufgrund von	Nicht-kulturellen Faktoren	Kultur – Organismus Interaktionen	Kulturellen Einflussfaktoren
c)	Emics und etics	Imposed etic	Derived etic	Emic
d)	Context-free Konzeptdefinitionen	Direkt verfügbar	Schwierig zu erreichen	Normalerweise unmöglich
3. Methodische Perspektiven				
a)	Context-free Konzeptmessung	Meistens möglich	Oft unmöglich	Unmöglich
b)	Beurteilungsverfahren	Standardinstrumente	Angepasste Instrumente	Lokale Instrumente
c)	Vergleiche	Direkt, häufig, bewertend	kontrolliert, häufig, nicht-bewertend	Meistens vermieden, nicht-bewertend

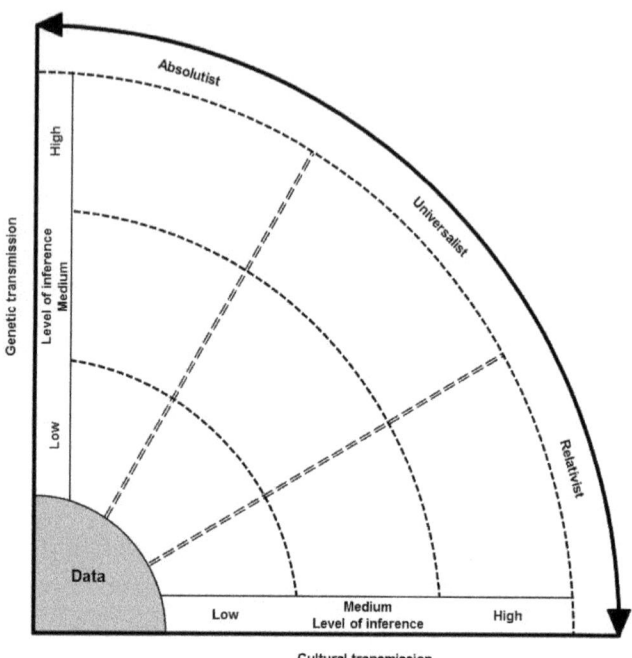

Abbildung 2.2 Level-Inferenz oder Generalisierung der zwei Übertragungsprinzipien nach Poortinga, 1985

Durch die drei Paradigmen der Kulturvergleichenden Psychologie werden zwei zentrale Forschungskonzepte angesprochen und zwar der Ethnozentrismus und der Multikulturalismus.

> **Die zwei zentralen Forschungskonzepte der Kulturvergleichenden Psychologie**

Unter *Ethnozentrismus* versteht man eine Art Übertreibung beim Urteilen über andere ethnische, rationale und kulturelle Gruppen und Ereignisse aus der Perspektive der eigenen ethnischen, nationalen oder kulturellen Weltanschauung. In der Psychologie wurden, wie schon eben erwähnt, viele Theorien unter den Bedingungen einer bestimmten Kultur entwickelt, ohne die kulturellen Unterschiede und deren Spezifik zu beachten. Ethnozentrismus verzerrt unsere Wahrnehmung von anderen Ländern und sozialen Gruppen. Er ist eine Verformung (Verzerrung) der Realität. In den meisten Fällen ist Ethnozentrismus eine meist negative Wertung aus der Position einer kulturellen Mehrheit heraus, deren Normen und Werte akzeptiert sind. Diese Mehrheit hat mehr Einfluss, da sie auf der Mehrheitsseite ist und dadurch über Macht über die anderen Mitglieder verfügt (Shiraev & Levy, 2000).

Dagegen steht *Multikulturalismus* oder *Kulturpluralismus* für das Streben nach Gleichheit bei der Behandlung von allen sozialen und kulturellen Gruppen. Im Laufe der sozialen Entwicklung und Forschungstendenzen ist bereits der „Standard" zum Leitprinzip in der vergleichenden Psychologie geworden (Fower & Richardson, 1996; Shiraev & Levy, 2000). Folglich stellt der Multikulturalismus eine individuelle, psychologische und theoretische Perspektive dar, die nicht nur die Anerkennung von Gleichheit für alle kulturellen und nationalen Gruppen fördert, sondern auch die Idee proklamiert, dass verschiedene kulturelle Gruppen das Recht haben, ihre einzigartige Entwicklung und Aktivität sowie ihre Werte und Normen zu behaupten. Dies sollte besonders für die Gruppen, die als Minderheiten mit anderen nationalen, ethnischen und kulturellen Gruppen zusammen leben, gelten (Shiraev & Levy, 2000).

2.6 Forschungsansätze der Kulturvergleichenden Psychologie

Um den konzeptuellen Rahmen der Kulturvergleichenden Psychologie eingehender zu betrachten, werden hier die Forschungsansätze, die in Folge der Entwicklung bereits ein fester Bestandteil dieser Disziplin geworden sind, sowie deren Ansätze, die für die Kulturvergleichende Psychologie relevant sind, aufgezählt.

Ethnographischer Ansatz
Der Begriff „Kultur" wurde, durch diesen Ansatz betrachtet, schon seit Jahren immer wieder in verschiedenen Arbeiten definiert, empirisch überprüft und durch Feldforschung in einzelnen Kulturen anders interpretiert. Diese ethnographischen Berichte enthalten wichtige Informationen, die als Grundlage der Kulturvergleichenden Psychologie dienen. In das Forschungsfeld der Ethnographie fällt es, die kulturellen Muster, Institutionen, Dynamiken und Veränderungen festzustellen und zu verstehen. In diesem Sinne wird die explizite (Umweltbedingungen und Umstände – *Environment*) Kultur beschrieben und weniger die implizite (internalisierte) Kultur. Das ist die Aufgabe der Ethnologie, wobei aber beide häufig verwechselt werden.

Die empirische Forschung kennzeichnet sich durch die Feldforschung.

Vermeidung eines Forscherbias im Rahmen der Feldforschung

Bei einer Feldarbeit sollte immer beachtet werden, aus welchem kulturellen Kontext der Forscher kommt, wie er sozialisiert wird und in welchen Begrifflichkeiten und Mustern er die soziale Realität wahrnimmt.

In diesem Zusammenhang hat man zwischen der teilnehmenden Analyse (innerhalb der untersuchten Kultur) und der nicht-teilnehmenden Analyse (außerhalb der untersuchten Kultur) unterschieden (Malinowski, 1990; Boas, 1990; Benedict, 1990; Geertz, 1990). Bei der ersten wird der Forscher in das Leben der Stammesbevölkerung (einheimischen Bevölkerung) integriert, um dieses besser kennenzulernen und zu verstehen. Bei der zweiten zieht man vor, dass der Forscher nur die Rolle eines Beobachters übernimmt, die es eben ermöglicht, die Kultur von außen und unbeeinflusst zu betrachten und zu analysieren. Die lokale Sprache zu lernen, um bestimmte kulturelle Muster besser zu verstehen, ist eine der Voraussetzungen, die ein Feldforscher erfüllen sollte.

Bei der Kulturvergleichenden Psychologie ist das nicht der Fall (Berry et al., 2002); es werden oft Analysen und Vergleiche gemacht, ohne die Sprache des einen oder anderen Kulturraums zu kennen. Häufig orientiert man sich nur an den statistischen Angaben und analysiert ausschließlich diese Ergebnisse. Meistens werden dann bilinguale Partner oder Mitarbeiter einbezogen, um bestimmte Fragestellungen besser zu erläutern und um Schlüsselinformationen wie z. B. Informationen, die die Medien über fremde Kulturen liefern, besser einschätzen und verstehen zu können (vgl. auch Kap. 3). Als besonders kritisch sind die Informationen anzusehen, die in den Medien als öffentliche Meinung präsentiert werden, sich aber von den eigentlichen Denk- und Verhaltensmustern der Menschen unterscheiden. Auch dieses muss bei der Analyse der Ergebnisse explizit mit berücksichtigt werden.

Kulturelle Evolution/Soziobiologischer Ansatz
Im Laufe der Entwicklung der Kulturvergleichenden Psychologie wurden verschiedene Konzepte, die zuerst als führendes Paradigma dienten, verworfen. Eines dieser Konzepte ist die Kulturelle Evolution (vgl. Buss, 2004; Thompson, 1980). Die Kulturelle Evolution beruht auf der Unterscheidung von *„zivilisiert"* und *„primitiv"*. Diese Theorie besagt, dass die geschichtliche Entwicklung von Jägern und Sammlern zu agrikulturellen und industriellen Gesellschaften und dann post-industriellen Gesellschaften eine progressive Entwicklung darstellt. Die Bezeichnung „Fortschritt" impliziert diese Perspektive. Diese Auffassung wird auch

„Social Darwinism" oder soziobiologischer Ansatz genannt (Berry et al., 2002, vgl. Shiraev & Levy, 2000), da sie die Kulturen nicht als gleichgestellt betrachtet und eine wertende Position, was gut und schlecht ist, mit sich bringt. Diesen Ansatz, also die Differenzierung nach progressiv und nicht-progressiv, kann man mit den Korrektiven der eigenen Kultur innerhalb eines Kulturmodells, aber nicht auf verschiedene Kulturen bezogen, einsetzen. Nicht in jeder Kultur bedeuten Veränderungen Fortschritt, sondern sie erfüllen auch eine Funktion – eben eine bessere Adaption an die sozialpolitischen und ökologischen Faktoren (Berry et al., 2002). Die menschliche Evolution schließt zwei Determinanten ein, die genetische Übertragung und die kulturelle Übertragung. Diese zwei Prozesse unterscheiden sich in ihren zentralen, wichtigen Aspekten, weisen aber parallele Merkmale auf. Die kulturelle Übertragung ist ein einzigartiger und einmaliger menschlicher Prozess, welcher Lernen über Generationen hinweg (via Lehren und Imitation) einschließt und sich deshalb von biologischer Übertragung unterscheidet.

Kulturelle vs. genetische Übertragung

Bei der kulturellen Übertragung werden wir von anderen Personen beeinflusst (Lehrer, Mentoren, Freunde usw.), was bei der genetischen Übertragung nicht möglich ist. Dort spielen nur die biologischen Eltern eine Rolle, deren genetische Merkmale übertragen werden.

Die beiden Prozesse sind aber letztlich doch vergleichbar, da uns beide für die Interaktion mit der Umwelt und deren Veränderungen „fit" machen wollen (Segall et al., 1999). Diese Prozesse stellen die bekannte Umwelt-Anlage-Debatte dar. Hier wird jedoch Umwelt kulturell bedingt und dadurch als kulturelle Variable aufgefasst.

Im Unterschied zur Ethnologie, wo die Konzepte auf den Verhaltensuniversalien oder auf dem universellen Kontext von Entwicklung beruhen, bezieht sich das soziobiologische Konzept in der Kulturvergleichenden Psychologie auf die Adaption.

So kann man zusammenfassend sagen (Keller, 1997), dass ausgehend vom Ziel der optimalen genetischen Reproduktion folgende Konzepte abgeleitet werden können, die auch in der Kulturvergleichenden Psychologie Geltung haben:

- Menschen sind egoistisch, folgen eigenen Interessen. Das impliziert, dass Kooperation und Altruismus Folgen von Kosten-Nutzen-Kalkulationen sind.

Diese Prinzipien betonen den sozialen Austausch mit Verwandten und zwischen Eltern und Kindern.
- Die soziale Interaktion betont nicht Gerechtigkeit und Gleichheit, sondern die Förderung der Individuen, die unsere biologische „Fitness" unterstützen. Das sind natürlich unsere Verwandten, in Bezug auf andere gilt das Kosten-Nutzen-Prinzip.

Anthropologischer Ansatz
Die vergleichende anthropologische Perspektive (Munroe & Munroe, 1997, vgl. auch Hogan & Sussner, 2001) beschäftigt sich mit folgenden Themenbereichen: Zum einen mit *Individual-Level-Variables,* wozu biologische Bedürfnisse zählen, Wahrnehmung und Kognition, Sprache oder *Sex-Typing* und *Interpersonal-Level-Variables*. Zum anderen betrachtet sie Reziprozität und Gruppen-Polarisation, Status und Solidarität, Ethnozentrismus (Stereotype, Vorurteile, u. a.) und zum dritten *Institutional-Level-Variables*. Letztere bestehen aus einer universellen Liste von Instutionen, darunter techno-ökonomische Institutionen sowie magische Religionen und Institutionen.

Munroe & Munroe (1997) betonen, dass zwei Bereiche der Anthropologie, nämlich die psychologische Anthropologie und die kognitive Anthropologie, näheren Bezug zur Kulturvergleichenden Psychologie haben (s. u.).

Die psychologische Anthropologie ist auch als die „Kultur und Persönlichkeit-Schule" *(culture and personality-school)* bekannt (Benedict, 1934; Boas et al., 1954, nach Jahoda & Krewer, 1997). Diese hat sowohl mit der anthropologischen Psychologie als auch mit der Psychoanalyse Überschneidungspunkte (Jahoda & Krewer, 1997). Als neuere anthropologische Forschungen sind diejenigen von Lee et al. (1999) und Peabody (1999) zu nennen.

Jahoda und Krewer (1997) definieren die psychologische Anthropologie als die Darstellung von Gemeinsamkeiten zwischen zwei verwandten Disziplinen, welche von Boas, Mead, Benedict, Abraham, Kardiner, Mauss, Geertz, Levi-Strauss, Radcliffe-Brown usw. entwickelt wurde. Shweder (1990, Allesch, 1990) bezeichnet auch die Kulturpsychologie als psychologische Anthropologie, aber eben mit der Priorität der Erforschung der „*psychic unity*" (psychische Einheit). Auch hier werden die konfigurationalistischen Ansätze stark mit einbezogen.

Kardiner, Malinowski, Boas, Mead sowie Benedict und Shapir unterstreichen, dass die gesamte Anthropologie psychologisch und die gesamte Psychologie kulturell bedingt ist. Sie identifizieren vier Hauptbereiche und Ansätze der psychologischen Anthropologie (Bode, 1988, s. auch Jahoda & Krewer, 1997):

a) Psychoanalytische Anthropologie (orthodoxe & neo-freudianische)

b) Kultur und Persönlichkeit (z. B. Grund- & modale Persönlichkeit, Nationale Charakter)
c) Soziale Struktur und Persönlichkeit (z. B. Materialismus and Interaktionismus)
d) Kognitive Anthropologie (z. B. primitive Identität, Entwicklung und Ethnosemantics)

Diese Bereiche teilen alle die gemeinsame Auffassung, dass die Persönlichkeit als Mediator zwischen unterschiedlichen Teilen der Kultur ($C_1 \to P \to C_2$) gehandelt wird. Im soziokulturellen System gibt es eine relative Stabilität, wenn es zwischen den psychologischen Bedürfnissen und sozialen Anforderungen eine Kongruenz gibt (Bode, 1988). Die kontextuellen Variablen beziehen sich auf Geschlechterdifferenzen, Subkulturen, ethnische Differenzen und soziokulturelle Veränderungen.

Als kognitive Anthropologie bezeichnet man eigentlich die ethnographische Psychologie von Cole und seinen Partnern. Cole wollte sich zwar auf die Piaget-Studien berufen, die Grundlagenbasis aber ändern, so wie Marx bei Engels (Jahoda, 1980). Das Ziel der kognitiven Anthropologie ist es zu verstehen, wie sich Menschen in verschiedenen Kulturen beschreiben, kategorisieren und ihr Wissen organisieren. Die experimentelle kognitive Anthropologie wird als Kulturkontext von Lernen und Denken verstanden (Cole et al., 1971, Miller, 1997).

Zusammenfassend ist zu betonen, dass der anthropologische Ansatz einige Levels von Variablen, die in eine Analyse einbezogen wurden, als Grundlage benutzt.

Anthropologie und Kulturvergleichende Psychologie

Die Anthropologie hat genau wie die Kulturvergleichende Psychologie zwei komplementäre Ansätze: Erstens eine vergleichende Orientierung, in der die nomothetischen Ziele primär sind, und zweitens eine Akzentuierung des Kontexts, in der die idiographischen Interessen dominant sind (Munroe & Munroe; 1980).

In diesem Zusammenhang werden sowohl der Kontext als auch die individuellen Level-Variablen (z. B. biologische Bedürfnisse, Kognition), die interpersonellen Level-Variablen (z. B. Affekt, Konkurrenz) und die institutionellen Level-Variablen (z. B. techno-ökonomische Institutionen, sozial-organisationelle Institutionen) erfasst (Munroe & Munroe; 1980).

Kultur und Handlung
Das Konzept von Kultur und Handlung wurde von Eckensberger in Bezug auf Intentionalität entwickelt (1993, vgl. auch Boesch, 2002). Hier wird Handlung als

zukunftsorientierte, zielgerichtete Aktivität einer potentiellen Selbstreflexion definiert. Diese Theorie weist vier Hauptaspekte auf: 1. Verhalten ist durch einige wenige Zukunftsziele strukturiert. 2. Es besteht die Wahl zwischen alternativen Wegen zum Erreichen dieses Ziels. 3. Die handelnde Person kann das Ziel bewusst wahrnehmen und erreichen. 4. Die Person kann die Folgen bewusst oder unbewusst konzipieren und die Verantwortung für diese akzeptieren. Alle diese Auffassungen und Ziele sind hierarchisch strukturiert.

Soziokulturelle Schule
Diese Schule wird mit dem Namen von Vygotsky (1978) verbunden. Sie vertritt die Auffassung, dass sich das Verhalten durch eine historische und kontextbezogene Natur entwickelt. Diese Entwicklung wird als eine höhere mentale Funktion im geschichtlichen Prozess auf dem Niveau der einzelnen Gesellschaft betrachtet. Cole (1996) ist der Ansicht, dass die kulturelle Meditation nicht auf dem Niveau von spezifischen *skills* liegt, sondern durch die Berichte des Verhaltens repräsentiert wird. Die Kultur ist demzufolge keine Gegebenheit.

Kultureller Relativismus
Die entgegengesetzte Position zum Sozialdarwinismus ist der kulturelle Relativismus (vgl. Shiraev und Levi, 2000), der zuerst von Boas (1911) eingeführt und später von Herskovits (1948) etabliert wurde. Diese Position unterstützt eine nicht-ethnozentristische Position, um die kulturelle und psychologische Vielfalt zu betonen. Hierbei besteht die Gefahr, einen radikalen kulturellen Relativismus zu begründen, der immer dann „betrieben" wird, wenn der extreme Ethnozentrismus beschämende Folgen zeigt, z. B. falls eine Gruppe als weniger moralisch oder intelligent als andere angesehen wird (Berry et al., 2002).

Indigene Psychologie
Mit Indigener Psychologie wird eine Forschungsrichtung bezeichnet, bei der nicht-westliche Länder eine einheimische Psychologie anwenden, die als Reaktion auf die euroamerikanische Dominanz entstanden ist. Ihr am stärksten ausgeprägter Aspekt ist, dass sie kulturspezifische Konzepte präsentiert, die wenig Bezug zur und Relevanz für die Kulturvergleichende Psychologie oder die Mehrheit der restlichen Kulturen haben. Die theoretischen Hintergründe basieren auf der Vorstellung, dass die Psychologie selbst kulturell bedingt und gebunden ist und dass jede Population eine eigene Psychologie braucht, eben eine einheimische Psychologie (Berry et al., 2002, vgl. auch Kim, 1990). Die Indigene Psychologie hängt mit der Vorstellung zusammen, dass es unmöglich ist, die Psychologie der Menschen

in einer anderen ethnischen oder sozialen Gruppe zu erforschen, ohne ein vollständiges Verständnis der sozialen, historischen, politischen, ideologischen und religiösen Prämissen der Menschen in dieser Gruppe zu haben (Shiraev & Levy, 2000). Hinzu kommt, dass die Indigene Psychologie ein System von psychologischen Denk- und Handlungsmustern ist, die in einer getrennten Kulturtradition entwickelt worden sind (Enriquez, 1993; Sinha, 1997).

Die indigenen Theorien, Methoden und die Indigene Psychologie selbst charakterisieren sich durch die Exklusivität der kulturellen Auffassungen der untersuchten Gruppe (Ho, 1988; Kim & Berry, 1993).

Kim & Berry (1993) formulieren sechs Grundannahmen und Forschungsstrategien, die den Ansatz der Indigenen Psychologie beschreiben.

1. Dieser Ansatz fördert ein komplexes Verständnis von Kultur und Verhalten im evolutionären, kulturellen und historischen Kontext. Die Versuche, das Aufzeichnen, Argumentieren und Interpretieren des Selbstverständnisses der Menschen und des Verständnisses ihrer Umwelt zu überprüfen, sowie die Analyse, wie die Individuen und Gruppen innerhalb ihres eigenen Kontexts interagieren, sind weitere Bestandteile dieses Ansatzes.
2. Damit ist nicht die Untersuchung von seltsamen, bizarren und exotischen Menschen in weiter Ferne gemeint. Leider ist diese Auffassung dennoch ziemlich verbreitet, aber die Indigene Psychologie fordert nur das Wahrnehmen von einigen Kulturen in deren eigenem Verständnis.
3. Der Ansatz akzeptiert, dass innerhalb einer Gesellschaft oder Kultur eine Variation bzw. eine Vielfalt der Perspektiven nicht von allen Gruppen geteilt wird. De facto ist in mehreren Gesellschaften, besonders in den Entwicklungsländern, die Existenz von parallelen Systemen von psychologischem Wissen erkennbar (Sinha, 1989; 1997).
4. Der Ansatz unterstützt nicht den Gebrauch einzelner Methoden. Es gibt ein Missverständnis diesbezüglich, dass die Indigene Psychologie den Methoden der modernen wissenschaftlichen Psychologie widerspräche. Es wird aber nur betont, dass ein Wissenschaftler nicht an eine bestimmte Methode gebunden ist, sondern auch die einheimischen benutzen sollte.
5. Der Ansatz propagiert keine angeborene Überlegenheit einer begrenzten Perspektive über eine andere, im Gegenteil, er spricht sich für die Existenz von alternativen Perspektiven zu den bestehenden Orientierungen der Untersuchungen von psychologischen Phänomenen aus.
6. Eines der Hauptziele dieses Ansatzes ist das Entdecken von universalen Prinzipien und Artefakten. Es ist ein Missverständnis zu denken, Indigene Psy-

chologie sei die Repräsentation des Kulturverständnisses, die die Existenz von universellen psychologischen Prinzipien relativiert und verneint. Die Suche nach diesen Universalien ist nur durch das Ziehen von „cross-cultural" und „cross-indigene" Vergleichen möglich.

Es werden verschiedene Typen von Indigenization unterschieden. Kumar (1979) beschreibt drei Typen: die strukturelle, inhaltliche und theoretische. Die strukturelle Indigenization betont die institutionellen und organisatorischen Kapazitäten, die bestimmte wissenschaftliche Ideen und deren Verbreitung unterstützen. Die Inhaltliche Indigenization betrifft die Tatsache, dass der Hauptforschungsgegenstand der Psychologie eigentlich die eigene Gesellschaft, die Menschen und deren Probleme sein sollte. Theoretische Indigenization liegt hingegen vor, wenn Wissenschaftler mit dem Konstruieren von distinktiven konzeptionellen Rahmen und Messtheorien beschäftigt sind, die ihre Weltvorstellungen bzw. sozialen und kulturellen Erfahrungen repräsentieren und ihre Ziele bestätigen (Kunar, 1979). Im Durchschnitt wird den Theorien, die aus nicht-westeuropäischen Ländern stammen, wenig Aufmerksamkeit geschenkt.

Berry et al. (1992) unterstreichen, dass die westliche psychologische Forschung dazu tendiert, auf verschiedenen Ebenen ethnozentrisch zu sein. Erstens betrifft das die Art und Weise der Auswahl der Stimuli und Items für die Überprüfung, zweitens die Wahl der Instrumente und Prozeduren, drittens die Definition von theoretischen Konzepten und viertens die Wahl der Themen für die Forschung. Die Indigenization betrifft alle diese vier Levels.

Was die methodischen Probleme der Indigenen Psychologie betrifft, sind nur zwei Besonderheiten zu erwähnen: erstens der Prozess der „Umwandlung" und Anpassung einer Methode an die spezifischen Charakteristiken einer Population. Dabei ist das Entwickeln von spezifischen Methoden essentiell für die Qualität der Forschung, da dieses mit dem Hintergrund verbunden ist, der eine Population charakterisiert. Die Anpassung wird meist durch die *back translation* als Untersuchung der sozialen Meinungen und Vorstellungen durchgeführt. Andere Strategien sind das Beibehalten origineller Konzeptionen, wobei aber die anwendbaren Materialien und Handlungen überprüft werden, die in der Gesellschaft verbreitet sind, um die Untersuchung „adäquat" zu machen. Dieser radikale Ansatz (Ho, 1988; Enriquez, 1990) verwirft die Möglichkeit, eine Methode überhaupt anpassen zu können. Also werden Methoden, die im eigenen Land entwickelt worden und mit den sozialen Vorstellungen verbunden sind, hervorgehoben.

Methodologisch ist es schwierig und sehr zeitaufwändig, solche Instrumente, die immer den sozialen und kulturellen Auffassungen für ein Phänomen entsprechen, zu entwickeln (vgl. Smith & Bond, 1998). Oft wird in diesem Zusammenhang auch die Theorie der sozialen Repräsentation von Moscovici (1981, vgl. auch Gerganov et al., 1996) zitiert. In dieser Theorie wird der Einfluss der Sozialisierung betont, um die alltäglichen Ereignisse oder Situationen besser einschätzen und wahrnehmen zu können. In diesem Sinne existiert keine allgemeine Wahrnehmung von bestimmten Ereignissen, da diese Wahrnehmung von der Kultur abhängig ist. Wenn die Einstellung ein Prototyp des Individuums ist, dann sind die sozialen Repräsentationen solche der Gruppe, eben des Kollektivs (Moscovici, 1981).

Als typische Regionen der Indigenen Psychologie werden oft Lateinamerika, Afrika, Indien, Ostasien (Japan, China, Korea, Philippinen) und Russland zitiert und gesondert betrachtet. Weiterhin betrifft die Indigene Psychologie den Bereich des Arbeits- und Organisationsmanagements. Das ist im Hinblick auf die Bedeutung der Organisationskultur und wachsenden Globalisierung der freien Wirtschaft nicht überraschend. Diese Differenzierung hängt auch mit der westeuropäischen Wahrnehmung zusammen, nach der die dortigen kulturellen Normen und Werte sich von den westlichen eben unterscheiden (Sinha, 1997).

Kulturelle Universalien
Eine der wichtigen Fragestellung dieser Arbeit ist nach der Existenz von universellen kulturellen *Patterns* und ob diese zu den kulturellen Universalien gehören. Die Komplexität dieser Fragestellung ist durch den Forschungsgegenstand bedingt, somit werden diese gesondert im Kapitel 4 betrachtet.

Die Kultur als Antezedent des Verhaltens
Diese Perspektive betont den Antezedenz-Konsequenz-Zusammenhang zwischen Kulturkontext und Verhaltensfolgen und stellt damit die Haupttendenz dieses Ansatzes und eine typisch psychologische Fragestellung dar. Die Kultur wird als ein Faktor höherer Ordnung und nicht als eine unabhängige Variable aufgefasst (vgl. Segall et al., 1999). Diese Auffassung wurde oft als diffus (vgl. Poortinga & Van de Vijver, 1987) bezeichnet. Deshalb wurde die Metapher einer Zwiebel vorgeschlagen, die man schälen muss, um immer mehr Erkenntnisse zu gewinnen. Eine nicht-interkulturelle Untersuchung kann als erfolgreich angesehen werden, wenn sie die gesamte Vielfalt von Verhaltensmustern zwischen den Kulturen komplett in den Begriffen von messbaren Variablen erklären kann. Die Kultur wird also als Kontext betrachtet, als ein Konstrukt von unabhängigen Variablen und als eine Art Rahmen, der alle Arten und Weisen von Interaktionen und Zusammenhängen zwischen den Variablen einbezieht. Diese Perspektive – Kultur ist ein Set von

unabhängigen Variablen oder Kontextpostulaten – betont die Verbindung von kulturellen Antezedenten und Verhaltensfolgen und interpretiert den kulturellen Einfluss auf die Verhaltensmuster als sekundär oder indirekt (vgl. Berry et al., 2002). Die Kultur ist dann als eine Mediator-Variable aufzufassen. Hier sollte man als Beispiel die Untersuchungen von Hofstede (1980) über die Arbeitswerte in allen IBM-Filialen weltweit zitieren, wobei eine der kulturellen Dimensionen, die diese Werte determiniert und die die *Compliance* der Personen zu den anderen zum Ausdruck bringt, eben Individualismus/Kollektivismus ist. Oft werden keine Systemvariablen, sondern nur einfache Variablen einbezogen (vgl. Berry et al., 2002; Jahoda, 2002). Berry et al. (2002) meinen, dass Kultur und Verhalten als funktionale adaptive Mechanismen zum Kontext dienen. In jeder Kultur existieren Praktiken, Regeln oder Konventionen, aber diese werden nicht gleichermaßen von allen Mitgliedern akzeptiert, nur für den Massenbetrachter scheint es so zu sein (Berry et al., 2002).

Vier Perspektiven, die Lonner und Adamopoulos (1997) vorschlagen, zeigen, inwieweit sich die Kultur direkt oder indirekt auf Denk- und Verhaltensmuster auswirkt (vgl. Tabelle 2.2). Der Einfluss der Kultur auf die abhängigen Variablen wird entweder als direkt oder indirekt aufgefasst. Dieser wird in Verbindung mit der primären oder sekundären Rolle der Kultur in einen theoretischen Rahmen gebracht. Infolgedessen kann die Kultur als unabhängige Variable, Mediator, Moderator und Kontextvariable betrachtet werden.

Tabelle 2.2   Vier Perspektiven für die Kultur als Antezedent für Denk- und Verhaltensmuster (Lonner & Adamopoulos, 1997)

		Die Rolle von Kultur in theoretischem Rahmen	
		Primär	Sekundär
Einfluss der Kultur auf die abhängigen Variable(n)	Direkt	Kultur als unabhängige Variable	Kultur als Mediator
	Indirekt	Kultur als Kontext	Kultur als Moderator

Soziologischer Ansatz

Dieser Ansatz konzentriert sich auf die sozialen Strukturen, die die Gesellschaft als Ganzes betrachten und erst anschließend auf deren Individuen. Die meisten soziologischen Theorien, die den Einfluss der Kultur auf die Personen verneinen, betonen, dass die Gesellschaft objektiv existiert, aber getrennt von der individuellen Erfahrung sei. Innerhalb dieses Ansatzes gibt es eine strukturalistisch-funktionalistische Schule (Durkheim, 1924; Parson & Shils, 1951, Shiraev & Levy, 2000). Diese betrachtet die Gesellschaft als ein komplexes System, das funktioniert, um Stabilität und Solidarität unter seinen Mitgliedern zu garantieren. Obwohl die Gesellschaft von den Menschen erschaffen wurde, konfrontierte diese ihre Schöpfer mit Anforderungen an Unterordnung und Gehorsam. Somit werden die kulturellen Normen und Werte als extrem wichtige Regulatoren von menschlichem Verhalten betrachtet.

Ökokultureller Ansatz

Der ökokulturelle Rahmen stellt ein konzeptuelles Schema dar, von dem ein theoretisches Modell mit spezifischer, überprüfbarer Hypothese abgeleitet werden kann. Dieser Rahmen wurde als ein allgemeingültiger Leitfaden für die Analyse von Variablen und deren Relevanz für das Erklären von Gemeinsamkeiten und Differenzen im menschlichen Verhalten und in der menschlichen Erfahrung aufgefasst, die man zwischen den Kulturen (Berry et al., 2002) festgestellt hat. Weiterhin beziehen sich Berry et al. (2002) beim Zusammenstellen dieses Rahmens auf die Arbeiten von Malinowski und Rivers aus dem Jahre 1924 (Malinowski, 1990), die als Funktionalismus interpretiert werden. Die Charakterzüge der Kultur werden durch die Art und Weise, in der sie zu dem System in Bezug stehen, dargestellt, ebenso wie durch die psychischen Unterschiede zwischen diesen Systemen. Wie in der Abbildung 2.3 zu sehen ist, werden in diesem Rahmen mehrere Varianten bezüglich der Eigenschaften der Population (links) in das individuelle Verhaltensrepertoire (rechts) einbezogen. Diese Prozessvariablen schließen gleichzeitig genetische und kulturelle Transmission ein, die die zwei zentralen Konzepte „Akkulturation" und „Sozialisierung" zum Ausdruck bringen, die später erläutert werden. Nicht alle Folgen können aber als ein Ergebnis dieses ökokulturellen Zusammenhangmusters gesehen werden, da Berry (2002) den Zusammenhang zwischen Kultur und individuellem Verhalten als vom Kulturkontext beeinflusst betrachtet. Im soziopolitischen Kontext wird unser Verhalten eher von einer Zugehörigkeitsgruppe als von uns selbst gekennzeichnet.

Zur Abgrenzung werden schematisch weitere Ansätze dargestellt, die allerdings in der vorliegenden Arbeit keine weitere Berücksichtigung finden.

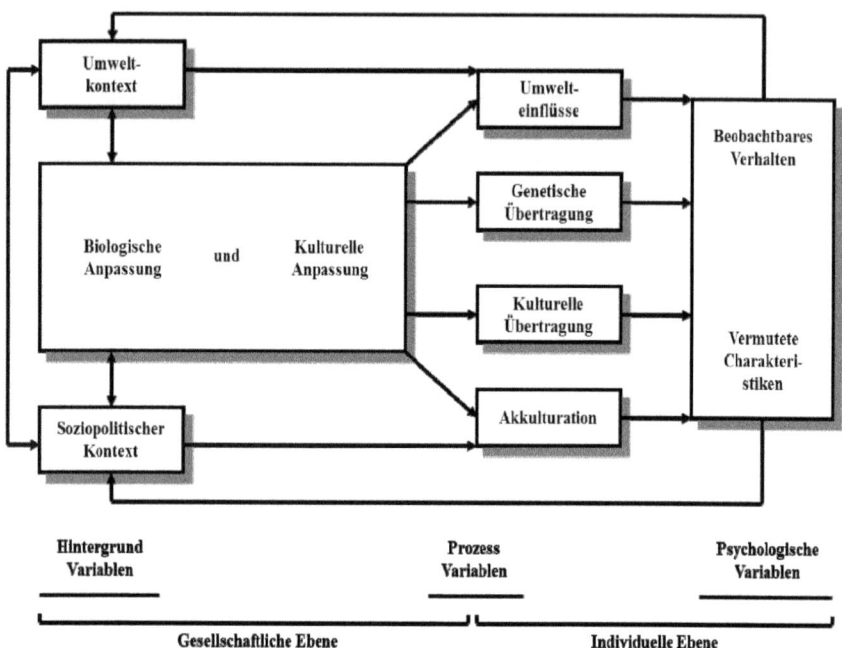

Abbildung 2.3 Ökokultureller Rahmen der Zusammenhänge zwischen den Variablen, einbezogen in die Kulturvergleichende Psychologie (Berry et al., 2002)

Cultural Mixtures Ansatz
Dieser Ansatz wurde von den holländischen Psychologen Hermans & Kempen (1998) als ein Konzept eingeführt, dass eine prinzipiell neue Richtung in der Kulturvergleichenden Psychologie darstellen soll. Statt die psychologischen Phänomene in den Kulturen zu erforschen, die geographisch getrennt sind, sollen die Forscher ihre Aufmerksamkeit auf die neuen *cultural mixtures,* Kontaktzonen, *interconnected systems* und multiplen kulturellen Identitäten lenken. Die alte Kulturvergleichende Psychologie beschäftigt sich mit den Kulturen hauptsächlich in ihrer geographischen Lage und Begrenzung und nimmt sie dabei als statisch wahr. Die Realität mit ihren sozialen, politischen, technologischen und ökonomischen Veränderungen wandelt aber die gegenwärtigen Kulturen in heterogene und komplexe um. Durch Tourismus, Migration, Globalisierung und die neuen Kommuni-

kationsmöglichkeiten, wie Telekommunikation und Internet, wird das kulturelle Wissen unter jedermann in verschiedenem Maße geteilt. Dadurch werden Kulturen „moving" und „mixed". Die Kulturen sowie die Vielfalt der kulturellen Botschaften und die freie Wahl, sich selbst mit gewissen kulturellen Identitäten zu identifizieren, sind einige der Faktoren, die kulturelle Veränderungen stimulieren. Die Kulturmodelle bleiben eben nicht konstant, sondern entwickeln sich und verändern sich von kollektivistisch zu individualistisch und umgekehrt. Der Prozess der Globalisierung wird als fundamentales und zusammenhängendes Prinzip aufgefasst, das ökonomisch-politische (freier Markt und Demokratie) und kulturell-psychologische (Freiheit der Wahl, Toleranz, Offenheit, mehrere Erfahrungen zu sammeln) Aspekte umfasst. Dabei entstehen oft bikulturelle Identitäten oder diffuse Identitäten, besonders in den nicht-westlichen Ländern, die traditionell andere Ideale und Werte vertreten haben (Arnett, 2002; vgl. auch Shiraev & Levy, 2000). Als entgegengesetzte Tendenz scheint sich der Fundamentalismus durchzusetzen, der die traditionellen Strukturen und Autoritäten unterstützt und sich gegen freie Wahl richtet, sowie für Separation und Isolation eintritt, statt den Abbau der Grenzen zu unterstützen (Shiraev & Levy, 2000; Arnett, 2002).

Integrativer Ansatz
Diesen Ansatz schlagen Shiraev & Levy (2000) vor. Der integrative Ansatz versteht das menschliche Verhalten als einen Prozess der zielgerichteten Interaktion mit der Umwelt. Menschliche Motivationen, Emotionen, Gedanken und Reaktionen können nicht getrennt vom menschlichen Verhalten betrachtet werden. Dieses ist einerseits von individuellen, sozioökonomischen, aus der Umwelt resultierenden sowie politischen und kulturellen Umständen determiniert und verändert andererseits auch diese Umstände. Zwei Faktoren, nämlich Präsenz und Zugang zu Ressourcen, determinieren in großem Maße Ausführung, Abgrenzung und Zielausrichtung des menschlichen Verhaltens.

Bereiche der Kulturvergleichenden Psychologie

Zusammenfassend kann betont werden, dass die Tradition der Kulturvergleichenden Psychologie mit folgenden Bereichen verbunden ist: Entwicklung, Intelligenz, Persönlichkeit, Kognition, Sprache, Emotionen, Wahrnehmung, soziales Verhalten, Motive, Einstellungen, Geschlechterrollen und speziell aggressives Verhalten. Weitere angewandte Bereiche sind psychische Störungen, Akkulturation und interkulturelle Beziehungen, Organisations- und Arbeitspsychologie im Kontext des

Interkulturellen Managements, Kommunikation und Trainings von interkultureller Kompetenzen sowie Gesundheits-psychologie.

2.7 Zusammenfassung

Somit stellt der konzeptuelle Rahmen der Kulturvergleichenden Psychologie eine Schnittstelle zwischen verschiedenen Bereichen der Psychologie dar: Allgemeine, Entwicklungs-, Sozial- und Persönlichkeitspsychologie. Das Gemeinsame zwischen diesen Bereichen ist die kulturvergleichende Betrachtungsperspektive, die dazu den Anspruch der Psychologie auf Universalität zu erfüllen versucht. Ihr Charakter ist dennoch heterogen. Sie grenzt sich von den anderen psychologischen Teildisziplinen durch ihren Methoden und Ansätzen ab und weniger durch eigene Theoriebildung. Das Heranziehen von Grundlagen anderer Disziplinen, die auch klassisch geisteswissenschaftlich sind, erschwert teilweise diese Theoriebildung, da es sich um keine empirischen Ansätze handelt. Die Komplexität der Kultur und das Operationalisieren von Kultur werden als „belastend", nicht prägnant genug, und das Messen von Kultur als nicht präzise empfunden. Die Kultur zu ignorieren wird aber die Psychologie als eine empirische universelle Wissenschaft zurückwerfen, da sie erneut ihre Grundlagen und Methoden hinterfragen müsste. Der einzige Weg, diese Komplexität empirisch zu verifizieren, ist, mit sehr genauen, konkreten, operationalisierbaren Konstrukten zu arbeiten. Dann sind auch Vergleichbarkeit und Universalität der Ergebnisse gewährleistet. Da Kultur als Forschungsgegenstand eher von anderen Wissenschaften beansprucht wird, ist im Gegensatz zu diesen bei der Psychologie zu betonen, dass sich die Psychologie für die Denk- und Verhaltensmuster des Individuums im Kontext und unter dem Einfluss einer Kultur interessiert und empirisch erforscht. Diesen Forschungsgegenstand zu definieren und überhaupt zu messen ist keine Reduktion, sondern prägnant im Sinne der Komplexität. Die Zukunft der Kulturvergleichenden Psychologie ist somit mit ihrer paradoxen Errungenschaft verbunden, eigentlich nur den universellen Anspruch der Psychologie zu erfüllen.

3 Methoden und methodische Probleme der Kulturvergleichenden Psychologie

3.1 Einleitung

Um eine kulturvergleichende Untersuchung methodisch abzusichern, sollen die spezifischen Probleme der Kulturvergleichenden Psychologie berücksichtigt werden. Das Ziel dieses Kapitels ist, diese Problematik kurz darzustellen, um bei der empirischen Untersuchung verschiedene Lösungsmöglichkeiten zu diskutieren und anzuwenden.

Kulturvergleiche durchzuführen und sich mit interkulturellen Fragestellungen zu beschäftigen ist eine undankbare Arbeit für einen Psychologen. Es erfordert einen doppelten Aufwand, eine kulturvergleichende Untersuchung empirisch vorzubereiten, sich mit den verschiedenen kulturellen Patterns auseinander zu setzen, die Instrumente adäquat zum Kulturmodell zu entwickeln bzw. an dieses anzupassen und trotzdem vergleichbare gemeinsame Elemente beizubehalten, was manchmal einen Widerspruch in sich bedeutet, und ähnliche Stichproben zu befragen. Trotzdem wird diese Art der Forschung in der Psychologie oft nicht gewürdigt und geschätzt. Obwohl man versucht, auch zu den allgemeingültigen, universellen Stichpunkten durchzudringen, werden die Ergebnisse nicht berücksichtigt und seltener in theoretische Perspektiven miteinbezogen. Und am Ende, beim Publizieren oder Vortragen, werden interkulturelle Studien oft nur als „oberflächlich" – als Feststellen von Mittelwertunterschieden und als Reproduzieren von Unterschieden zwischen Phänomenmerkmalen – angesehen, statt in Diskussionen zur Neukonzeption einbezogen zu werden. Interessant ist ferner, dass, wenn man einen Vergleich vor einem Publikum vorträgt, das zu einem der verglichenen Kulturmodelle gehört, dieses häufig gar nicht die Aussagen über die eigene Kultur und Gesellschaft kritisiert, sondern diejenigen über die fremde. Diese besserwisserische Haltung ist dennoch mit einer in der eigenen Kultur bedingten zentristischen Einstellung zu erklären. Wir urteilen von unserer Kultur ausgehend über die anderen, d.h. wir verwenden in diesem Fall unsere Vorstellungen bzw. Stereotype und Vorurteile, weshalb wir an diesen festhalten möchten.

Zu den methodischen Schwierigkeiten der kulturvergleichenden Forschung gehört, dass es an Grundlagenwerken mangelt, wie man die Vergleichbarkeit empirisch überprüfen und gewährleisten kann. Diese für die Kulturvergleichende Psychologie spezifischen Fragen sind auch der Gegenstand dieses Kapitels.

Die Probleme der Kulturvergleichenden Psychologie als neue Disziplin bestimmen auch ihre methodischen Probleme. Inwieweit stimmen die Antwortmuster überein? Ist die Vergleichbarkeit gewährleistet? Wird eigentlich das gleiche Phänomen erforscht? Wie kann man negative Konnotationen vermeiden? Kann man statistisch gesehen diese Probleme lösen? Hier wird auch versucht, konkrete Vorschläge zu geben, wie man bei den unterschiedlichen Methoden zu einem Kulturvergleich verfahren soll.

Oft wird betont, dass die meisten psychologischen Fragestellungen durch ihren Inhalt und durch ihre Theorien definiert sind. Im Unterschied dazu ist die Kulturvergleichende Psychologie durch ihre Methoden definiert (Berry, 1980; vgl. Berry et al., 2002; Brislin et al., 1973; Triandis & Brislin, 1984; Lonner & Berry, 1986; u. a.; vgl. Kap. 2). Die vergleichenden Methoden bilden somit die zentralen Schwerpunkte dieser Disziplin. Dadurch wird bei der Kulturvergleichenden Psychologie der Akzent auf die kulturvergleichenden Methoden der Psychologie und auf die vergleichenden Methoden der verwandten Disziplinen gesetzt (Berry, 1980). Auf die Frage „Womit beschäftigt sich die Kulturvergleichende Psychologie eigentlich?" ist die erste Antwort direkt und nicht kompliziert – nämlich: Die Kulturvergleichende Psychologie versucht zu vergleichen und systematische Kovarianzen zu suchen, wie kulturelle und Verhaltensvariablen verbunden sind. Alles das ist prädestiniert dafür herauszufinden und zu verstehen, wie zwei Systeme funktionieren und zwar sowohl auf dem Niveau von Gruppen- und individuellen Analysen als auch in Bezug auf die Relation zwischen den beiden Levels (Berry, 1980).

Hiermit stoßen wir auf die beiden wichtigsten methodischen Probleme, auf die *Kompatibilität* und auf die *Äquivalenz*.

Bedingungen an Vergleichsstudien

Wir können Phänomene miteinander vergleichen, wenn wir eine Dimension identifizieren, eine Äquivalenz feststellen und universelle Zusammenhänge sehen (Berry, 1980).

Hierzu gehört auch die große Bandbreite von Phänomenvariationen. Die Schwierigkeit bei diesem Verhalten ist das Niveau der Analyse. Auf dem einen Level werden die Strukturen oder Funktionen erfasst, auf dem anderen Level werden Phänomene betrachtet, die eine sehr große Variation an Ausprägungen aufzuweisen.

Es gibt zwei Wege zum Feststellen der dimensionalen Äquivalenz – durch Adaptieren der Universalien aus der Biologie, Linguistik und Anthropologie bzw. aus der Soziologie oder das empirische Demonstrieren der Äquivalenz der Daten, die in den beiden Stichproben erhoben bzw. gesammelt werden (Berry, 1980; Berry et al., 2002; Segall et al., 1999; Shiraev & Levi, 2000).

Zu den Universalien, die hier einbezogen werden, gehören nicht nur die biologischen Universalien (biologische Bedürfnisse), sondern auch die universellen Phänomene aus der Anthropologie (Sprache, Mythen, usw.). Weiterhin zählen dazu auch diese aus der Soziologie (ein Set von funktionellen Merkmalen des Soziallebens, wie Rollendifferenzierung, sowie normative Regulation von Verhalten und Sozialisation) (Berry, 1980).

Da die Kulturvergleichende Psychologie die beiden Levels Population und Individuum betrifft, ist sie mit mehreren Disziplinen verwandt, z. B. mit der Ökologie, Anthropologie, Soziologie, Linguistik und Biologie auf der Populationsebene. Diese sind durch das Beschreiben und Analysieren von menschlichen Gruppen geprägt. Auf der individuellen Ebene schließt die Kulturvergleichende Psychologie alle Bereiche der wissenschaftlichen Forschung, sei es in Bezug auf Entwicklung, Persönlichkeit, Kognition, Wahrnehmung und soziales Verhalten, mit ein (Segall et al., 1999). Einige der Disziplinen auf der Populationsebene tendieren eher zu naturalistischer Beobachtung (z. B. die ethnographische Anthropologie) oder aber zu Fragebögen und Skalen, wie sie die Psychologie zur empirischen Forschung favorisiert. Am nächsten verwandt mit der Kulturvergleichenden Psychologie ist die Anthropologie (vgl. Kap. 2; Segall et al., 1999; Greenfield, 1997; Poortinga, 1997). Theorien und Konzepte von einer Gesellschaft sind nicht immer auf eine andere anwendbar. Das fundamentale Paradoxon und Dilemma der kulturvergleichenden Forschung ist das Messen und Beobachten von Verhalten in verschiedenen Kulturen, ohne manchmal zu wissen, was eigentlich genau beobachtet und gemessen wird. Um dies zu lösen, gehen besonders nicht-westliche Forscher den Weg der Indigenen Psychologie (Segall et al., 1999; Berry et al., 2002).

Weiterhin kommen aber auch die grundlegenden Probleme der empirischen psychologischen Forschung im Hinblick auf die Gütekriterien Objektivität, Reliabilität und Validität hinzu.

3.2 Gütekriterien der Kulturvergleichenden Psychologieforschung

Im Folgenden werden die wichtigsten allgemeinen Gütekriterien von empirischen Studien behandelt (Objektivität, Reliabilität, Validität) sowie die besonderen Gütekriterien bei kulturvergleichenden Erhebungen (u. a. Äquivalenz).

3.2.1 Objektivität, Reliabilität, Validität

Um die allgemeinen Gütekriterien auch bei der kulturvergleichenden psychologischen Forschung zu überprüfen, sind mehr Überlegungen als bei den restlichen psychologischen Fragestellungen von Nöten. Eine Methode bzw. Untersuchung ist dann objektiv, wenn schon von unterschiedlichen Konstrukten ausgegangen wird, die noch dazu natürlich reliable und valide Ergebnisse liefern. Diese Probleme werden unter dem Stichwort Äquivalenz beim Vergleichen bzw. bei der Vergleichbarkeit angesprochen. Bei jeder einzelnen Methode der Kulturvergleichenden Psychologie, die hier vorgestellt wird, wird versucht, auch diese Gütekriterien einzuhalten sowie eine Strategie zum Lösen der methodischen Schwierigkeiten anzubieten. Weiterhin werden auch bessere Alternativen diskutiert.

Bei der Validität wird gefragt: Messen wir wirklich das, was wir denken, dass wir messen? In der Kulturvergleichenden Psychologie werden drei Themenbereiche interpretiert: Verzerrungen (Biases), Kommunikation und Validitätstechniken. Die Validität und Invalidität *„refer to the best available approximation to the truth or falsity of propositions, including propositions about cause."* (Cook & Campbell, 1979). Weiterhin ist Validität insgesamt ein Schlüsselkonzept für die empirische Forschung (vgl. Anhang – die vier Paradigmen der gegenwärtigen Forschung, nach Berry et al., 2002).

Interne vs. externe Validität

Die wesentlichen methodischen Schwierigkeiten der kulturvergleichenden Forschung sind in der Unterscheidung zwischen interner und externer Validität zu suchen. Unter interner Validität wird die Kontrolle eines Forschungsplanes verstanden. Wenn wir wissen, dass Variable X einen Effekt auf die abhängige Variable Y hat und der Einfluss anderer Variablen ausgeschlossen ist, hat die Untersuchung eine hohe interne Validität. Die externe Validität ist das Kriterium, das die Generalisierbarkeit von Forschungskriterien ermöglicht. Folglich haben Laborexperimente eine hohe interne Validität und eigentlich keine externe, während Feldversuche eine hohe externe Validität, aber nur eine niedrige interne besitzen. Bei der kulturvergleichenden Forschung hat man es mit dem gleichen Dilemma zu tun (Heß, 1987).

Greenfield (1997a) hält drei Formen der Validität für die Kulturpsychologie relevant:

1. Die interpretative Validität (z. B. Maxwell, 1992) ist verbunden mit der Kommunikation zwischen Forscher und Zielgruppe. Diese schließt ein: Verstehen der Kommunikation und der epistemologischen Präsumptionen der eigenen Subjekte; Versichern, dass alle Datenerhebungsprozeduren mit den Präsumptionen übereinstimmen.
2. Die ökologische Validität beschäftigt sich mit der Frage, ob die erforderlichen Daten bei einer Forschungsprozedur für die Außenseite des Forschungskontextes, dem eher natürlichen Kontext, oder für das Laborverhalten relevant sind.
3. Die theoretische Validität wird auch Konstrukt-Validität genannt; sie ist die Achillesferse der qualitativen Forschung und zielt auf die Konzeption eines Phänomens ab.

Campell (1968, vgl. Campell & Naroll, 1972; Brewer & Campbell, 1976) diskutiert das Bias-Problem. Die Beobachtungen oder die Messungen sind immer schwer zu überprüfen, wenn diese in Kultur B von einem Wissenschaftler aus Kultur A gemacht wurden. Bias ist ein allgemeiner Begriff für alle Faktoren, die die Validität von Kulturvergleichen betreffen, verzerren und stören.

Hier wird das Konstrukt-, das Methodische und das Item-Bias angesprochen (Van de Vjiever & Leung, 1997; Poortinga & Van der Flier, 1988, s. Tabelle 3.1).

Kulturelle Verzerrungen (Bias)

Die Konstruktverzerrungen sind mit nicht kompletten Übereinstimmungen von Definitionen von (Sub-)Testinhalten zu erklären, z. B. Skills, die nicht im Repertoire einer der kulturellen Gruppen vorhanden sind. Weitere Störfaktoren sind zu kurze Instrumente, die nicht das gesamte Verhaltensrepertoire erfassen, keine vollständige Auffassung des Konstrukts erreichen und durch die nicht alle relevanten Bereiche befragt werden.

Das methodische Bias beruht auf unterschiedlicher sozialer Erwünschtheit, unterschiedlichen Beantwortungsstilen wie extreme Zustimmung, oder auf der unterschiedlichen Auffassung von Stimuli, auf der nicht vorhandenen Kompatibilität von Stichproben (z. B. unterschiedlicher Ausbildungsgrad, Alter, Geschlecht), auf Kommunikationsproblemen, auf verschiedenen physischen Bedingungen oder auch auf der Vertrautheit mit Testbedingungen, sowie auf Effekten und Beeinflussung durch Forscher bzw. Interviewer.

Der Item-Bias ist mit einer schlechten Übersetzung und einer nicht-adäquaten Item-Formulierung gleichzusetzen, ebenso damit, dass die Items zusätzliche Eigenschaften messen und dass Unterschiede im Verständnis eines Items bei einer der kulturellen Gruppen auftreten (Berry et al., 2002).

Definition von Cultural Bias (nach Berry et al., 2002):

In kulturvergleichenden Studien können die psychologischen Daten anhand von drei Aspekten unterschieden werden: 1.) die Personen, A und B, welche verglichen werden sollen; 2.) das psychologische Konzept C (z. B. ein Verhaltensbereich) und 3.) Daten einer Variable D von beiden Gruppen.

Ein Datenvergleich kann aus zwei Gründen irreführend sein:

Erstens, das Konzept C ist nicht in beiden Gruppen unveränderlich/konstant. Ein nicht-psychologisches Beispiel hierfür ist, wenn C in Gruppe A mit Gewicht korrespondiert und in Gruppe B mit Körperlänge; ein Vergleich zwischen A und B würde entsprechend keinen logischen Sinn machen. So etwas kann passieren, wenn die Sprache, z. B. bei Kindern mit Migrationsintergrund, bei wörtlich formulierten Items Schwierigkeiten macht.

Zweitens, kann der Zusammenhang zwischen der beobachteten Variable D und der Skala von Konzept C in den beiden Gruppen, D (a) und D (b) nicht identisch sein. Ein Beispiel hierfür ist die Messung von Temperatur in Grad Celsius und in Grad Fahrenheit, wobei beiden Maßeinheiten ein unterschiedliches Konzept von Temperatur zugrunde liegt. Ein Vergleich, bei welchem die Temperatur bei A in Celsius und bei B in Fahrenheit gemessen werden würde, wäre offensichtlich irreführend.

Hierbei ist es wichtig anzumerken, dass die Messskala oder die beobachtete Variable (°F oder °C) vor dem Hintergrund des zugrundeliegenden Konzepts von Temperatur betrachtet werden muss. Die Folgerungen werden schließlich aufgrund des Konzepts getroffen, entsprechend ist die eigentliche Vergleichsskala das Konzept. Mittelwertunterschiede zwischen den Gruppen A und B haben an sich nur eine geringe Relevanz; es ist die Folgerung bzw. die Interpretation, welche entscheidend ist. Dies im Hinterkopf behaltend kann die folgende Definition von kulturellen Bias formuliert werden:

Daten weisen einen Bias auf oder sind nicht äquivalent, wenn Unterschiede in den beobachteten Werten zwischen den Stichproben nicht einhergehen mit entsprechenden Unterschieden auf der Vergleichsskala (Poortinga, 1989, p. 738; Poortinga, 1995). Die Konsequenz dieser Definition ist, dass Bias nicht per se als Qualität für ein Instrument gilt, sondern als Qualität der Folgerung und Interpretation, welche sich aus interkulturellen Unterschieden ableitet.

In der Psychologie ist das zu untersuchende Konzept ein nicht-beobachtbares oder hypothetisches Konstrukt. Die Skala eines solchen Konstrukts ist nicht bekannt und man könnte genauso gut die beobachtbare Skala von einer der Gruppen verwenden, um das zugrundeliegende Konstrukt darzustellen. Die Analyse der Äquivalenz beschäftigt sich dann mit der Frage, ob die Skala der beobachteten Variablen unveränderlich zwischen kulturellen Populationen ist. Diese Frage kann dadurch beantwortet werden, dass die Beziehungen zwischen den Datensets von den in der Studie beteiligten kulturellen Populationen untersucht wird.

Tabelle 3.1 Überblick über die Typen von Bias und über deren gemeinsamen Gründe (nach Van de Vjiver & Leung, 1997)

Biastyp	Darstellung
Konstrukt	• ungleiche(s) Definition und Verständnis von Konstrukten innerhalb unterschiedlicher Kulturen • unterschiedliche Angemessenheit von (sub-)Test-Inhalten. (z. B. bestimmte Fähigkeiten, welche in einer kulturellen Gruppe nicht zum Repertoire gehören) • Ungenügende Erhebung aller relevanten Verhaltensweisen (z. B. zu kurzes Erhebungsinstrument) • Unvollständige Erhebung des Konstrukts (z. B. werden nicht alle relevanten Bereiche erhoben)
Methode	• Unterschiedliche soziale Erwünschtheit • Unterschiedliches Antwortverhalten (z. B. Tendenz zu Extremwerten) • Unterschiedliche Vertrautheit mit Stimuli • Mangelnde Vergleichbarkeit der Stichprobe (z. B. unterschiedlicher Bildungshintergrund, Alter, oder Geschlechterrollenauffassung) • Unterschiede in physischen Bedingungen • Unterschiedliche Vertrautheit mit Erhebungsverfahren • Tester/Interviewer Effekte • Kommunikationsschwierigkeiten zwischen Interviewer und Interviewten in den jeweiligen kulturellen Gruppen
Item	• Schlechte Item-Übersetzung • Nicht adäquate Item-Formulierung (z. B. zu komplex) • Items können zusätzliche Eigenschaften oder Fähigkeiten erfordern • Unterschiedliche Auffassung über die Angemessenheit der Item-Inhalte (z. B. kann es in einem Ausbildungstest Themen geben, welche in einer kulturellen Gruppe nicht zum Lehrplan gehören)

Die Beobachtungen oder Messungen können eine Funktion der realen Phänomene in Kultur B sein oder eine Funktion der aus Kultur A abgeleiteten Beobachter-Bias. Um die Validität bei kulturvergleichenden Assessments zu erhöhen, kann man vor dem Sammeln der Daten folgende Techniken benutzen: Adaption der Instrumente; eventuell neue Instrumente entwickeln; wiederholte Testüberprüfung (Test-Re-Test); Triangulation; experimentelle Kontrolle von Kontextvariablen. Nach dem Datensammeln kann man die Item-*Bias*-Analyse und die Anwendung von unterschiedlichen Normen benutzen (Van de Vjiever & Leung, 1997; Irvine, 1986), um überhaupt Inferenzen zu vollziehen. Hier ist auch die Kommunikation zu berücksichtigen.

Bei der Klassifikation der Inferenz (Generalisierung), die bei der Kulturvergleichenden Psychologie auftreten kann, gibt es zwei Unterscheidungen (Berry et al., 2002): zwischen (1) den kulturvergleichenden identischen und nicht identischen Domains und (2) der empirischen Kontrolle der Validität von Inferenz.

Dabei wird zwischen drei Levels der Inferenz (Generalisierung) differenziert:

1. *Low-Level* bei direkten Stichproben, die nur einen Bereich betreffen: Ein Vergleich ist valide, wenn das Instrument, mit dem der Vergleich gemacht wurde, valide ist.
2. *Medium-Level*-Inferenz: Dabei handelt es sich um Indizien von erforschten Bereichen, z. B. nicht direkt beobachtbare, psychologische Verhaltensdispositionen, wie etwa Persönlichkeitseigenschaften.
3. *High-Level*-Inferenz: Diese bezieht sich auf mehrere große und unscharfe Bereiche und nicht klar begrenzte Bereiche. Diese Domains können nicht mit den Begriffen der Messprozeduren (z. B. Adaption, usw.) definiert werden.

Um Generalisierungen zu vollziehen, müssen natürlich Äquivalenz und Vergleichbarkeit berücksichtigt werden.

3.2.2 Äquivalenz und Vergleichbarkeit

Das Problem der Äquivalenz ist einer der wichtigsten Punkte innerhalb der methodischen Probleme der Kulturvergleichenden Psychologie. Da als manipulative Variable häufig der Kulturkontext berücksichtigt wird (Smith & Bond, 1998), ist innerhalb der Subjekte die Standardisierung der Prozedur sehr schwierig (Bond, 1988). Meistens werden dazu Response-Sets entwickelt (z. B. Hui & Triandis, 1989). Diese dienen als generalisierte Konventionen oder Moderationstendenzen. So schafft man zwar eine Interaktion mit dem Kontext, doch ist diese zwischen den Kulturen nicht vergleichbar. Um die Tendenz, dass in unterschiedlichen Kulturen anders mit Skalen umgegangen wird, zu reduzieren, kann man die Mittelränge der Skala eliminieren. Die Forschungstradition in einer Kultur in Bezug auf den Umgang mit Anonymität ist ebenfalls wichtig. Man bekommt keine validen Daten, wenn es bezüglich des Umgangs mit den erhobenen Daten Ängste gibt.

Berry et al. (2002; s. auch Warwick & Osheron, 1973) schlagen drei Arten von Äquivalenz vor, die bei der Kulturvergleichenden Psychologie berücksichtigt werden müssen: funktionelle, konzeptuelle und metrische Äquivalenz.

1. Die funktionelle (auch operationale) Äquivalenz existiert, wenn zwei oder mehrere Verhaltensweisen (in zwei oder mehr kulturellen Systemen) mit gemeinsamen funktionellen Problemen zusammenhängen. Hier stellt sich die Frage, ob die erhobenen Daten Indikatoren für die gleichen zugrunde liegenden Prozesse oder Merkmale sind. Ist die funktionelle Äquivalenz möglich? Außer den demographischen Unterschieden spielen auch die unterschiedlichen sprachlichen Konnotationen und Auffassungen eine Rolle. Dazu kommt noch (Jahoda, 1979; Smith & Bond, 1998), dass die kulturellen Differenzen eigentlich auch zum Gegenstand der Sozialpsychologie gehören (Van de Vijver & Leung, 1997; Smith & Bond, 1998; Berry et al., 2002; Segall et al., 1999) und dass Theorien fehlen, die speziell für die Kulturvergleichende Psychologie entwickelt worden sind.

2. Die konzeptuelle Äquivalenz bezieht sich darauf, dass die Bedeutungen des Untersuchungsmaterials (Stimuli, Konzepte, usw.) oder des Verhaltens äquivalent sind, noch bevor ein Vergleich möglich ist (Sears, 1961). Die grundlegende Frage hier lautet: Sind der „Inhalt" und die Bedeutung des untersuchten Konstruktes gleich?

   In diesem Zusammenhang sucht der Forscher nach den lokalen kognitiven Vorstellungen und Konzepten hinsichtlich eines bestimmten Phänomens. Wenn gemeinsame Vorstellungen entdeckt werden, dann ist auch der Vergleich legitim. Im Unterschied zur funktionellen Äquivalenz ist die konzeptuelle Äquivalenz eine Voraussetzung für diesen Vergleich. Die konzeptuelle Äquivalenz zeichnet sich durch Universalität und Spezifik aus (Warwick & Osherson, 1973). Ferner hängen Vergleichbarkeit und Identifizierung als wichtige Probleme des Kulturvergleichs damit zusammen. Sogar wenn einige Konzepte für ein paar Kulturen universell sind, sind sie für andere spezifisch. Das Definieren der Variablen mit der gleichen Konnotation ist sehr schwierig zu erreichen. Sogar das Definieren von Kategorien wie sozioökonomischer Status,

Abnormalität, usw. bergen in den unterschiedlichen Kulturen Schwierigkeiten (Pareek & Rao, 1980). Przeworski und Teune (1970) schlagen einen Weg vor, wie das Problem von Äquivalenz bei Kulturvergleichen gelöst werden kann: (1) Indikatoren von gleichen Variablen sind auf unterschiedliche Weise in unterschiedlichen Populationen repräsentiert und (2) der Einfluss einer dritten, intervenierenden Variable kann in die Analyse bei Kulturvergleichen eingeschlossen werden.
3. Unter linguistischer Äquivalenz werden die Übersetzungsprobleme verstanden (Deutscher, 1973; Anderson, 1973). Die linguistische Äquivalenz wird ebenfalls hinsichtlich der funktionellen und konzeptuellen Äquivalenz diskutiert.

Mehrere Methoden haben versucht, diese Aspekte einzubeziehen und zu transferieren. Eine von diesen ist das direkte und das Rückübersetzen von Wörtern, Sätzen und Items in die ursprüngliche Sprache. Man nutzt dies zum Demonstrieren der Übersetzungs-Äquivalenz (Brislin, 1970; 1986). Diese Technik bezieht eine bilinguale Person, welche die Übersetzung in die eine Richtung macht, mit ein. Die Rückübersetzung ins Original wird von jemand anderen gemacht. Die Diskrepanzen zwischen beiden Varianten sind oft ein Indikator dafür, dass keine konzeptuelle Äquivalenz vorhanden ist. Variationen von dieser Technik wurden von Brislin, Lonner & Thorndike (1973, s. u.) herausgearbeitet.

Ein weiterer Ansatz für die konzeptuelle Äquivalenz ist das semantische Differential (Osgood, 1964). Eine Vorstellung von einem Phänomen könnte man erklären, wenn eine Position auf einer objektiven bipolaren Skala situiert wird.

Und zuletzt ist auch zu bedenken, dass die ethnologische und die kognitive Tradition der Anthropologie belegen, dass Phänomene oder Erfahrungen auf unterschiedliche Weise und in verschiedene kulturelle Gruppen kategorisiert werden. Diese Art von Analyse hat als Ziel, durch die Untersuchung von linguistischen Strukturen und Objekt-Klassifikationen festzustellen, wie die Umwelt in den kognitiven Systemen der Menschen organisiert ist. Wenn die Strukturen der Konzepte unterschiedlich sind, dann existiert auch keine konzeptuelle Äquivalenz.
4. Die metrische Äquivalenz ist gegeben, wenn die psychometrischen Eigenschaften von zwei (oder mehreren) Sets von Daten aus zwei (oder mehreren) kulturellen Gruppen die gleiche tatsächliche Kohärenz der Struktur aufweisen. Dazu zählt auch die Skalenäquivalenz (Sind die Ausprägungsgrade des gemessenen Konstruktes auf derselben Skala abbildbar?) und die Erhebungsäquiva-

lenz (Hat jedes untersuchte Individuum die gleiche Chance zu den gleichen Antworten oder Lösungen zu gelangen?).

Bedeutung von Äquivalenz

Unter Äquivalenz der Messung werden hier die Untersuchbarkeit, die Vergleichbarkeit der Kontexte, die Vergleichbarkeit der Antworten und die Vergleichbarkeit der Reliabilität und Validität verstanden (Van de Vijver & Poortinga, 1997; Berry et al., 2002).

Das Problem der Messäquivalenz wird vor allem in der Entwicklungspsychologie und in der Kulturvergleichenden Psychologie diskutiert (Eckensberger, 1973; Rokkan, 1968; Van de Vijver & Poortinga, 1997). Hierbei geht es darum, ob Instrumente, die für verschiedene Altersgruppen oder Kulturen zur Messung der gleichen psychologischen Variablen konstruiert wurden, diesen Zweck erfüllen. Eng verwandt mit dem Konzept der Messäquivalenz sind die Konzepte der Testfairness und der Kulturfairness (Anastasi, 1964; Cleary, 1968; Jensen, 1980). Als unfair gilt ein Test, wenn er in verschiedenen Gruppen oder Kulturen aufgrund diagnostisch irrelevanter Faktoren (z. B. Vertrautheit mit den Testaufgaben) unterschiedlich schwierig, trennscharf oder valide ist und diagnostische Entscheidungen auf der Basis des Tests (z. B. Hochschulzugang, Personalauslese) zur Benachteiligung bestimmter Gruppen führen (Wottawa & Amelang, 1980; Schmitt et al., 2001). Häufig werden Tests auch auf die gleiche Sprache angewandt, da sogar ein fließendes Können einer Fremdsprache durch Akzent oder kleine Fehler ethnozentrisch als mangelnde Sprachkompetenz bezeichnet wird.

Problematik der Herstellung von Äquivalenz

Als schwierig erweist sich die Klärung der Äquivalenzfrage vor allem dadurch, dass sie letztlich jenes Wissen erfordert, das erst durch die Verwendung von Instrumenten gewonnen werden kann, deren Äquivalenz in Frage steht. Beispielsweise setzt die Konstruktion altersäquivalenter Intelligenztests Wissen über die Intelligenzentwicklung voraus, das ohne die Verwendung entwicklungsangemessener Intelligenztests nicht herausgefunden werden kann. Ebenso kann die Kulturfairness eines Messinstruments erst beurteilt werden, wenn der wahre Kulturunterschied bekannt ist. Dieser kann aber ohne ein Messinstrument mit gesicherter Kulturfairness empirisch nicht bestimmt werden (Van de Vijver & Poortinga, 1997).

Schließlich kann die Frage, ob ein manifester Leistungsunterschied zwischen Gruppen ein Fairnessproblem darstellt, letztlich erst bei Kenntnis der wahren Leistungsfähigkeit beantwortet werden, deren Ermittlung aber faire Tests voraussetzen. Auch die Verfügbarkeit eines Validierungskriteriums (z. B. Berufserfolg als Kriterium von Eignungstests) führt nicht grundsätzlich weiter, denn das Kriterium selbst kann unfair sein (Darlington, 1971; Schmitt et al., 2001).

Es sind einige theoretische Defizite bei der Diagnose und der Lösung des Messäquivalenzproblems zu berücksichtigen. In der Forschungs- und Anwendungspraxis begegnet man verschiedenen Lösungsversuchen für dieses Dilemma. Diese leiden jedoch häufig an zwei eng miteinander verwandten Defiziten. Erstens wird nicht ausreichend reflektiert, auf der Basis welcher Kriterien die Gruppen zu definieren sind, für die sich die Äquivalenzfrage stellt. Zweitens wird die Äquivalenz häufig pauschal und nicht aufgrund einer spezifischen theoretischen Argumentation in Frage oder Abrede gestellt (Schmitt et al., 2001).

Dieser Mangel offenbart sich regelmäßig in der üblichen Vorgehensweise bei der Überprüfung der strukturellen Invarianz im Rahmen der Faktorenanalyse, der multidimensionalen Skalierung und der Item-Response-Theorie, die später erläutert werden. Subgruppen für den Invarianztest werden dort fast immer anhand leicht verfügbarer und routinemäßig miterhobener Merkmale wie Geschlecht, Alter, Beruf oder Familienstand (in den USA auch ethnische Gruppe) gebildet, ohne dass erkenntlich wäre, warum gerade diese Merkmale für den Invarianztest relevant sein könnten, und wie strukturelle Invarianz psychologisch zu interpretieren wäre. Die Orientierung an leicht zugänglichen demographischen statt an theoretisch fundierten psychologischen Variablen ist auch für die Behandlung der Äquivalenzfrage im Kulturvergleich typisch. Kulturgrenzen werden gleichgesetzt mit Sprachgrenzen, Staatsgrenzen, politischen oder wirtschaftlichen Systemgrenzen, ohne dass theoretisch geklärt wäre, worin der psychologische Gehalt der Zugehörigkeit zu dieser Gruppierung liegen könnte und warum gerade bei diesen Gruppen ein Vergleichbarkeitsproblem bestehen sollte. Die Kehrseite dieses an Oberflächenmerkmalen orientierten Vorgehens bei der Bildung von Äquivalenz- oder Referenzgruppen zeigt sich in der ungeprüften Voraussetzung von Äquivalenz innerhalb solcher Gruppen. Zweifel an dieser Voraussetzung bedürfen freilich ebenso guter theoretischer Argumente, wie sie für die Bildung von Äquivalenzgruppen zu fordern sind (Kohn, 1987; Möbus, 1978, Schmitt et al., 2001).

Anhand dieses allgemeinen Ansatzes werden zwei Linien von Argumentationen entwickelt. Die eine davon heißt Sub-System-Validierung (Roberts & Sutton-Smith, 1962) und bezieht sich auf den statistischen Zusammenhang zwischen unabhängigen und abhängigen Variablen sowie die intra-kulturelle oder inter-kulturelle Varianz, die vorhanden ist. Das stärkste Argument dafür ist, dass die Kovariation unter den Variablen stabil ist. Das zweite Argument ist der statistische Zusammenhang zwischen abhängigen Variablen. Man spricht hier von der Skalenäquivalenz bzw. Strukturäquivalenz (vgl. Poortinga & Malpass, 1986; Poortinga, 1997; Irvine & Caroll, 1980; Poortinga & Malpass, 1986). Sie kann durch die Gleichheit der Korrelationsmatrizen (vgl. Poortinga, 1997) oder durch eine gemeinsame Faktorenstruktur (Irvine, 1986; Buss & Royce, 1975) demonstriert werden. Es wird nach gemeinsamen Faktoren gesucht und diese werden rotiert. Es gibt keine einheitliche Meinung, welche Faktoren dann als gleich zu betrachten sind, aber meistens wird die Grenze .90 für die Gleichheit von Faktoren herangezogen (z. B. Van de Vjiver & Poortinga, 1994; Berry et al., 2002). Invarianz oder Gleichheit von Faktorenstrukturen beim individuellen Level und Populationslevel kann als Voraussetzung für die Äquivalenz der beiden Aggregationslevels angesehen werden. Hier sind die explorative Faktorenanalyse sowie einige Multileveltechniken erwähnenswert (Van de Vjiver & Poortinga, 1994; Berry et al., 2002; Van de Vjiver & Leung, 1997). Weiterhin wird je nach Fragestellung auch nach neuen Lösungen gesucht. Zum Beispiel wird auch die multidimensionale Skalierung als datenreduzierendes Verfahren bei kulturvergleichenden psychologischen Untersuchungen angewandt. Ein Beispiel dafür ist die Studie über eine universelle Wertestruktur von Schwartz & Bilsky (1990; Schwartz, 1992; 1994b (vgl. Kap. 4)). Clusteranalysen sind in der Kulturvergleichenden Psychologie eher die Ausnahme.

Der Korrelationskoeffizient gibt uns Informationen über die strukturellen oder qualitativen Aspekte der Mittelwerte (Handelt es sich um das gleiche Konzept oder die gleiche Dimension, die wir messen?), weniger über die qualitativen Aspekte (Erfolgte die Messung in identischen Skaleneinheiten?) (Berry et al., 2002). In diesem Sinne reicht der Korrelationskoeffizient nicht aus, um zu garantieren, dass ein Vergleich zwischen beiden Gruppen mit verschiedenen Summenwerten, um quantitative Unterschiede festzustellen, vorzunehmen ist (Berry, 1980; Berry et al., 2002; Shiraev & Levy, 2000). Vielmehr werden hierbei die Regressions- und die Varianzanalyse herangezogen. So wird z. B. die ungleiche lineare Regressionsanalyse von Test- und Kriterienscores in zwei unterschiedlichen kulturellen Gruppen als eine Evidenz vs. full scores – Äquivalenz (Level – Parameter) oder Messung mit Steigerung der Äquivalenz betrachtet (Berry et al., 2002).

LISREL (Jöreskog & Sörbom, 1999) schließt in diesem Sinne alle strukturellen und metrischen Aspekte von Bias-Analysen ein, welche die strukturelle Gleichheit des Modells einbeziehen (Jöreskog & Sörbom, 1999). Ein gutes Merkmal dieser Technik ist, das eine Reihe von Bedingungen getestet wird, wobei auch weniger strenge Kontraste zwischen Äquivalenzen einbezogen werden (z. B. Byrne & Campbell, 1999; Marsh & Byrne, 1993).

Bedeutung von äquivalenten Strukturen bei Verhaltensmessungen

In beiden Fällen, in denen Verhaltensmessungen vorgenommen werden (Beobachtung, Testdaten, usw.), ist es wichtig zu erkennen, ob die Struktur innerhalb der Gruppe diesbezüglich auf die gleiche Weise organisiert ist, bevor man einen Vergleich zwischen den Gruppen vornehmen kann (Van de Vijver & Poortinga, 1997).

Im Unterschied zu der funktionellen und der konzeptuellen Äquivalenz kann die metrische Äquivalenz erst dann festgestellt werden, wenn die Daten gesammelt und ausgewertet wurden.

Bedeutung der Vergleichbarkeit

Wenn die drei Formen von Äquivalenz vorliegen und die Vergleichbarkeit gegeben ist, ist es möglich, die Konstruktvalidität unter den kulturellen Gruppen beim Vergleich zwischen diesen zu demonstrieren. Also ist die Vergleichbarkeit Voraussetzung für einen validen Kulturvergleich (Van de Vijver & Poortinga, 1997).

Die Vergleichbarkeit ist dazu aus Universalien von anderen Disziplinen zu übernehmen oder dadurch zu erreichen, dass zwischen den Gruppen die Äquivalenz von psychologischen Konzepten und Daten demonstriert wird. Pareek & Rao (1980) schlagen vor, dass Vergleiche zwischen Kulturen als ein *Set* von internationalen *Etic*-Indikatoren und ein Set von kulturspezifischen *Emic*-Indikatoren gebildet werden. Dann kann die Reliabilität und Validität der Messungen eines Phänomens gewährleistet werden.

Hier sind verschiedene Levels zu berücksichtigen. Zum einen die lokalen kulturellen Vorstellungen, Funktionen und Strukturen und zum anderen die transkulturelle Dimension bzw. der Rahmen, in dem der Vergleich angestrebt wird.

Da der *Etic-Emic*-Ansatz schon in Kap. 2 ausführlich erläutert wurde, werden zur Erinnerung nur folgende Aspekte kurz genannt (nach Berry, 1980). Die *Emic*-Methode schließt Folgendes mit ein: Untersuchen des Verhaltens innerhalb einer Kultur, Überprüfen nur einer Kultur, Entdecken der Struktur vom Forscher und die Kriterien betreffenden internen Charakteristiken. Dagegen sind mit der *Etic*-Methode verbunden: Untersuchen des Verhaltens von der Position außerhalb des Systems, Überprüfen von mehreren Kulturen und Vergleiche von ihnen, eigenständiger Entwurf der Struktur vom Forscher und Bestätigen der Kriterien als absolut oder universell.

Dieser Ansatz betrifft auch die Ebenen der Analyse (s. Abbildung 3.1, Segall et al., 1999), welche die Operationalisierungsebenen von *Etics* und *Emics* betreffen. Jede Untersuchung geht von der eigenen Kultur aus und wird danach in die andere Kultur übertragen. Das Entdecken der anderen Kultur durch die Perspektive der eigenen und das Vergleichen der beiden Kulturen geschieht auf mehreren Ebenen (s. u.), wobei der Vergleich als „möglich" oder „unmöglich" in Bezug auf das untersuchte Phänomen bezeichnet werden kann.

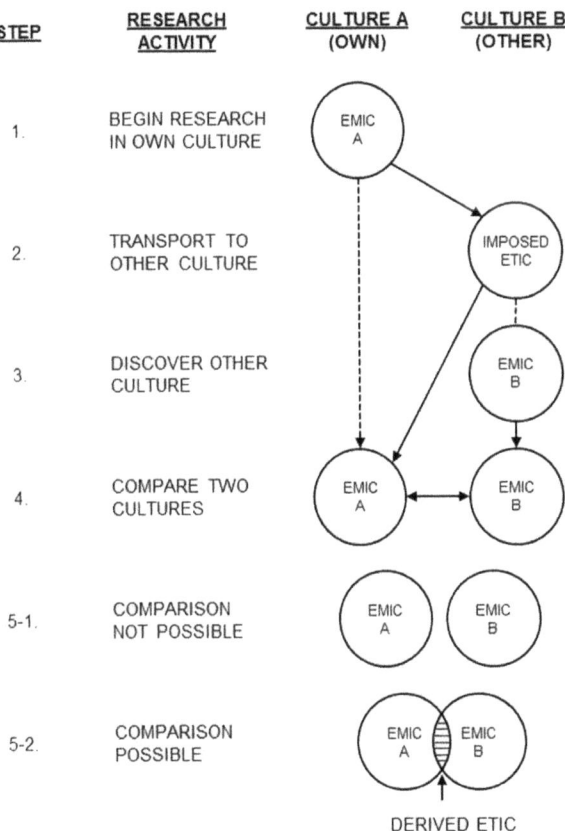

Abbildung 3.1 Operationalisierungsebenen des Etic-Emic-Ansatzes (nach Segall et al., 1999)

In Zusammenhang damit, dass die Kulturvergleichende Psychologie stärker zu empirischen Methoden tendiert, halten Van de Vijver & Leung (1997) vier allgemeine Typen von kulturvergleichenden Studien fest (s. Tabelle 3.2). Davon abhängig, ob die Hypothesen theoriegeleitet sind oder deren Generalisierbarkeit überprüft wird und ob die Untersuchung psychologische Unterschiede oder externale Validierung testet, wird der Kontext berücksichtigt oder nicht.

Tabelle 3.2   Vier allgemeine Typen von kulturvergleichenden Studien (nach Van de Vijver & Leung, 1997)

Berücksichtigung von Kontextfaktoren	Orientierung	
	Testen der Hypothese	Untersuchung
Nein	Verallgemeinerbarkeit	Psychologische Unterschiede
Ja	Theoriebasiert	Externe Validierung

Darunter fällt auch das kontrollierte Experiment. Bei diesem haben wir es mit dem kausalen Zusammenhang Antezedent – Konsequent zwischen zwei Variablen zu tun, dabei ist das Hauptproblem das Finden von äquivalenten Gruppen (Berry et al., 2002). Dem experimentellen Design zufolge, mit fehlender Kontrolle des Treatments aber mit starken Effekten der Gruppenmitgliedschaft, kann die Treatmentkontrolle nur mit einem Post-Test bei spezieller zweckbezogenen Auswahl der Stichprobe ausgeübt werden.

Bei allen diesen Typen von Studien gehören die Äquivalenz und Vergleichbarkeit aber zu den üblichen Problemen der empirischen kulturvergleichenden Forschung. Sie werden häufiger bei der Kulturvergleichenden Psychologie problematisiert und diskutiert, weil diese einen neuen Bereich darstellt und weil sie vieles aus den „klassisch" geisteswissenschaftlichen verwandten Disziplinen an Konzepten benutzt, die der empirischen Forschung mit deren präskriptiven Betrachtungsweise kritisch gegenüber stehen. Im Folgenden wird das Problem der Übersetzungsäquivalenz als ein möglicher Lösungsansatz diskutiert.

3.2.3 Äquivalenz bei der Übersetzung

Da bei quantitativen empirischen Untersuchungen die Übersetzung eine wichtige Rolle spielt, wird diese hier ausführlicher behandelt. Die Vergleichbarkeit und die sprachlichen Differenzen werden von Smith und Bond (1998) als Hauptprobleme der kulturvergleichenden Forschung benannt (vgl. auch Segall et al., 1999; Berry et al., 2002; Berry et al., 1997; Triandis et al., 1980).

Berücksichtigung des kulturellen Kontextes bei der Übersetzung

Eine wissenschaftliche Betrachtung eines Phänomens muss immer auch den kulturellen Kontext berücksichtigen, dies gilt auch beim Vergleich von zwei Gruppen, sowie bei der Übersetzungsäquivalenz (Smith & Bond, 1998).

Irvine (1968) betont, dass die Bedeutung der Übersetzung für die kulturvergleichende Forschung sehr groß ist: *„To collect valid data the psychologist needs adequate and sympathetic training in understanding a society system that is alien, complex, and conceptually different. Participant observer research will acquire greater scientific status, it seems, as a result."*

Brislin et al. (1973) behandeln die Übersetzungsproblematik. Ihre Forschungsarbeit ist in diesem Zusammenhang auch eine der meistzitierten Werke. Die Sprache spielt eine wichtige Rolle bei der Interkulturellen Kommunikation. Diese Problematik wurde in den meisten Konzepten für interkulturelle Trainings hinterfragt und verbessert (vgl. Beatty, 2001). In den 80er Jahren wurde ein Boom von interkulturellen Trainings erlebt, der den Anstoß für die empirische kulturvergleichende Forschung gegeben hat.

Brislin (1980) betrachtet alle wichtigen Aspekte dieses Prozesses. Unabhängig davon, welche Methode wir benutzen, müssen wir uns mit der Übersetzungsäquivalenz auseinandersetzen. Er zählt folgende Stichpunkte, die dabei zu berücksichtigen sind, auf:

- Kodierung, Reliabilität, Validität
- Übersetzung (Kontext und Redundanz)
- In der Vergangenheit gemachte Ethnostudien, darunter Folklore und ethnische Beschreibungen, deren Ergebnisse einzubeziehen sind.
- Die Art und Weise, wie man ein Konstrukt auf unterschiedliche Weise in den Kulturen definiert (z. B. *In-/Outgroup* werden in den USA/Griechenland auf verschiedene Art und Weise definiert; Triandis et al., 1968). *Etic-Emic*-Ansatz, inwieweit die Items für einen Vergleich geeignet oder ungeeignet sind).

Wie kann man diese Übersetzungsäquivalenz erreichen? Dabei wird oft die *Inhaltsanalyse* benutzt. Durch die Inhaltsanalyse werden Quellen (z. B. mündlicher,

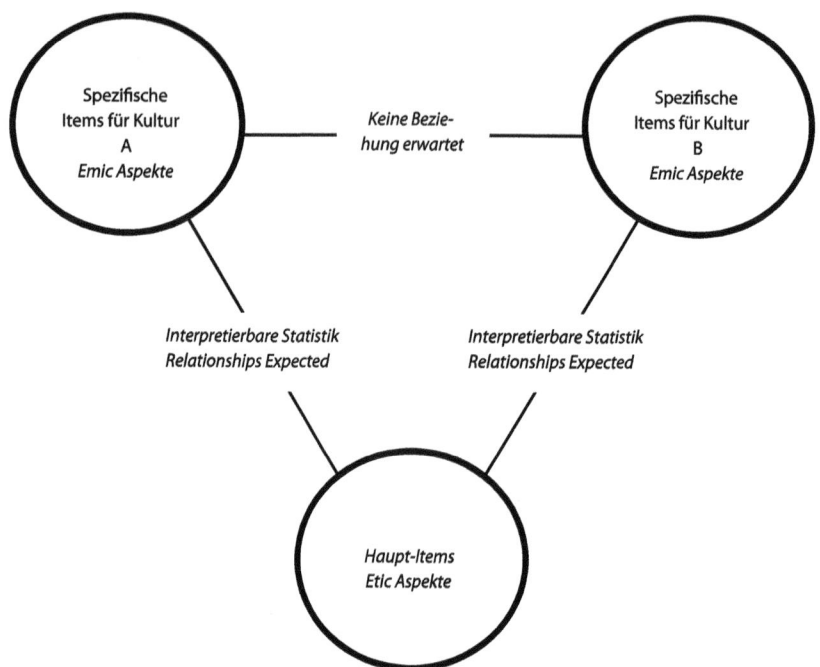

Abbildung 3.2 Überblick über die Methoden, die Etic- und Emic-Items einbeziehen (nach Triandis, 1980)

schriftlicher, bildlicher und kommunikatorischer Art, körperliche Bewegungen) in den verschiedenen Kulturen systematisch erforscht, um wichtige Generalisierungen über das menschliche Verhalten zu vollziehen.

Kennzeichnung der Inhaltsanalyse

Die Inhaltsanalyse zeichnet sich durch Objektivität aus, d. h. die Kategorien werden durch den Inhalt gebildet und sind deskriptiv und nicht durch formalisierte Hypothesen und durch Generierung von theoretischer Relevanz gekennzeichnet (Brislin, 1980).

In diesem Zusammenhang weist die Inhaltsanalyse vier wichtige Aspekte auf: 1. Sammeln von Materialien; 2. Entwickeln der Kriterien bzw. Kategorien und Kodieren der Materialien, auch durch Intervallskalen „stimmt nicht (1) – stimmt (7)";

3. Reliabilität der kodierenden Prozedur und 4. Feststellen der Validität für die Ergebnisse. Diese Aspekte werden eingehend interpretiert. Die Stärken der Kontentanalyse sind gleichzeitig ihre Schwächen. Um die Reliabilität zu erhöhen, wird eine Expertenbewertung einbezogen, z. B. split-half-Reliabilität beim Kodieren im two-by-two-Design (s. Tabelle 3.3).

Tabelle 3.3 Expertenbewertung als Voraussetzung für höhere Reliabilität (nach Brislin, 1980)

	Erste zufällige Hälfte der Stichprobe	Zweite zufällige Hälfte der Stichprobe
Analyst 1	A	B
Analyst 2	C	D

Wie in der Tabelle 3.4 dargestellt, ist die Korrelation zwischen A–C und B–D die Interrater-Korrelation und die Korrelation zwischen A–B und C–D ist die split-half-Reliabilität. Um bei der Kontentanalyse die Validität zu gewährleisten, werden drei Prozeduren vollzogen.
Die Validität wird durch

- das Vergleichen mit unabhängigen Kriterien
- den Gebrauch von multiplen Methoden
- die Konstruktvalidität (Cronbach & Meehl, 1955; Cronbach, 1975) erreicht.

Die Inhaltsanalyse ist bei der Kulturvergleichenden Psychologie sehr wichtig, weil sie gute Ideen für die theoretische Konzeptualisierung und Hypothesengenerierung liefert sowie Erzählweisen und die Antezedent-Konsequent-Methode (Triandis, 1972) miteinbezieht (Brislin, 1980).
Weiterhin werden in die Kontentanalyse die formalen Methoden aufgenommen. Bei der Ethnologie werden dazu die komponentionelle Analyse und die Fasset-Analyse sowie die General Class-Analyse verwendet.
Bei der Übersetzung von Materialien in verschiedene Sprachen haben wir mit größeren Schwierigkeiten zu kämpfen. Im Folgenden wird zwischen unterschiedlichen Arten von Übersetzungen differenziert:

- Pragmatische Übersetzung – Informationsübertragung ohne Beachten der Form
- Ästhetisch-poetische Übersetzung – Akzent auf Emotionen und Gefühle der Originalsprache
- Ethnographische Übersetzung – Beachten der Art und Weise, in der die Wörter (in unterschiedlichen Kulturkontexten) gebraucht werden
- Linguistische Übersetzung – „*equivalent meanings of the constituent morphemes of the second language*" (Casagrande, 1954) unter der Berücksichtigung der grammatischen Form

Bei der Übersetzung z. B. eines Fragebogens ist die Wichtigkeit von Kontext und Redundanz herauszustellen. Die Redundanz hilft bei der Konstruktion von Materialien. Hierdurch wird sichergestellt, dass die Information richtig wahrgenommen wird (Brislin, 1980). Leider ist es oft so, dass die Versuchspersonen dann negative Rückmeldungen geben, wenn die Redundanz zu stark vertreten ist. Anderseits heißt das, wenn es von den Versuchspersonen auf diese Art und Weise wahrgenommen wird, dass man die Bedeutung nicht verfehlt hat. Weiterhin ist der Kontext wichtig, da jedes Wort ein Teil von einem Satz ist und Sätze zu Absätzen zusammengesetzt werden (Brislin, 1980). In diesem Zusammenhang werden drei Regeln für die Übersetzung vorgeschlagen (Chapanis, 1965):

1. Benutzung von möglichst einfachem Vokabular und Vergewisserung darüber, dass dieses für alle einbezogenen Personen verständlich ist.
2. Benutzung von überwiegend vertrauten Wörtern (Chapanis, 1965) schlägt die Wortsammlung von Thorndike-Lorge (1944) als Quelle für Englisch vor, die auch heute noch benutzt wird).
3. Einbeziehung möglichst vieler einzelner Wörter in den Kontext. Es wäre ratsam komplizierte Wörter immer in Sätze einzubinden und zu erklären, wie diese aufzufassen sind.

Um die Reliabilität, Validität und Äquivalenz zu gewährleisten, haben sich in der Kulturvergleichenden Psychologie folgende unten erläuterte Übersetzungsmethoden durchgesetzt. Hier ist es wichtig hervorzuheben, dass diese von Brislin im Laufe seiner Forschungsarbeit entwickelt wurden und er traditionell als der wichtigste Autor zu diesem Thema gilt, weshalb er in den meisten Werken über die kulturvergleichende Forschung zitiert wird und seine Methoden angewendet werden. Die Übersetzungsmethoden nach Brislin (hier 1980) sind:

1. *back translation* (umgekehrte Übersetzung): Ein Forscher verfasst die Fragebögen, so dass sie in der Ausgangssprache vorliegen. Anschließend werden sie von einer bilingualen Person in die andere (Ziel-)Sprache übersetzt. Eine zweite bilinguale Person übersetzt schließlich unabhängig davon das schon übersetzte Material zurück in die Originalsprache. Danach werden die Versionen, also die Ausgangsmaterialien und deren Rückübersetzung, vom Forscher verglichen. Dadurch wird Sicherheit darüber erlangt, dass der Sinn auch in der Zielsprache richtig verstanden werden kann (Brislin, 1970). Ein Problem entsteht, wenn drei und mehr Kulturen verglichen werden. Eine wichtige Voraussetzung ist aber, dass die Menschen die Zielsprache können und die Inhalte richtig wiedergeben.
2. Bilinguale Technik (diese Technik wird auch die Technik der *split-half*-Reliabilität genannt): Bilinguale Personen oder Gruppen beschäftigen sich mit unterschiedlichen Items (Segalowitz, 1980). Somit werden Diskrepanzen zwischen Items identifiziert.
3. Komitee-Ansatz: Eine Gruppe von bilingualen Personen übersetzt den Fragebogen in die Zielsprache; so können die Fehler, die eine Person macht, durch die anderen korrigiert werden. Es kann sein, dass diese Gruppe dann versucht, ihre Meinung gegen den Forscher durchzusetzen, während sich die Übersetzergruppe selbst nicht kritisiert oder nicht kritisiert wird.

   Bei der Analyse der Äquivalenz sollte auch der Stimuluskontext analysiert werden. Die erste Stufe der Äquivalenzanalyse ist auf den Inhalt von Stimuli oder Items bei einem Instrument zu achten (Berry et al., 2002). Dabei werden die Expertenbewertungsmethode und die weiteren Methoden für Übersetzungsäquivalenz herangezogen.

   Bei der Expertenbewertung werden Experten aufgefordert, ihre Meinung über den Inhalt von Stimuli zu äußern. Diese Methode wird in den USA häufig benutzt. Es ist aber schwierig, immer geeignete Experten zu finden.
4. Pretest-Prozeduren: Nach der Übersetzung sollen alle Methoden im Feld getestet werden (Frey, 1970; Brislin et al., 1973; Pareek & Rao, 1980), um Missverständnisse zu überprüfen und diese später zu „bereinigen".

Übersetzungsregeln

In diesem Zusammenhang gelten folgende Regeln bei der Übersetzung von Materialien (Brislin, 1980).

1. Benutzen von kurzen einfachen Sätzen, mit weniger als 16 Wörtern.
2. Häufigeres Einbeziehen von aktiven als von passiven Wörtern.
3. Bevorzugen von Substantiven statt Pronomen.
4. Vermeiden von Metaphern und Suchen von Phrasen, die äquivalent in der Zielsprache sind.
5. Vermeiden von konjunktiven Formen, wie z. B. „könnte" und „dürfte".
6. Hinzufügen von Sätzen, die den Kontext der Schlüsselideen vermitteln. Die Schlüsselideen sollen auch erwähnt werden, um die Redundanz zu unterstützen. Diese Regel setzt voraus, dass längere Items und Fragen eher nur bei Untersuchungen in einer Kultur gebraucht werden.
7. Vermeiden von lokalen (z. B. außerhalb) und temporalen (z. B. häufig) Adverbialen.
8. Möglichst häufiges Vermeiden von Possessivpronomen.
9. Gebrauch von spezifischen statt allgemeinen Bezeichnungen (z. B. spezifische Bezeichnung für Tiere, wie Rinder, Hühner, Schweine, statt der allgemeinen Bezeichnung „Vieh").
10. Vermeiden von Wörtern, die vage Aussagen in Bezug auf Sachen oder Ereignissen unterstützen (z. B. eventuell, manchmal).
11. Gebrauch von möglichst viel vertrautem und üblich benutztem Vokabular für die Übersetzer statt Fachbegriffen mit spezifischer Bedeutung, die sich vom Alltagsgebrauch unterscheiden.
12. Vermeiden von Sätzen mit zwei unterschiedlichen Verben, die zwei unterschiedliche Aktionen voraussetzen (Brislin, 1980).

Die Wort-für-Wort-Äquivalenz ist sehr gefährlich, wenn man die restlichen Aspekte (s. o.) ignoriert. Deshalb führt Triandis (1972; 1976) einen Ansatz ein, bei dem eine Gruppe von Forschern ein *Set* von *Proposed Etics* bildet und *Emic-Items* in ihrer Kultur für das *Etic*-Konzept konstruiert (oder mit einer anderen Gruppe von Kollegen zusammenarbeitet, die diese verfassen). Die *Emic*-Items werden von den Menschen geschrieben, die mit der fremden Kultur vertraut sind. Diese Methode wurde von Triandis speziell entwickelt, um valide kulturvergleichende Daten zu bekommen. Weiterhin schlägt Osgood (1964) vor, bei der Auswertungsarbeit von Daten zu überprüfen, was die Basisdimensionen der Konnotationen sind und ob diese interkulturell invariant sind. Dies soll durch das Berücksichtigen von *evaluation, potency* und *activity* geschehen. Der E-P-A-Ansatz wird eingehend in Bezug auf die subjektive Kultur analysiert.

Um Übersetzungsfehler zu vermeiden, wird oft die DIF-Methode – *differential item functioning* – vorgeschlagen (Smith & Bond, 1998). Es werden die Techniken der *item response theory* (Hambleton et al., 1991) verwendet, um solche Fehler zu reduzieren:

- loglineare Modelle (Van de Flier et al., 1984)
- Mantel-Haenszel-Prozedur – zur Analyse in dichotomischen Items (z. B. Ja – Nein; Richtig – Falsch) (Holland & Wainer, 1993).
- *item score* als abhängige Variable und *level score* des Instruments und der Kultur als unabhängige Variable (Van de Vijver & Leung, 1997).

Van de Vijver und Poortinga (1991) bieten einen guten Überblick über die methodischen Besonderheiten dieser Prozeduren, die später erläutert werden. Wichtig ist, den Zusammenhang der Items innerhalb des Instruments (strukturelle Aspekte, relative Differenzen zwischen den Itemsummenwerten oder den Subskalensummenwerten) zu identifizieren (Van de Vijver & Leung, 1997).

3.3 Statistische Analysen in der kulturvergleichenden Forschung

Ein paar statistische Analysen, die für die kulturvergleichende Forschung relevant sind, um die Vergleichbarkeit von Daten zu gewährleisten, wurden bereits erwähnt. Die Analyse von kulturvergleichenden Daten schließt zwei Stufen ein (Van de Vijver & Leung, 1997): einerseits die psychometrische Äquivalenz eines Instruments und andererseits die Erklärung der Fragestellungen oder der untersuchten Hypothese.

3.3.1 Item-Statistik

Die erste Stufe der Analyse beinhaltet die Reliabilität und die Item-Statistik (z. B. Gesamtitemkorrelation, Item-Mittelwerte oder Varianz). Van de Vijver und Leung (1997) haben einen sehr guten Überblick über die kulturvergleichenden Methoden und statistischen Auswertungsverfahren angeboten, die sie auch in Informationsboxen und im Anhang dargestellt haben. Sie dienen hier nur als Zusatzinformation.

Anhand der traditionellen psychometrischen Analysen kann man die Gesamtitemkorrelation in den unterschiedlichen Gruppen vergleichen (s. Tabelle 3.4, nach Van de Vijver & Leung, 1997). Wie aus der Tabelle ersichtlich ist, unterscheiden sich die Item-Korrelationen in den unterschiedlichen Kulturen, was als Information über größere Differenzen zwischen den Instrumenten zu verstehen ist. Die niedrigeren Werte bei Gruppe C können z. B. mit Konstruktvalidität, Versuchspersonenproblemen, wie interkulturellen Unterschieden beim Ausfüllen der Tests, Unterschieden bei den Interviewern oder unterschiedlichen Antwortstilen (z. B. soziale Erwünschtheit oder Konventionen), zu tun haben.

Tabelle 3.4 Gesamtitemkorrelationen von fiktiven Daten, überprüft in drei kulturellen Gruppen (nach Van de Vijver & Leung, 1997).

Item	Gruppe A	Gruppe B	Gruppe C
1	.27	.00	.10
2	.35	-.11	.15
3	.25	.38	.20
4	.40	.33	.20
5	.36	.41	.25
6	.43	.42	.25
7	.36	.42	.35
8	.25	.31	.30
9	.34	.33	.20
10	.24	.24	.28

Weiterhin relevant sind dabei die so genannten Item-Bias-Analysen oder die differentiellen Item-Funktionstechniken, die schon angesprochen wurden (s. Kap. 3.1.3).

Um die Vergleichbarkeit zu gewährleisten, muss die Stichprobenverteilung berücksichtigt werden. In Abhängigkeit davon, ob diese schon bekannt oder unbekannt ist, unterscheiden sich die Prozeduren (s. Tabelle 3.5). In Bezug auf die Stichprobenverteilung kann respektive bei linearen Gleichungsmodellen eine Berechnung der Gesamtitemkorrelationen oder eine Analyse der Varianz (Cleary & Hilton, 1968) vorgenommen werden, je nachdem ob unbekannte oder bekannte Prozeduren angewandt werden, die nicht an weitere Bedingungen gebunden sind. Weiterhin können Deltaplots bei nicht-linearen Modellen vorgenommen werden (Angoff, 1982), die allerdings nur bei unbekannten Prozeduren der Strichprobenverteilung gelten. Bei Prozeduren der Stichprobenverteilung, die an eine Bedingung gebunden sind, kann nur die *item-response-theory* (Shepard, Camilii, & Averill, 1981) im Falle von nicht-linearen Gleichungsmodellen einbezogen werden, wenn eine unbekannte Stichprobenverteilung vorhanden ist. Bei bekannten an eine Bedingung gebundenen Prozeduren der Strichprobenverteilung kann man die standardisierte *p-Differenz* (Dorans & Kulick, 1986) oder die Analyse der Varianz mit Summenniveaus für eine der unabhängigen Variablen verwenden. Für die nicht-linearen Modelle gilt, respektive der *item-response-theory* (Lord, 1980; Thissen, Steinberg, & Wainer, 1993), die Mantel-Haenszel-Prozedur (Holland & Thayer, 1988) zu benutzen.

Tabelle 3.5 Schematischer Überblick über die differentiellen Item-Funktionstechniken (adaptiert von Van de Vijver, 1994, nach Van de Vijver & Leung, 1997)

	Modellgleichung	
Stichprobenverteilung	**Linear**	**Nicht-Linear**
Nicht-bedingte Verfahrensweisen		
Nicht bekannt	Item-total Korrelationen	Delta Plots (Angoff, 1982)
Bekannt	Varianzanalysen (Cleary & Hilton, 1968)	–
Bedingte Verfahrensweisen		
Unbekannt	–	Item response theory (Shepard, Camilii, & Averill, 1981)
Bekannt	Standardisierte p-Unterschiede (Dorans & Kulick, 1986); Varianzanalyse mit score-Ebene als unabhängige Variable	Item response theory (Lord, 1980; Thissen, Steinberg, & Wainer, 1993); Mantel-Haenszel Verfahren (Holland & Thayer, 1988)

Im Folgenden werden die statistischen Verfahren, die bei einem Kulturvergleich einbezogen werden, eingehender analysiert.

3.3.2 Analyse von Varianz (Intervall- und Ratio-Level-Skalen)

Wenn wir je 500 Versuchspersonen aus zwei Kulturen (A und B) mit einem Fragebogen mit 20 Items in einer 5-stufigen Skala untersuchen, können wir die Analyse der Varianz folgendermaßen erklären: Der Itemsummenwert ist die abhängige Variable, dies gilt für beide Kulturgruppen (2 Levels). Die Summenniveaus stellen hingegen die unabhängige Variable (nach Van de Vijver & Leung, 1997). Hierbei

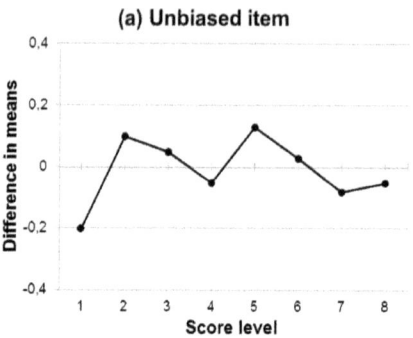

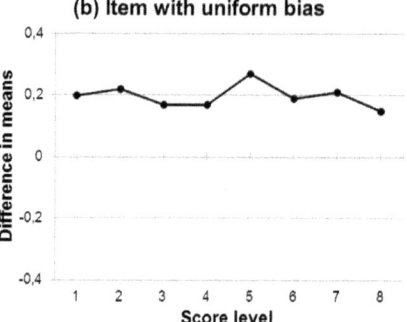

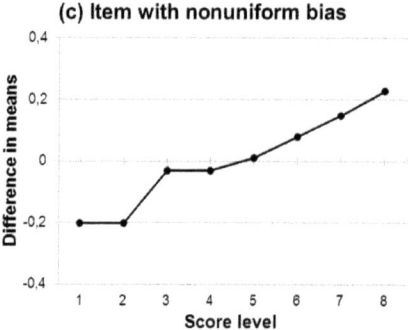

Abbildung 3.3 Hypothetisches Beispiel für (a) *Unbiased Item;* (b) Item mit *Uniform Bias* und (c) Item mit *nicht-uniformen Bias* (nach Van de Vijver & Leung, 1997)

ist zu berücksichtigen, dass der Minimalwert im Fragebogen 20 × 1 = 20 und der Maximalwert 20 × 5 = 100 ist. Die Minimal- und Maximalwerte werden ausgeschlossen, da diese als statistische Ausreißer zu sehen sind und bei einem Kulturvergleich nicht relevant sind. Also werden alle anderen Summenwerte zwischen 21 und 99, insgesamt 79 Scores, für die Analyse benutzt.

3.3.3 Mantel-Haenszel-Statistik (für dichotomische Daten)

Diese Statistik ist von ihrer Konzeption her relevant für die an bestimmte Bedingungen gebundene Datenanalyse, die bereits erwähnt wurde. Der einzige Unterschied ist, dass hier dichotomische Daten analysiert werden. Die Probleme dieser Prozedur bestehen darin, dass nur Paarvergleiche möglich sind und dass eine Unterscheidung zwischen uniformen und nicht-uniformen *Item-Bias* (Verzerrungen) fehlt, somit ist eine vorurteilsfreie und unbefangene Interaktion von Level und Kultur nicht signifikant. Man spricht von uniformen Verzerrungen, wenn die Personen aus der einen Kultur höhere Werte im Test aufweisen als Personen aus der anderen Kultur und von nicht-uniformen *Bias*, wenn eine signifikante Interaktion zwischen Kultur und Summenniveau besteht (Abbildung 3.3).

Erkennung von Item-Bias mit der Mantel-Haenszel-Statistik (für dichotomische Daten, nach Van de Vijver & Leung, 1997)

Die Berechnung der Mantel-Haenszel Statistik beginnt mit der Aufteilung des Samples in score-Ebenen. Bei der Varianzanalyse arbeiten wir mit Item-scores, im vorliegenden Fall, werden diese Item-scores mit Häufigkeitstabellen kombiniert. Für jedes Item kann ein Set von Häufigkeitstabellen abgeleitet werden; eine für jede score-Ebene. Eine solche Tabelle ist unten aufgezeigt (m bezieht sich auf die score-Gruppe):

Gruppe	Item-score = 0	Item-score = 1	Total
Kultur A	NAmo	NAm1	NAm
Kultur B	NBmo	NBm1	NBm
Total	Nmo	Nm1	Nm

Für jedes Item gibt es m-Mal so viele 2×2 Tabellen. Die Mantel-Haenszel Statistik testet, ob die Chance, einen score von 1 für ein Item zu erzielen, in beiden Kulturen für alle m-score-Ebenen gleich ist. Der statistische Test ist definiert als:

$$[\Sigma_m\, I\, NBm1 - \Sigma_m\, E\, (NBm1)\, 1 - .5]^2 / \Sigma_m Var\, (NBm),$$

bei welchem gilt:
$$E\,(NBm1) = Nm1\, NBm\, /\, Nm, \text{ and}$$
$$Var\,(NBm1) = Nam\, NBm\, Nmo\, Nm1 / [N^2m\,(Nm - 1)]$$

Die Statistik folgt einer X^2-Verteilung mit einem Freiheitsgrad von 1. Items, welche einen höheren Wert als den kritischen Wert (3.84 für α = .05 und 6.63 für α = .01) aufweisen, sind als biased zu bewerten.

3.3.4 Loglineare Modelle

Die loglinearen Modelle unterstützen die Auswertung der unterschiedlichen Formen von *Item-Bias*. Diese können auch als Analyse der Varianz für nominale Daten verstanden werden, unterscheiden sich aber sonst nicht wesentlich von den loglinearen Modellen.

Erkennen von Itembias mit den loglinearen Modellen (nach Van de Vijver & Leung, 1997)

1. Sample of data matrix

culture	item	itemscore	level	freq
1	1	0	1	20
2	1	0	1	50
1	1	0	2	35
2	1	0	2	70

Explanation of symbols:
- Culture: Cultural group (number of levels is the number of cultures involved);

- Item: Item of the instrument;
- Itemscor: Item score (2 levels: 0 and 1);
- Level: Score level (number of levels will vary, depending on the number of levels distinguished);
- Freq: Number of persons in that category (e. g., there are 20 persons in the first score group of Culture 1 with a score of 0 in the first item).

2. Instructions for the log-linear analysis
   WEIGHT BY freq.
   BREAK BY ITEM.

LOGLINEAR
  Itemscor(0,1) by culture(0 1) level(1 10)
  /PRINT= FREQ RESID
  /CRITERIA ITERATION(20) CONVERGE(.001) DELTA(.5)
  /design itemscor itemscor by level
  /design itemscor itemscor by level itemscor by culture
Comment: The BREAK command is used to analyze the data for all items in a single set of commands; the first DESIGN command tests the absence of bias, the second the presence of uniform an nonuniform bias.
Test of first model:
Model specification: itemscor itemscor BY level
Goodness-of-Fit test statistics
Likelihood Ratio Chi Square = 38.21855 DF = 10 P = .000
   Pearson Chi Square = 38.28858 DF = 10 P = .000
Conclusion: A model without score level and cultural group has a poor fit; so, the item is biased.
Test of second model:
Model specification: itemscor itemscor BY level
itemscor BY culture
Goodness-of-Fit test statistics
Likelihood Ratio Chi Square = 21.32219 DF = 9 P = .011
   Pearson Chi Square = 21.32685 DF = 9 P = .011
Conclusion: The inclusion of culture leads to a significant improvement fit ($\chi^2 = 38.22 - 21.32$, df = 10 - 9); the item shows uniform bias. The model still shows a poor fit, however, pointing to nonuniform bias.

3.3.5 Item-Response-Theorie

Die *Item-Response-Theorie (IRT)* repräsentiert einen allgemeineren Ansatz des Assessments und der Evaluation der unterschiedlichen Art und Weise des Funktionierens eines Items. Die meisten Arbeiten beruhen in diesem Zusammenhang bezogen auf die Kulturvergleiche auf dichotomischen Variablen (vgl. Abbildung 3.4).

Die IRT arbeitet mit eindimensionalen Skalen. Wenn eine Skala multidimensional ist, dann wird mit deren eindimensionalen Subskalen gearbeitet. Die einfachste Art und Weise zu überprüfen, ob eine Skala eindimensional ist, ist die Überprüfung der Alpha-Koeffizienten. So kann man aber nicht direkt die Multidimensionalität einer Skala nachweisen. Das wird oft durch die Faktorenanalyse in Form eines datenreduzierenden Verfahrens gemacht. Normalerweise geschieht das anhand der Hauptkomponentenanalyse. Wenn der Eigenwert des ersten Faktors größer ist als der zweite Eigenwert, wird von einer eindimensionalen Skala ausgegangen (Lord, 1980).

Item-Response-Theorie und Item-Bias

Ein Item gilt in der *Item-Response-Theorie* (IRT) als verzerrt, wenn ein oder mehrere Parameter sich in den Kulturgruppen signifikant unterscheiden (Van de Vijver & Leung, 1997).

Unterschiede im Schwierigkeitsparameter des Items weisen auf uniforme Parameter hin (Abbildung 3.4, b), während Unterschiede bei den Diskriminationsparametern ein Indikator für nicht *uniforme* Bias sind (Abb. 3.4, a). Bekannt sind zwei Ansätze zur Überprüfung der *Item-Bias* in der *Item-Response-Theorie:* Parameter- und modellbasierte Vergleiche. Der parameterbasierte Ansatz ist mit einem Vergleich von Parametern der *Item-Response-Theorie*-Modelle zwischen verschiedenen Kulturgruppen verbunden. Das ist der vorherrschende Ansatz in der Kulturvergleichenden Psychologie, der mit den Untersuchungen von Selbstkonzept, Intelligenz, u. a. zusammenhängt. Die Standardprozedur verläuft dabei wie folgt:

1. Es wird ein Modell der *Item-Response-Theorie* mit einer bestimmten Zahl an Parametern gewählt, um die Daten in jeder Kultur zu überprüfen. Das Zwei-Parameter-Modell wird für Daten gewählt, die Einstellungen oder Persönlichkeitsmerkmale abbilden.

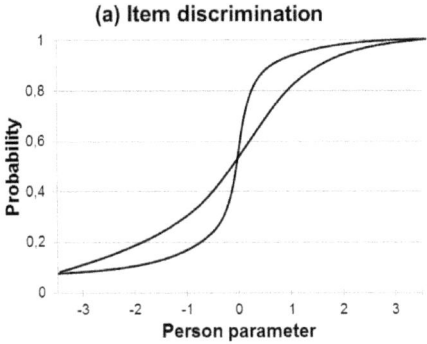

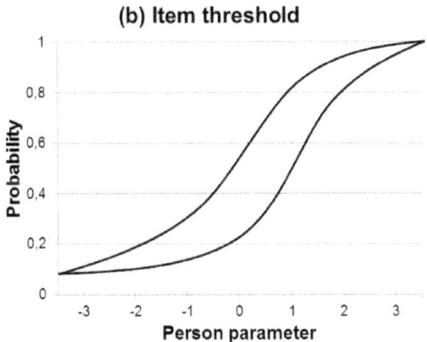

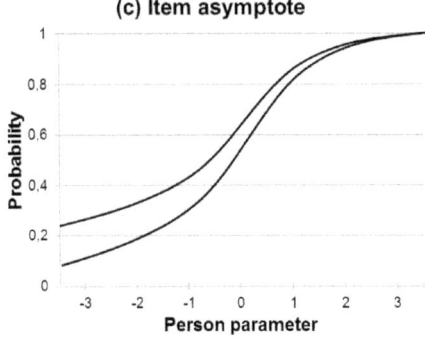

Abbildung 3.4 Hypothetische Item-Charakteristika, die sich unterscheiden in: (a) *Itemdiskrimination*-Parameter, (b) Item-Schwierigkeitsparameter und (c) niedrige Asymptote (nach Van de Vijver & Leung, 1997)

2. Die Parameter jeder Kultur werden durch die metrisch gleiche *iterative linking* Prozedur ausgeglichen (Stocking & Lord, 1983).
3. Die verzerrten Items werden identifiziert und eliminiert. Dies geschieht durch die unterstützenden Item-Charakteristiken und den Chi-Quadrat-Test (Lord, 1980). Die Parameter werden wieder mit der ausgleichenden *linking*-Prozedur angewandt zu unbiased Items. Diese Prozedur stoppt nur, wenn *unbiased* Items festgestellt werden.
4. Verzerrte Items werden von der Skala entfernt, bevor ein Kulturvergleich durchgeführt wird.

Beim modellbasierten Vergleich gibt es zwei Untermodelle (Kompakt- und Augmentationsmodell), wobei beide auf Chi-Quadrat-Statistiken beruhen. Das Kompaktmodell ist hierarchisch in das Argumentationsmodell eingebaut, wobei man bei einem nicht signifikanten Chi-Quadrat-Test zwei Gruppen vergleichen kann.

Die Vorteile, die die *Item-Response-Theorie* für die Kulturvergleiche bietet, sind folgende: Item-Parameter werden unabhängig von einer Gruppe getestet. Dies ist anders als bei der klassischen Test-Theorie, wobei die Schwierigkeit eines Items, operationalisiert als Durchschnitts-Item, vom Durchschnitts-Level der Gruppe abhängt. Weiterhin können Fit-Tests benutzt werden, um zu überprüfen, ob empirische Daten zu einem theoretischen Modell passen. Die Itemverzerrungen können bei Kulturvergleichen Indikator dafür sein, dass ein Instrument für solche nicht adäquat ist. Meistens jedoch werden solche statistischen Tests zur Überprüfung der Bias bei Kulturvergleichen wegen des großen Zeitaufwands leider nicht benutzt. Mit solchen statistischen Prozeduren könnten aber auch kulturell universelle und kulturell spezifische Merkmale voneinander unterschieden werden. Demzufolge sind nur unverzerrte Items für Kulturvergleiche gut geeignet. Die Itemverzerrungen dienen auch zum Überprüfen von Testergebnissen aus unterschiedlichen Kulturen und zur Test-Retest-Validation.

3.3.6 Standardisierung bei Kulturvergleichen

Einen Kulturvergleich kann man mit standardisierten oder nicht-standardisierten Daten vollziehen. Die Standardisierung wird als Summe von z-Werten ($z = [X - M] / S$) bezeichnet, wobei X der zu standardisierende Wert, M der Mittelwert der Gruppe und S die Standardabweichung ist.

3.3.7 Strukturorientierte Techniken bei Kulturvergleichen

Diese Techniken sind darauf ausgerichtet, die Konstrukt-Äquivalenz zu überprüfen. Das manifestierte Verhalten von Individuen aus verschiedenen Kulturgruppen unterscheidet sich sehr voneinander. Ob sich die „Unterstrukturen" dieses Verhaltens auch unterscheiden, ist unbekannt. Die dafür benutzten statistischen Techniken sind die explorative Faktorenanalyse, (mit Target-Rotation, mit vorgegebenem Proskutischen Schema); die Strukturgleichungsmodelle und ferner die nur teilweise benutzten Methoden der multidimensionalen Skalierung (MDS) und der Clusteranalyse.

Die explorative Faktorenanalyse mit Target-Rotation ist die für die getrennte Untersuchung der Kulturgruppen am häufigsten verwendete Methode. Die gleichen Strukturen werden beim Vergleich benutzt. Hier tritt das Rotationsproblem auf. Dabei wird eine der Gruppen als Zielgruppe benutzt und die Faktoren werden bei der anderen Gruppe entsprechend rotiert. Bei mehreren Gruppen wird dann eine allgemeine Matrix anhand der theoretischen Hintergründe gebildet. Eine andere Methode bildet diese Matrix mathematisch aus den Werten einer Faktorenanalyse aller kulturellen Gruppen. Wichtige Hinweise sind in der Tabelle 3.6 dargestellt. Leider sind in SPSS Target-Rotationen nicht möglich, deshalb sei es hier als praktisches Beispiel für SPSS angeführt. SAS hingegen bietet teilweise solche Prozeduren (nach Van de Vijver & Leung, 1997).

Die Strukturgleichungsmodelle bei Kulturvergleichen: Diese Modelle beruhen auf den Kovarianz-Strukturen. Bei Kulturvergleichen werden z. B. die konfirmatorische Faktorenanalyse, die Pfadanalyse und die *full structural-Pfandanalyse* benutzt. Die konfirmatorische Faktorenanalyse stellt eine Extension der klassischen explorativen Faktorenanalyse dar. Das Besondere dabei ist das Testen von a priori spezifischen Hypothesen über eine *underlying*-Struktur mit einer Zahl von Faktoren über das Laden von Faktorenvariablen und über die Faktorenkorrelationen. Durch die konfirmatorische Faktorenanalyse kann man Metaanalysen von Ergebnissen aus früheren Studien auswerten. Die Tests für *goodness* of fit evaluieren die hypothetisierten interkulturellen Gemeinsamkeiten und Differenzen (nach Van de Vijver & Leung, 1997).

LISREL ist das meiste benutzte Programm für Strukturgleichungsmodelle. Bei diesem Modell werden die adäquaten Fits und die Gleichheit von Faktorenkovarianzen (Korrelationen) gezeigt, und es werden die Fits eines Modells bei Überprüfung der Gleichheit der Faktorenvarianzen überprüft (nach Van de Vijver & Leung, 1997). Weitere bei psychologischen Untersuchungen häufig benutzte Programme sind AMOS und MPlus.

Die *Pfad-Analyse* ist eine der wichtigen Anwendungen des Strukturgleichungsmodells. Diese Analyse stellt eine statistische Technik zum Evaluieren von Kausalmodellen dar. Im weitesten Sinne sollte die Pfadanalyse als eine Ausarbeitung von multiplen Regressionen angesehen werden. Im Unterschied zur Regressionsanalyse schließt die Pfadanalyse mehrere abhängige Variablen ein (z. B. Abbildung 3.5). Deren Anwendung bei Kulturvergleichen unterscheidet sich nicht von der Anwendung in nur einer Kultur.

a) Beispiel einer Pfadanalyse mit nur einem direkten Effekt
b) Beispiel für eine Pfadanalyse mit einem direkten und einem indirekten Effekt

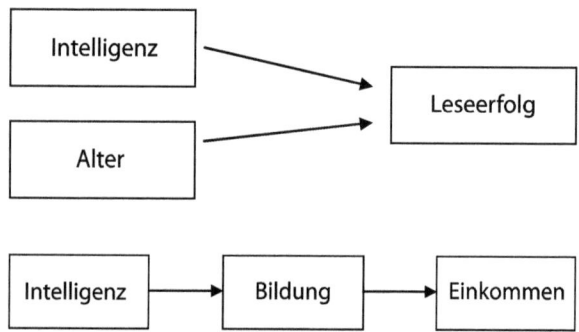

Abbildung 3.5 Pfadmodelle mit (a) direkten Effekten und (b) indirekten Effekten (nach Van de Vijver & Leung, 1997).

Die *Multidimensionale Skalierung* reproduziert eine Matrix von Distanzen zwischen Stimuli (z. B. Fragen eines Fragebogens) in eine kleine Zahl von Dimensionen, die interpretiert werden können. Im weitesten Sinne besteht hier eine Analogie zur Faktorenanalyse. Dabei können Daten mit dem Skalatyp Likert benutzt werden sowie dichotomische Daten. Hier haben wir es mit dem gleichen Rotationsproblem wie bei der Faktorenanalyse zu tun (s. o.).

INDSCAL ist ein oft dafür benutztes Modell, da mit ihm eine interkulturell identische Dimension festgestellt werden kann, wobei aber die hervorstechenden Gewichtungen dieser Dimensionen zwischen den Kulturen variieren können (nach Van de Vijver & Leung, 1997).

Die *Clusteranalyse* ist mit der Klassifikation von multivariaten Daten zu einem limitierten *Set* von sich nicht überschneidenden Kategorien verbunden. Jede Kategorie hat dieselben gemeinsamen Charakteristiken, die von anderen Kategorien nicht geteilt werden. Diese Analyse wird bei Kulturvergleichen selten benutzt. Normalerweise wird bei jeder einzelnen Kulturgruppe getrennt eine Clusteranalyse vorgenommen, und danach werden diese dichotomischen Matrizen zwischen den Kulturgruppen verglichen. Dabei werden gemeinsame Übereinstimmungsindikatoren für nominale Daten wie Cohen's Kappa benutzt.

Clusteranalyse bei Kulturvergleichen

Die Clusteranalyse ist bei Kulturvergleichen dann sinnvoll, wenn die Zahl der Cluster kleiner als die Zahl der Variablen ist. Wenn die Zahl der Cluster groß ist, dann sind viele Zellen in der Indikatormatrix leer, weil nur einige Variablen einem Cluster zugeordnet werden können (nach Van de Vijver & Leung, 1997).

3.3.8 Level-orientierte Techniken bei Kulturvergleichen

Zu den Level-orientierten Techniken gehören die mittelwertvergleichenden Analysen, wie T-Test und Varianzanalyse, Regressionsanalyse und externe Validation.

T-Test und Varianzanalyse: Durch diese Verfahren werden die Mittelwertunterschiede zwischen unabhängigen Stichproben (hier unterschiedlichen kulturellen Gruppen) überprüft. Diese Verfahren überprüfen die Leveldifferenzen, dabei ist die Kultur die unabhängige Variable. Bei mehr als zwei Gruppen wird dann nur allein die Varianzanalyse benutzt, wobei hier die Haupteffekte der Kultur gemessen werden. Die unterschiedlichen Mittelwerte der abhängigen Variablen werden darin einbezogen. Der T-Test eignet sich besonders gut für Kulturvergleiche zwischen nur zwei Gruppen, da er sehr robust ist und seine Voraussetzungen eben in Bezug auf Zellenbesetzung, statistische Ausreißer und Levene-Test der Homogenität nicht so leicht verletzt werden können wie diejenigen der Varianzanalyse.

Regressionsanalyse: Die Regressionsanalyse zeichnet sich durch den Einfluss von einer oder mehreren unabhängigen Variablen auf eine abhängige Variable aus. Der Korrelationskoeffizient R^2 erklärt die Varianz der unabhängigen Variablen. So kann man die abhängige Variable durch die unabhängige voraussagen. Bei Kulturvergleichen, die Level-orientierte Hypothesen einbeziehen, wird ein Dummy-Coding einer Kulturgruppe mit einbezogen. Wenn zwei Gruppen einbezogen werden, braucht man eine Dummy-Variable, bei drei Gruppen eben zwei Dummy-Variablen. Die allgemeine Regel dabei lautet, dass die Anzahl der Dummy-Variablen um eins niedriger als die der untersuchten Kulturgruppen sein muss. Wenn der Regressionskoeffizient der Dummy-Variablen (bei zwei Gruppen) oder der multiple Korrelationskoeffizient für das Set von Dummy-Variablen (im Falle von mehr als zwei Gruppen) signifikant ist, kann man daraus schließen, dass die Kulturgruppen unterschiedliche Mittelwerte der abhängigen Variablen haben. Abhängige Nominal- und Ordinal-Level-Variablen werden oft durch Varianzanalyse interpretiert, während Intervall-Level-Variablen normalerweise durch die Regressionsanalyse interpretiert werden.

Um *externe Validation* zu gewährleisten, werden die Kovarianz- und die Regressionsanalyse benutzt. Diese beziehen eine Kontextvariable ein. Dadurch werden zwei Fragen beantwortet: 1.) Wie werden die hypothetisierten Antezedenten von kulturellen Unterschieden evaluiert? und 2.) Wie wird das Ausschließen verwechselter Variablen durch diagnostische Tests kontrolliert?

Die *Kovarianzanalyse* ist im weitesten Sinne eine Extension des T-Tests und der Varianzanalyse. Es wird die Präsenz von Intergruppen-Unterschieden zu einer abhängigen Variable überprüft. Dabei wird ein anderer Kovariant, hier Kontextvariable genannt, miteinbezogen.

3.3.9 Evaluation von hypothetisierten Kausalitäten von kulturellen Differenzen

Hierunter sind die *Multilevelanalysen* zu subsummieren: Statt den individuellen Level den kulturellen Level gegenüberzustellen (man soll immer aufpassen, auf welchem Level die Analyse erfolgt), kann man Multilevelanalysen benutzen. Dazu kann man das sogenannte hierarchische Linear-Modell verwenden. Es ist für Daten mit einer Multilevelstruktur erstellt worden, wie z. B. bei Längsschnittsstudien. Dadurch werden Effekte von abhängigen Variablen auf die individuellen und kulturellen Level-Variablen so gut wie möglich durch deren Indikatoren erklärt.

3.4 Das Selektionsproblem der Stichproben bei Kulturvergleichen (sampling)

Auch bei einer Untersuchung innerhalb einer Kultur gibt es Probleme bezüglich der Repräsentativität einer Stichprobe und bezüglich deren Charakteristiken. Ein weiteres Problem ist, inwieweit die Ergebnisse beruhend auf einer Stichprobe generalisiert werden können. Für die Kulturvergleichende Psychologie kommt als zusätzliches Problem noch die Vergleichbarkeit zweier Stichproben hinzu (Berry, 1980). Es besteht wieder ein Paradoxon: Man vergleicht zwei unterschiedliche

Stichproben in einer kulturvergleichenden Untersuchung; wir wollen diese folglich als „gleich" bzw. „vergleichbar" ansehen. Also sprechen wir gleichzeitig von „vergleichbar" und von „unterschiedlich" (Segall et al., 1999; Smith & Bond, 1998; Malpass & Poortinga, 1986; Lonner & Berry, 1986).

In der Kulturvergleichenden Psychologie bestehen auch die üblichen Probleme der psychologischen Forschung – wie die Eigenheiten von Laborexperimenten und der Zugang zu den Versuchspersonen (oft handelt es sich um Freiwillige oder Studenten) (Segall et al., 1999). Die Vermeidung von fehlenden sprachlichen Kenntnissen oder eingehenden Hintergrundkenntnissen über soziale Umstände und kulturelle Eigenschaften in beiden oder mehreren Sprachen der untersuchten Kulturen ist ein weiterer Aspekt, der die Vergleichbarkeit der Stichproben verbessern kann. Bei der kulturvergleichenden ethnographischen Forschung werden die sogenannten Informanten benutzt. Diese haben aber oft eine atypische bzw. fachfremde Ausbildung, können aber mit Wissen über die eigene Gesellschaft helfen. Solche Personen besitzen natürlich die Fremd- bzw. Muttersprachenkenntnisse für solche Tätigkeiten (Segall et al., 1999; Smith & Bond, 1998, vgl. Kap. 2). Somit müssen bei der Auswahl der Stichproben für Kulturvergleiche mehrere Aspekte berücksichtigt werden.

Wenn man also eine kulturvergleichende Untersuchung durchführt, hat man mit der „systematischen Kovariation" (oder cause) zwischen kulturellen und Verhaltensvariablen zu tun. Diese werden einmal innerhalb einer Kultur und einmal zwischen den Kulturen analysiert (etic-emic-Ansatz, vgl. Kap. 2). Die Suche nach universellen Generalisierungen hängt weiterhin mit dem Problem zusammen, dass nicht nur der Rang, sondern auch die Repräsentation von Kultur und Verhalten zum Ausdruck gebracht wird (Berry, 1980).

Dadurch treffen wir auf vier Phänomene: Kulturen und Individuen, Stimuli und Reaktionen. Auf der einen Seite geht es um das Entdecken eines systematischen Zusammenhangs zwischen den kulturellen und den individuellen Aspekten und anderseits um den Zusammenhang zwischen Stimuli und Reaktionen. Für letzteres sollen alle vier Phänomene repräsentativ erhoben werden (Berry, 1980).

Die meisten Literaturquellen verweisen aber eher auf das Problem, wie Kultur „selektiert" und erst danach wie dieses mit Generalisierungen verbunden wird. Dazu gehören auch die sogenannten *holocultural*-Studien, in denen die ganze Welt als eine Einheit betrachtet wird (vgl. Kap. 2, s. u.). Es wird meistens nur darüber diskutiert, ob genügend und ausreichend Versuchspersonen in den einzelnen Kulturen befragt werden, und dabei nicht weiter berücksichtigt, dass Studien innerhalb einer Kultur häufig auf viel spezifischeren Stichproben beruhen.

Auswahl der Versuchspersonen *(sampling)*

Bei der Auswahl der Versuchspersonen in einer vergleichenden Studie gibt es keine so großen Unterschiede zu den „normalen", nicht vergleichenden Studien. Die Standardtechniken können benutzt werden: Eine randomisierte-Stichprobe kann als repräsentativ für die gesamte Population gelten, oder eine stratifizierte Stichprobe kann spezifische Datenanalysen spezifizieren. Das betrifft z. B. Alter und Geschlecht oder spezifische Informationen biographischer und demographischer Natur (Brislin & Baumgartner, 1971; Berry, 1980). Die adäquate Repräsentation einer Population vermutet Stratifikation. Die Basis von Stratifikation (z. B. sozioökonomischer Status der Individuen) sollte aber so ausgewählt sein, dass sie die maximale Repräsentativität gewährleistet (Berry, 1980).

In diesem Zusammenhang werden drei Levels von *sampling* (Stichprobenselektion) diskutiert (Berry et al., 2002; Lonner & Berry, 1986; Van de Vijver & Leung, 1997):

1. Soll innerhalb der Kultur nach Subgruppen selektiert werden oder nicht?
2. Welche Individuen sollen innerhalb der Kultur oder Subgruppe ausgewählt werden?
3. Wie kann entschieden werden, wie Individuen innerhalb jeder Kultur oder Gruppe ausgewählt werden können?

Eine wichtige Überlegung bei der Konstruktion eines Forschungsdesigns ist, welche Kulturen berücksichtigt werden sollen. Man unterscheidet zwischen zwei Vorgehensweisen:

1. Theoretisch grundierte „Strategie"-Kulturen, die starke Kontraste in Bezug auf eine Variable zeigen;
2. Auswahl einiger Kulturen, die für die gesamte Welt repräsentativ sein sollen; z. B. zufällig ausgewählte Kulturen (vgl. Schwartz, 1994b: Untersuchung von Werten in 36 zufällig ausgewählte Kulturen).

Die sogenannte Stichprobe nach Zugänglichkeit ist kein plausibles Vorgehen, um Vergleiche anzustellen. Darunter versteht man Kontakte mit Kollegen auf Konferenzen oder Vergleiche wegen des Interesses an einem bestimmten Land (Berry et al., 2002; Shiraev & Levy, 2000; Van de Vjiver & Leung, 1997; Brislin & Hughes-Wiener, 1989, vgl. Kap. 2).

Es gibt weitere Aspekte der Stichprobenauswahl, die jedoch mehr Aufmerksamkeit in der Anthropologie als in der Psychologie finden. Das erste ist das sogenannte „Galton's Problem" (Naroll, 1970, Naroll et al., 1980, s. u.). Darunter versteht man das *spreading* (die Verbreitung) von kulturellen Charakteristiken bei Kontakten zwischen Gruppen. Wenn zwei Kulturen einen ähnlichen Wert bei einer Variable haben, setzt dies Austausch von Wissen und Artefakten durch Kontakt und Kommunikation voraus *(called diffusion)*. Nach Naroll et al. (1980) kann man dieses Problem vermeiden, wenn man Gruppen wählt, die weit voneinander entfernt leben.

Der zweite Aspekt besteht darin, dass Kulturen auf verschiedenen Levels definiert werden. Solche können z. B. Regionen, psychologische Levels, Bildung, Sozialisation oder Kollektivismus sein. Kulturen können aber auch nach dem Rang dieser Levels, innerhalb der Levels oder zwischen ihnen bestimmt werden. Hier ist es wichtig, Kultur und Land zu unterscheiden sowie die Kultureinheit zu spezifizieren.

Man sollte zwischen Stichproben- *(sampling errors)* und Nicht-Stichprobenauswahlfehlern *(not sampling errors)* unterscheiden (Pareek & Rao, 1980). Stichprobenauswahlfehler ergeben sich, wenn der Forscher (1) leicht erreichbare Stichproben benutzt, (2) kleine Stichproben verwendet und (3) Stichproben von speziellen Gruppen, mit denen der Forscher verwandt oder verbunden ist, heranzieht.

Stichprobenauswahlfehler

In allen Fällen sind dann die Ergebnisse weder als repräsentativ noch als universell für diese Untersuchung zu werten. Manchmal unterscheiden sich in größeren Ländern auch die einzelnen geographischen Regionen (z. B. Indien). Also ist der Forscher in derartigen Fällen bestrebt, den Umfang und damit den Abdeckungsgrad der Stichproben zu erhöhen (Pareek & Rao, 1980). Zu berücksichtigen ist, dass bei größeren Stichproben auch die Reliabilität einer Untersuchung wächst (Shiraev & Levy, 2000).

Die *not sampling errors* führen zu einer Reduktion in der Reliabilität, Validität und Authentizität der Antworten. Manchmal führt das Reduzieren von *sampling errors* zu vermehrten Kosten und *not sampling errors*. Zu den *not sampling errors* können auch verschiedene Interviewer bei einer Untersuchung führen, wenn keine linguistische Vergleichbarkeit gewährleistet ist (Pareek & Rao, 1980).

Sampling errors können durch größeren Umfang der befragten Stichproben, sorgfältige Stratifikation und minimales Clustering verringert werden. Die Strategien des Reduzierens der *not sampling errors* dagegen sind durch eine allumfassende Methode oder durch mehr Training, Interviews und durch Supervision der Interviewer zu realisieren.

3.5 Quantitative vs. qualitative Methoden

Die methodische Problematik der Psychologie ist oft von den Widersprüchen zwischen ideographischen und nomothetischen, subjektiven und objektiven sowie zwischen qualitativen und quantitativen Methoden geprägt. Hier ist auch zu betonen, dass die Kulturpsychologie vom qualitativen Ansatz dominiert wird. Im Unterschied dazu ist die Kulturvergleichende Psychologie eher vom quantitativen Ansatz geprägt (Berry et al., 1997; 2002; Greenfield, 1997a; Ratner, 1997; Poortinga, 1997).

Dennoch bestehen Unterschiede zwischen den Auffassungen in der Methodologie der Kulturpsychologie und der Kulturvergleichenden Psychologie (Poortinga, 1997).

Kulturvergleichende Psychologie vs. Kulturpsychologie

Während die Kulturvergleichende Psychologie von der Theorie der Universalität ausgeht und einen gemeinsamen Rahmen benutzt, ist das Hauptkriterium der Kulturpsychologie die Konventionalität, dass das Verhalten durch deren Manifestationen repräsentiert wird und die Denkmuster vom Subjekt bestimmt werden (Poortinga, 1997).

Hinsichtlich der Methoden werden in der Kulturvergleichenden Psychologie die Standards des Vergleichs empirisch oder psychometrisch getestet. Dagegen wird der Vergleichsstandard bei der Kulturpsychologie als kontextabhängig definiert, wobei als Kriterien hier Plausibilität und Kohärenz betont werden.

Angesichts der Kulturauffassung trifft man methodologisch betrachtet wieder auf Unterschiede. Bei der Kulturvergleichenden Psychologie werden Sets von Antezedenten als unabhängige Variablen in einem (quasi-)experimentellem Ansatz betrachtet. Bei der Kulturpsychologie dagegen werden Kultur und Verhalten streng durch das Interviewverfahren definiert. Die Generalisierungen unterscheiden sich auch, wobei Grund- oder übergeordnete Kategorien mit Tendenz zu hohen Levels beim Einbezug der Kulturvergleichenden Psychologie eine Rolle spielen. Dagegen variiert die Interpretation von Begriffen und deren Tiefgang je nach Art der Phänomene und wie viele von ihnen einbezogen werden (s. Tabelle 3.6).

Tabelle 3.6 Unterschiede zwischen kulturvergleichendem und kulturellem Ansatz (nach Poortinga, 1997)

Kulturvergleichend	Kulturell
Theorie	
Kriterien der Universalität; Unterschiede sind in einem bekannten Bezugssystem erklärt. Verhaltensmanifestationen sind ein Anzeichen universeller Prozesse, welche von dem Forscher als Experten definiert werden.	Kriterien der Herkömmlichkeit; Verhaltensmanifestationen sind sui generis (sie haben eine eigene Existenz). Die Bedeutung wird von dem Handelnden determiniert.
Methodik	
Vergleichsmaßstab ist definiert in operationalen Größen; die Validität des Vergleichs muss experimentell oder psychometrisch getestet werden.	Vergleichsmaßstab ist definiert als kontextabhängig; Kriterien für eine gut fundierte Erklärung sind Plausibilität und Kohärenz der Argumente.
Kultur	
Kultur ist konzeptualisiert als ein Set von vorhersagbaren Faktoren, diese stellen unabhängige Variablen in einem (quasi-)Experiment dar.	Kultur und Verhalten werden als interdependent definiert.
Generalisierung	
Interpretation erfolgt meistens hinsichtlich (mutmaßlicher) Basis- oder übergeordneten Kategorien mit einer Tendenz zu einer hohen Einbeziehung (Übergeneralisierung)	Interpretationen variieren hinsichtlich der einbezogenen Variablen und hinsichtlich der „Tiefe".

Nicht zuletzt ist zu berücksichtigen, dass jeder Kulturvergleich mit ethischen Regeln verbunden ist, seien es auch nur die Einstellungen und das Verhalten der Forscher. Dieser sollte nicht als negativ und ignorant gelten. Auch bei Interviewdaten ist die Anonymität in einigen Kulturen sehr wichtig, und es sollten bestimmte Verhaltensregel und Tabus beachtet werden.

Die benutzten Instrumente betreffen auch solche ethischen Fragen (Parrek & Rao, 1980), inwieweit z. B. eine Fragestellung für einen Kulturvergleich angemessen ist. Die ethischen Fragen und Probleme werden somit nicht nur bei qualitativen, sondern auch bei quantitativen Methoden ersichtlich.

3.5.1 Qualitative Methoden bei der Kulturvergleichenden Psychologie

Die Hauptmethoden des qualitativen Ansatzes (Silvermann, 1993) schließen Beobachtung, Analyse von Texten und Dokumentationen, Interviews, Aufnahmen mit Transkripten oder die Kombination all dieser Methoden ein (Berry et al., 2002).
Die qualitativen Methoden werden auch bei der Ethnographie genutzt (Greenfield, 1997a; Poortinga, 1997). Die Kulturanthropologie benutzt darüber hinaus das Narrative, z. B. dass Erzählungen der Informanten als wichtige Quelle der Information genutzt werden. Bei der Soziologie wird anhand qualitativer Methoden induktiv von der Analyse einzelner Fälle her das Entwickeln von abstrakten Kategorien angestrebt. Bei der Psychologie hingegen schließen qualitative Methoden nicht-strukturierte Interviews, Fokusgruppen, systematische Beobachtungen sowie Beurteilungsmethoden und nicht regelgebundene Werte und Methoden mit ein. Dabei steht immer die Reaktion der Versuchsperson im Zentrum (Smith et al., 1985).

Beobachtung als Forschungsmethode

Wenn ein Psychologe ein bestimmtes Verhalten einer Kultur in einer anderen Kultur beobachtet, interpretiert er dieses mit der Begrifflichkeit der eigenen Kultur. Es ist dann schwierig zu wissen, ob tatsächlich das gleiche Verhalten in zwei oder mehreren unterschiedlichen Kulturen erforscht wird. Also stellt sich bei der Untersuchung eines gleichen psychologischen Phänomens die Frage, ob ein unterschiedliches, aber funktionell äquivalentes Verhalten erforscht wird (Segall et al., 1999). Zum Beispiel unterscheidet sich in den Kulturen die Auffassung darüber, was aggressives Verhalten ist und worin kriminelles Verhalten besteht. Das Schlagen von Ehefrauen ist in einigen Kulturen nicht verboten und wird auch nicht als kriminell angesehen (Segall et al., 1999).
Also haben wir es bei den Kulturvergleichen mit drei Problemgruppen zu tun (Segall et al., 1999):

1. Beobachtungsprobleme
2. Stichprobenprobleme
3. *researcher-respondent*-Probleme

Da auf die unter erstens und zweitens genannten Probleme bereits eingegangen wurde, werden hier die *researcher-respondent*-Probleme betrachtet. Bei der dritten

Problemgruppe wird auch die Validität einer Untersuchung angesprochen, die mit der Interaktion zwischen Forscher und den Menschen, die untersucht werden, zu tun hat. Oft ist es so, dass die Personen in den anderen Gesellschaften sich sehr vom Forscher unterscheiden. Es kommt häufig zu Missverständnissen und Kommunikationsproblemen. Die unterschiedlichen Auffassungen von beobachtetem Verhalten sind Teil davon. Wie kann man diese Kommunikationsprobleme reduzieren? Studien über Wahrnehmung (Campbell, 1964) haben festgestellt, dass Personen aus verschiedenen Kulturen eine unterschiedliche visuelle Wahrnehmung besitzen. Da stellt sich aber die Frage, ob zwei Gruppen manchmal zu wenig kommunizieren, um überhaupt zu erfahren und zu wissen, dass sie die Sachen und Prozesse auf unterschiedliche Art und Weise wahrnehmen (Segall et al., 1999; Berry et al., 2002, vgl. auch Takooshian et al., 2001) und nicht die ganze Zeit von einer ähnlichen oder gleichen Wahrnehmung ausgehen. Campbell (1968, Campbell & Naroll, 1972; Brewer & Campbell, 1976) diskutiert das Verfälschungsproblem folgendermaßen: Die Beobachtungen oder Messungen sind immer schwer zu unterscheiden, wenn diese in der Kultur B vom Wissenschaftler der Kultur A erstellt werden. Die Beobachtungen oder Messungen können eine Funktion realer Phänomene in der Kultur B oder eine Funktion der Beobachterverzerrungen abgeleitet von Kultur A sein.

Für die Kulturvergleichende Psychologie sollten folgende Aspekte in Bezug auf die systematische Verhaltensbeobachtung berücksichtigt werden (Logabaugh, 1980):

1. Wie wird diese benutzt?
2. Wie kann man die Fehler vermeiden, welche die Methodologie dadurch hervorrufen kann, dass sie westlich kulturell gebunden ist?
3. Wie können diese Schwerpunkte genutzt werden, um die Sachen angewandt kulturvergleichend zu nutzen?

Zwei Ansatzpunkte zur Untersuchung von sozialem Verhalten

Die Untersuchung von sozialem Verhalten kann auf zwei Punkte fokussiert werden: Die Untersuchung des „Was" und die Untersuchung des „Wie" (Logabaugh, 1980). Die Untersuchung des „Was" besteht in der eigentliche Untersuchung, wodurch die Akteure miteinander kommunizieren (Affiliation, Aggression, usw.). Die Untersuchung des „Wie" besteht darin, wie der Inhalt zum Ausdruck kommt. Oft sind beide Fokusse gar nicht voneinander getrennt.

Diese Differenzierung ist auch Bestandteil der Debatte zwischen psychologischen Ökologen und Ethnologen (Logabaugh, 1980). Das „Wie" des Verhaltens ist fokussiert (1) auf Sprache und paralinguale Aspekte und (2) auf Körperhaltung und Bewegung. Hier werden solche Merkmale wie zwischenmenschliche Distanz, Köperorientierung, Kopforientierung, Gesichtsorientierung, Augenkontakt und Gesichtsausdruck untersucht. All diese Aspekte drücken gleichzeitig den sozialen Status und kulturelle Unterschiede aus. Weiterhin ist zu beachten, dass jede Verhaltensbeobachtung auch in Zeit und Raum begrenzt ist. Beim Datensammeln werden die Strategien der Stichprobenauswahl *(sampling strategies)* benutzt. Beim Sammeln von Daten für die Untersuchungen werden die kodierenden Systeme berücksichtigt (Smith & Bond, 1998). Bevor man auswählt, welche Kulturen befragt werden, sollte man sich auch darüber informieren, wie die untersuchten Variablen in diesen Kulturen zum Ausdruck kommen und wie deren Varianz ist, d.h. ob das Verhalten überhaupt so wichtig für die Kultur ist.

Fehlerquellen bei der Verhaltensbeobachtung

Insgesamt könnte man die Probleme der Verhaltensbeobachtung auch damit verbinden, dass man zu viele Verhaltensvariablen untersucht. Dies geschieht in zu kleinen Stichproben und auch bei einer niedrigen Frequenz der Verhaltenswiederholungen (Logabaugh, 1980).

Selbstverständlich sollte das Messen des Verhaltens in Settings und deren natürlichem Zustand die höchste Priorität von interkulturellen Vergleichen sein. Es ist sehr kompliziert, solche Methoden anzuwenden und in kulturvergleichenden Felduntersuchungen heranzuziehen (Logabaugh, 1980).

Die Beobachtungsmethode ist in ihrem Charakter qualitativ. Es ist deshalb zu beachten, dass der Beobachter auch über sich selbst und sein Verhalten berichten soll. Dieses kann sich als methodisch schwach erweisen. Die Technik, die am meisten mit der systematischen Verhaltensbeobachtung übereinstimmt, ist die Inhaltsanalyse. Schließlich hat die Inhaltsanalyse mit der Klassifikation von verbalen Inhalten von aufgenommener Kommunikation zu tun (Brislin, 1980).

Projektive Techniken in der Kulturvergleichenden Psychologie

Projektive Techniken finden oft bei der kulturvergleichenden Forschung Anwendung (z.B. Test Rorschach, TAT, usw.). Welche sind die methodologischen Dilemmata beim Einsatz projektiver Techniken? Die projektiven Techniken basieren auf der Psychoanalyse und den damit zusammenhängenden psychodynamischen Theorien als eine Rebellion gegen den fragmentären, sehr vereinfachten Ansatz der früheren Persönlichkeitsforschung. Sie werden stets bei klinischen und eingehenden Studien über die individuelle Persönlichkeit herangezogen, wo Einzelfälle in Therapie und Forschung betrachtet werden. Deren Interpretation und Analyse hängt mit der Erfahrung und den interpretativen Fertigkeiten der Wissenschaftler zusammen. Dessen Charakter selbst setzt das Vereinen von Standardisierung mit fixierten Klassifikationen und Qualifikationen von Antwort-Variablen (Holtzman, 1980) fest. Das Umwandeln der projektiven Techniken in stärker objektive, replikative Methoden führt oft dazu, dass die originale, projektive Qualität verloren geht. Es gibt zwei Arten von Problemen, die zu bewältigen sind, wenn die projektiven Techniken interkulturelle Anwendung finden (Holtzman, 1980): (1.) Im indirekten Ansatz der freien Antworten zum Messen der Persönlichkeitsmerkmale und (2.) Probleme der speziellen Signifikanz in der kulturvergleichenden Forschung.

Damit zusammenhängende Probleme sind auch das Kodieren und die Umwandlung der freien Antworten in das vorgesehene System von Faktoren sowie das Erreichen der semantischen Äquivalenz unter den Kulturen. Es sind auch die höheren Kosten, der Zeitaufwand, die ethischen Fragen und die erforderlichen Spezialkenntnisse der Forscher zu berücksichtigen. Der Ort und die Zeit zur Anwendung der projektiven Techniken sollten auch in allen Kulturen gleich sein, was die Durchführung und später die Vergleichbarkeit zusätzlich erschwert. Die Persönlichkeitsforschung ist besonders im klinischen Bereich vom Gebrauch der projektiven Techniken kulturvergleichend geprägt (Holtzman, 1980).

Das Interview

Die Probleme bei der Durchführung von Befragungen und Interviews bei Kulturvergleichen sind nicht nur mit der Vergleichbarkeit, sondern auch mit der Stichprobenwahl verbunden (Pareek & Rao, 1980).

Erläuterung der Methode: Interview

Das Interview selbst ist eine spezifische Form von Kommunikation mit der besonderen Anforderung, bestimmte Informationen von den Versuchspersonen zu erfahren (Pareek & Rao, 1980).

Ein Paradigma, welches diesen Prozess beschreibt, beschäftigt sich intensiv mit folgenden Faktoren: Fragen, die der Interviewer stellt (Kodieren der Mitteilung), und Dekodieren der Mitteilung (Verstehen der Frage durch die Versuchsperson). Weitere Aspekte sind, inwieweit die Versuchsperson bei einem Interview offen über ein Thema sprechen kann. Das Auswerten der Daten ist äußerst schwierig, da die Kodierung und Spezifizierung von Items sehr kompliziert ist und sehr von einer subjektiven Bewertung abhängt (Pareek & Rao, 1980).

Deswegen wird ein neueres Konzept als Gütekriterium vorgeschlagen, nämlich das der *Authentizität* (unterschiedlich von Reliabilität und Validität). Authentizität wird definiert als die Fähigkeit der Interviewer, die Antworten und Reaktionen der Versuchsperson wahrzunehmen.

Vier Faktoren, welche die Authentizität beeinflussen

Authentizität wird durch die folgenden vier Faktoren beeinflusst (Pareek & Rao, 1980):

1. Faktoren, die mit dem Interviewer verbunden sind: Seine Affiliation, sein Image, die Distanz zwischen Interviewer und Versuchsperson, die Relevanz für die Versuchsperson und die Ausrichtung der Interviewer.
2. Das Interview und seine Merkmale: Struktur, thematische Relevanz, thematische Sensitivität, kulturelle Relevanz, soziale Erwünschtheit, Kapazität zum Erreichen der Tiefe, Länge und des *settings*.
3. Faktoren, die mit der Versuchsperson verbunden sind: die Relation zwischen privat und öffentlich, *omniscience syndrome* (Allwissenheits-Syndrom – sei es beim Forscher oder bei der interviewten Person), frühere Erfahrungen, Umgang und die Art und Weise des Beantwortens.
4. Kulturelle Faktoren: Die Normen und „Spielregeln" *(game playing)*, Höflichkeitsnormen, Zurückhaltung.

Das Interview wird als Forschungsmethode nicht nur bei Kulturvergleichen benutzt, sondern auch bei Bewerbungsverfahren in der Beratung und in der Therapie. Weiterhin ist bei den Kulturvergleichen zwischen strukturiertem und nicht-strukturiertem Interview zu unterscheiden. Brislin et al. (1973) haben unterschiedliche Typen von Interviews differenziert, die speziell beim Kulturvergleich zu beachten sind:

1. Testen und Feststellen der Generalisierbarkeit von Theorien und Konzepten in Kulturen, unterschiedlich von denen, in denen sie entwickelt wurden.
2. Verbindung mit Studien über subjektive Kultur (vgl. Studien von Triandis et al. (1972)), die zentrale Aspekte des menschlichen kognitiven Verhaltens in unterschiedlichen kulturellen Kontexten untersuchen.

Als Schwachpunkt des Interviews wird immer wieder die Vergleichbarkeit genannt. Dieses Problem ist stets eines der Hauptprobleme bei Kulturvergleichen allgemein. Berry (1969) schlägt folgende Verfahrensweise vor: Aspekte vom Verhalten, die in verschiedenen Verhaltensmustern enthalten sind, können verglichen werden, wenn diese funktional äquivalent sind. Das Konzept der funktionellen Äquivalenz beinhaltet weiterhin, dass das Verhalten während der Beantwortung eine Art Lösung allgemeingültiger Probleme des Verhaltens zwischen den Kulturen sei. Eine funktionelle Äquivalenz ist dann gegeben, wenn das befragte Verhalten als ein Problem zwischen zwei oder mehreren sozialen bzw. kulturellen Gruppen entwickelt ist. Dies wird durch das Denken zum Ausdruck gebracht, dass sich das Verhalten einer Gesellschaft vom Verhalten einer anderen oberflächlich unterscheidet.

Die Aspekte des Verhaltens – vertreten in unterschiedlichen Verhaltensmustern – sind dann funktional äquivalent, wenn ein vergleichender beschreibender Rahmen, der für beide Verhaltensmuster valide ist, von einer deskriptiven Beschreibung des Verhaltens innerhalb jedes Musters generiert werden kann.

Nur wenn diese Bedingungen stimmen, kann man eine Untersuchung durchführen und Instrumente anwenden, die das Verhalten in diesen zwei Settings überprüfen. Dadurch könnte kann man die Instrumente in beiden Settings als konzeptuell äquivalent für die Individuen in beiden Stichproben halten.

Bei dem Untersuchungsdesign ist ein konzeptueller Rahmen sehr wichtig (nach Pareek & Rao, 1980). Das Stichprobenproblem bei Kulturvergleichen liegt 1.) in den untersuchten Bereichen, 2.) in den Kulturen sowie 3.) in den Individuen innerhalb einer Kultur und 4.) in den Indikatoren für die untersuchten Variablen.

Die nicht-strukturierten Interviews sind durch Flexibilität und variierende Fragenanzahl, die auch unterschiedlicher Natur sind, charakterisiert. Sie sind hilfreich für Strukturen von primären Informationen. Die nicht-strukturierten Interviews erlauben ein besseres Verständnis der Dynamik der Phänomene. Besonders hilfreich sind die nicht-strukturierten Interviews für authentische Antworten, die eine Kultur durch Normen manchmal sonst nicht erlaubt (s. Tabelle 3.7).

Tabelle 3.7 Vorteile von strukturierten und unstrukturierten Interviews für unterschiedliche Zwecke (nach Pareek & Rao, 1980)

Zweck	Interviewtyp
1. Generalisierung	Strukturiert
2. Interkultureller Vergleich	Strukturiert
3. Intrakultureller Vergleich	Strukturiert
4. Intensive Studie	Beides
5. Planen der Vorgehensweise	Beides
6. Theorie testen	Beides
7. Ergänzen von anderen Instrumenten	Beides
8. Programme beeinflussen	Beides
9. Auswählen der angemessenen Stichprobe	Unstrukturiert
10. Probeuntersuchung	Unstrukturiert

Was sollte man nun bei einem Interview im Hinblick auf Kulturvergleiche beachten, um dieses methodisch korrekt durchzuführen? Pareek & Rao (1980) zählen folgende Aspekte auf: *rapport building*, Selbstoffenheit, Sequenz, Plan der Durchführung, Struktur der Fragen und Antworten sowie die Skala (Paar-Vergleiche, Intervall-Skala oder semantisches Differential).

Schwierigkeit der Skalennutzung bei Kulturvergleichen

Beispiel: Wenn man z. B. eine 5-stufige Skala des semantischen Differenzials benutzt, ist es notwendig, dass die Versuchspersonen in jeder Kultur vergleichbar die Distanz verstehen. Wenn das Verständnis darüber nicht geteilt wird, kann ein Kulturvergleich nicht durchgeführt werden (Pareek & Rao, 1980).

Die Daten eines Interviews besitzen spezifische Merkmale. Die Konstruktion eines Interviews wird mittels einer Antwort-*coding*-Tabelle zusammengestellt. Die Konstruktion kodierter Tabellen hilft der Methodologie den Rahmen für die Fragen zu erklären und die Analysen zu einem späteren Zeitpunkt zu erleichtern. Frequenzen und Skalenwerte sind zwei Arten von Daten. Wenn die Antworten in einer kodierten Tabelle dargestellt werden, kann ein besserer Überblick über die Summenwerte gegeben werden. Die Daten – erworben in Interviews – können in

Tabelle 3.8   Faktoren, welche die Interviewauthentizität beeinflussen
(Pareek & Rao, 1980)

A. Hintergrund des Interviewers	C. Respondent Hintergrund
1. Die Affiliation des Interviewers 2. Das Image des Interviewers 3. Respondent-Interviewer Distanz 4. Respondent relevance 5. Interviewer Bias	1. Privat-öffentliche Meinungsdiskrepanz 2. Allwissenheitssyndrom; Omniscience Syndrome (Versuchspersonen glauben, sie können jede Frage beantworten) 3. Frühere Erfahrung 4. Saturation 5. Response set: Art und Weise des Beantwortens: Diese sind mit dem Sozialisationsprozess verbunden
B. Interview und das Setting	D. Kultureller Hintergrund
1. Setting: Ort und Zeit der Durchführung (sei es Arbeitsplatz, Wohnsitz, öffentlicher Raum, Freizeiteinrichtung) 2. Thematische Relevanz 3. Thematische Sensitivität (Tabus vermeiden) 4. Kulturelle Relevanz 5. Soziale Erwünschtheit 6. Kapazität, um den tieferen Sinn zu erforschen 7. Länge (Durchschnitt nicht länger als 90 Minuten, da die Authentizität reduziert wird) 8. Struktur	1. Höflichkeitsnorm 2. Reticence (wenig Reden in einigen Kulturen) 3. Spiele spielen-Norm 4. Nicht nur kulturspezifische Merkmale 5. Subkulturelle Differenzen 6. Spielregelnorm (game playing norm): Versuchspersonen mögen manchmal mit dem Interviewer spielen und ihm keine echten Antworten geben.

verschiedene Kategorien klassifiziert werden. Neben den statistischen Verfahren multiple Regression, kanonische und nicht-parametrische Tests, Faktoranalyse, usw. hat sich auch die Inhaltsanalyse beim Kodieren von Daten von Interviews als beste Methode durchgesetzt. Bei strukturierten Interviews sind zwar die Reliabilität und Validität höher, die Authentizität der Daten wird aber beeinträchtigt (Pareek & Rao, 1980).

All das dient dazu, die Objektivität der Interviewdaten zu erhöhen und die Subjektivität zu reduzieren. Wie schon erwähnt gruppieren Brislin et al. (1973) vier Kategorien von Faktoren, die zusätzlich die Authentizität in den kulturellen Faktoren beeinflussen

- bezüglich des Interviewers,
- bezüglich des Interviews,

- bezüglich der Versuchsperson und
- bezüglich der kulturellen Faktoren.

Faktoren, die den Interviewer betreffen, sind in der Tabelle 3.8 (Pareek & Rao, 1980) dargestellt:
Einen weiteren Faktor stellen auch die Einstellungen der Interviewer dar. Diese sollen nicht negativ sein, weder ihr Image noch ihre soziale oder rassistische Distanz usw., sei es auch die subtile hostile Einstellung, selbst „besser zu sein" oder „richtig zu denken" (Pareek & Rao, 1980).

Hier werden folgende Kriterien für die Auswahl der Interviewer vorgeschlagen (Pareek & Rao, 1980):

1. Interviewer sollten aus unterschiedlichen Kulturen ausgewählt werden, um den Interviewer-Bias innerhalb des Interviews zu minimieren. Zum Beispiel sollten, wenn es unterschiedliche Subkulturen innerhalb der ausgewählten Kultur gibt, diejenigen Interviewer ausgewählt werden, welche entweder in allen Subkulturen oder in jeder einzelnen Subkultur effektiv sind.
2. Falls die Effekte der Interviewer auf die Daten nicht kontrolliert werden können, dann sollten die Dimensionen, welche besonders betroffen sein könnten, untersucht werden.
3. Soweit wie möglich sollten Interviewer und Interviewter einen ähnlichen Hintergrund haben.
4. Falls Interviewer und Interviewte einen unterschiedlichen Hintergrund aufweisen, dann sollte der Effekt dieser Variable untersucht werden.

Armstrong und Frey (1970) (nach Pareck & Kao) schlagen folgende Kriterien für spezifische Qualifikationen vor:

1. Verheiratete Frauen im mittleren Alter und der Mittelschicht angehörig stellen gute Interviewer dar.
2. Unterbeschäftigte/arbeitslose Büroangestellte der Mittelschicht im Alter zwischen 30 und 45 tendieren dazu, ihre eigenen Biase im Interview einzuspeisen
3. Unterbeschäftigte junge Männer und Frauen zwischen 20 und 30 Jahren, weisen eine geringe Motivation für die erforderliche harte Arbeit eines Interviews auf.

4. Unterbeschäftigte Doktoranden, Graduierte und ehemalige Studenten der Sozialwissenschaften weisen eine geringe Motivation auf, fühlen sich überlegen und meiden Verantwortung.

Welche Trainings können dafür vorgeschlagen werden? (Pareek & Rao, 1980)

1. Subkulturen der Interviewten verstehen.
2. Dialekt der Interviewten verstehen (z. B. die Konnotation von Wörtern, auch wenn beide die gleiche Sprache sprechen).
3. Verständnis für die Forschungsmaterie haben und dafür, wie die Daten ausgewertet werden (solange der Interviewer nicht weiß, wie die Daten ausgewertet werden, kann er nicht auf wichtige Aspekte achten, welche bei der späteren Analyse wichtig wären).
4. Rapport herstellen.
5. Fragen stellen.
6. Sensibilität für Antwort-Bias.
7. Auf eine neutrale Kommunikation achten und Biase vermeiden.
8. Sensibilität für kulturelle Effekte und Unterschiede im Verhalten sowie für Besonderheiten, welche bei Kulturvergleichen auftreten können.
9. Hohe Flexibilität während des Interviews, so dass der Interviewte – im Rahmen gewisser Grenzen – die Reihenfolge, Struktur etc. der Fragen verändern kann, um authentische Antworten zu erhalten.
10. Aufnehmen der Antworten ohne dabei die Aufmerksamkeit des Interviewten abzulenken und ohne den natürlichen Verlauf des Interviews zu beeinträchtigen.

Feedback und Rollenspiele sind wichtige Bestandteile solcher Trainings.

Das Experiment in der Kulturvergleichenden Psychologie

Bei der Durchführung von kulturvergleichender Forschung wird die Kultur als eine unabhängige Variable berücksichtigt, um Ergebnisse bei der abhängigen Variable oder die Folgen der Ergebnisse festzustellen. Also wird eine Kausalattribution vorgenommen, wobei die Kultur involviert wird. Eigentlich ist es plausibel, dass Kultur den Status einer Kausalvariable erlangen soll; es ist nicht plausibel, dass eine andere assoziierte, aber irrelevante Variable zu den betrachteten Ergebnissen herangezogen wird (Brown & Sechrest, 1980). Wenn Kultur als eine unabhängige Variable angenommen wird, wird sie nach Campbell & Stanley (1966) als „global y" interpretiert. Hierbei handelt es sich um ein amorphes oder komplexes Verfahren. Es ist also wenig nützlich, die *performance* von Subjekten zwischen Kulturen zu vergleichen, wenn man nicht weiß, welche die Hauptfacetten der Kulturen sind, aber die *performance*-Differenz festgestellt wird (Brown & Sechrest, 1980).

Beim *experimental-design* wird immer eine Kontrollgruppe eingeschlossen, um die internale Validität zu steigern. Die übliche Strategie besteht darin, zwei gleiche Gruppen zu testen, wobei eine unabhängige Variable überprüft wird *(treatment)*. Diese Gruppen sind nach der Manipulation nicht mehr gleich, da das Verfahren verantwortlich für diese Veränderung ist. Zurzeit werden die meisten Experimente nur in einer Kultur durchgeführt. Also ist es notwendig, dass bei der Durchführung von Experimenten einer der Faktoren, der manipuliert wird, mit der Kultur zusammenhängt. Wenn die Kultur eine unabhängige Variable ist, kann sie nicht manipuliert werden, also nicht gemessen werden. Bei der kulturvergleichenden, psychologischen Forschung gibt es Schwierigkeiten nicht nur bei der Konstruktvalidität, sondern auch bei der internen Validität. Bei der internen Validität ist es wichtig, die Kultur als Variable wahrzunehmen. Die Konstruktvalidität von Kultur als „global y" ist nicht nur in Bezug auf die Antworten schwierig, sondern auch bezüglich des Inhaltes des Konstruktes, sei es verbal oder nonverbal (z. B. physische Distanz bei Kommunikation). Diese könnte aber z. B. als kulturrelevante Variable bei einem Experiment berücksichtigt werden (Carlsmith et al., 1976). Um die Konstruktvalidität zu verbessern, werden bei der Analyse von experimentellen Daten zwei Typen von Fehlern berücksichtigt:

Typ I – wenn Wissenschaftler dazu neigen, einen experimentellen Effekt zu sehen, obwohl er nicht vorhanden ist, und

Typ II – wenn Wissenschaftler umgekehrt bei vorhandenem experimentellem Effekt diesen ignorieren.

Diese zwei potentiellen Fehlerarten hängen automatisch mit der kulturvergleichenden Forschung zusammen, da die Wissenschaftler kein *design* haben können, welches diese Unterschiede demonstriert (s. Cohen, 1977). Gerade bei Typ II ist es schwierig, dies zu vermeiden, da die Forscher universelle Tendenzen durch Experimente feststellen wollen, die kulturvergleichende Forschung aber die Differenzen zwischen Gruppen erforscht. Es ist wichtig, immer die Reliabilität einzubeziehen, um die Forschung voranzutreiben (s. Cook & Campbell, 1975). Um die externe Validität bei einem Experiment zu gewährleisten, sollte man heterogene Gruppen auswählen (vgl. Cook & Campbell, 1975). Die Kultur soll hierbei als eine Art quasi-experimentelle Variable dienen.

Bei der Kulturvergleichenden Psychologie ist es schwierig, alle plausiblen alternativen Erklärungen für die Ergebnisse eines Experiments anzubieten. Zwei Hauptideen werden dafür angeführt: 1.) Zuordnung von Subjekten und 2.) Einfluss von experimenteller Kontrolle über kulturelle Bedingungen, die als unabhängige Variable wahrgenommen werden (Berry et al., 2002; Van de Vjiver & Leung, 1997).

Laborexperimente

Bei einem Laborexperiment wird eine Reihe von experimentellen Bedingungen herangezogen. Diese Bedingungen werden systematisch verändert und kontrolliert, damit man bestimmte Veränderungen überprüfen kann. Studien mit nichtäquivalenten Gruppen werden als Quasi-Experimente betrachtet (Van de Vjiver & Leung, 1997).

Aus kulturvergleichender Perspektive hat man es mit dem Fehlen der Kontrolle von *treatment* und Subjektzuordnung, wie z. B. mit dem *post-test-only-design*, zu tun. Die kulturelle Population wird a priori auf der Basis der ethnographischen Beschreibung und nicht auf der Basis des Zugänglichkeit (Code & Campbell, 1979) untersucht. Deshalb steigt die Wahrscheinlichkeit für eine Fehlinterpretation. Darum sind folgende Richtlinien zu betrachten:

1. Nur innerhalb einer Theorie kann der Unterschied zwischen einer abhängigen Variablen zwischen zwei Gruppen und einer unabhängigen Variable vorausgesagt werden (Malpass, 1977).
2. Eine zweite Strategie für das Eliminieren von konkurrierenden Alternativen ist vorhanden, wenn eine abhängige Variable als Funktion von zwei oder mehr getrennten Messungen ausgedrückt wird.
3. Die dritte Strategie ist das Eliminieren von Effekten von irrelevanten Variablen zwischen statistischen Analysen (z. B. Mittelwerte von Analysen von Kovarianz oder Regressionstechniken).
4. Die vierte Strategie zur Kontrolle besteht in der Extension von Datenbanken, von welchen eine Interpretation abgeleitet wird. Man benutzt als Strategie mehr als eine Methode, z. B. einen *self-report*-Bogen und andere Methoden.

Hiermit wird auch die Unterscheidung zwischen konvergenter und diskriminanter Validität (Campbell & Fiske, 1959) relevant. Die Evidenz über die Validität kann aus dem Zusammenhang zwischen Variablen zwischen theoretischen und/ oder empirischen Gründen abgeleitet werden. Dies nennt man konvergente Validität. Evidenz kann auch abgeleitet werden und zwar zwischen der Abstinenz von Zusammenhängen zwischen den Variablen, von denen auch keine Zusammenhänge erwartet werden. Dies bezeichnet man als diskriminante Validität.

Zuletzt muss auch angesprochen werden, inwieweit man bestimmte Methoden – oder Instrumente – adaptieren soll. Man sollte nicht vergessen, dass bei der Kulturvergleichenden Psychologie Experimente als Forschungsmethode weniger relevant sind. Hier wird eher von einer „naturalistischen Perspektive" wie in der Anthropologie ausgegangen. De facto stellt die Auswahl von naturalistischen Phänomenen für Vergleiche eine Quasi-Manipulation einiger Variablen dar (Berry, 1980; Berry et al., 2002). Außerdem werden die vergleichenden Methoden als quasi-experimentell (Campbell & Stanley, 1963) qualifiziert. Somit wird die Kulturvergleichende Psychologie doch als eine Art „experimentation" wahrgenommen und nicht als „naturalistisch" bezeichnet (Edgerton, 1971).

Bei den experimentellen Methoden sind auch bei der kulturvergleichenden Forschung die sogenannten unobtrusiven (unauffälligen) Feldforschungsmethoden einbezogen (Bochner, 1980; 1986). Die Hauptcharakteristiken der unobtrusiven Methoden sind:

1. Die Subjekte wissen nicht, dass sie Teilnehmer an psychologischen Experimenten sind.
2. Die meisten Studien werden als Feldforschung statt im Labor durchgeführt.
3. Die abhängige Variable ist normalerweise eine offene Verhaltenskategorie.

Diese Methoden werden angewandt, weil sie den Effekt von einigen Artefakten, mit denen die Laborforschung operiert, reduzieren. Die Forscher manipulieren im Allgemeinen natürliche Verhaltenssequenzen durch die Methode der Feldorientierung (vgl. auch Munroe & Munroe, 1986). Weiterhin ist die Prozedur teilweise in der *multimethod*-Strategie enthalten.

Leider ist auch hier mit starken Nachteilen zu kämpfen, da man nur von einer schwachen experimentellen Kontrolle sprechen kann. Weitere Probleme treten dadurch auf, in diesem Zusammenhang die Dynamik der Daten als Attitüde oder Motive für Verhalten darzustellen. Das ethische Dilemma, dass die Teilnehmer nicht informiert sind, dass sie an dem Experiment teilnehmen (wie Tabu usw.), ist dabei stark ausgeprägt (Bochner, 1980).

Der Nutzen solcher Studien für kulturvergleichende Forschung besteht darin, dass

1. kulturell homogene Subjekte systematisch durch kulturelle Dimension manipuliert werden,

2. Subjekte unterschiedlicher Kulturen mit einigen universellen Attributen verglichen werden und
3. die Kultur der Subjekte oder die kulturelle Konnotationen zum Verfahren in der Faktorenkombination systematisch variiert.

Weiterhin kann man auch die Antworten der Subjekte zu einer universellen Dimension variieren. Kulturvergleichend hat sich die Bedeutung von „anders" zu „gegensätzlich" entwickelt, wobei mit dem Begriff kulturvergleichend hier auch das Einbeziehen von Subkulturen gemeint ist (Bochner, 1980). Die Über- oder Unterbewertung der kulturellen Unterschiede bei der Ergebnisanalyse sollen berücksichtigt werden.

Hiermit werden folgende Designs für „unauffällige" (unobtrusive) Feldexperimente vorgeschlagen:

Vier mögliche Designs für unauffällige Feldexperimente (Bochner, 1980)

Design 1-Studien: Kulturelle Konnotation vom Verfahren variiert; Kultur von Subjekten konstant

Unter diese Studien fallen das Paradox von La Pierre und andere Einstellungsstudien, die fester Bestandteil der Sozialpsychologie-Lehrbücher sind. Bei La Pierre wurden zunächst viele Hotels angeschrieben, ob sie asiatische Gäste annehmen würden. Dies geschah in einer Zeit, als viele Vorurteile gegenüber Asiaten präsent waren. Viele sagten ab. Beim direkten Besuch des Hotels jedoch wurden die asiatischen Gäste aufgenommen. Folglich hat man es hier mit einer Diskrepanz zwischen Einstellung und Verhalten zu tun. Solche Studien zeichnen sich durch eine einfache Struktur aus. Die kulturelle Konnotation variiert, und meistens ist das Zwei-Gruppen-Design miteinbezogen. In der Literatur finden sich diesbezüglich oft Studien über soziale Wahrnehmung von einer Minderheit in der dominierenden Mehrheit (z. B. Chinesen, Afro-Amerikaner, Ureinwohner in den USA; Bochner, 1980). Die methodologische Problematik wird beim Präsentieren von Forschungsbeispielen unter Berücksichtigung von folgenden Faktoren ausgedrückt:

1. Bedingungen der Durchführung;
2. Abhängige-Variablen-Kategorien, Messungen;
3. Stichproben;
4. Erhöhen der Spontaneität des gezielten Verhaltens;

5. Psychologische Interpretation von Verhaltensdaten;
6. Normentsprechende Übertragung auf andere Forschungsthemen.

Design 2-Studien: Kulturelle Konnotation vom Verfahren konstant; Kultur der Subjekte variiert

Bei diesem Typ von Studien wird der Etic-Ansatz angewandt. Es werden unterschiedliche kulturelle Gruppen variiert. Im weitesten Sinne sind solche Studien nicht experimentell, da eigentlich keine Variable manipuliert wird. Hier wird nur die Gruppe variiert. Es handelt sich meistens um das Feststellen von Differenzen in zwei Gruppen anhand einer theoretischen Abhandlung. In diesem Zusammenhang treten folgende methodische Probleme auf:

1. Anwendung von theoretisch orientierter Forschung
2. Zukünftige Interpretation von bereits erhobenen Verhaltensdaten, einbezogen in die Diskussion von projektiver Validität
3. Prozedur des Selektierens von spezifischen Subjekten
4. Zukünftige Behandlung der Bedingungen, unter welchen das Verhalten direkt gemessen wird
5. Eine Art Verfolgungsanalyse
6. Kulturvergleichende Genese der kulturvergleichenden Studien

Design 3-Studien: Kulturelle Konnotation vom Verfahren und Kultur der Subjekte variiert gleichzeitig

Diese Studien können wie Design 1 beschrieben werden und werden nun auch in anderen Kulturen angewandt. Zum Beispiel wurde das La Pierre-Experiment in einem anderen Land überprüft, ob dies ein rein amerikanisches Phänomen ist oder auch in anderen Kulturräumen anzutreffen ist.
Dazu gehören die cross-race vs. within-race-helping-behavior-Studien oder lost-letter, wrong-number-Technik, „fun and game" oder Kreativität.
Hierbei müssen folgende methodischen Probleme berücksichtigt werden:

1. Zukünftiges Verfahren der Anwendungen in der theorieorientierten Forschung
2. Zukünftiges Verfahren der Prozeduren für Selektieren und Einbeziehen von speziellen Subjekten

3. Zukünftiges Verfahren der Bedingungen, unter denen das Verhalten direkt gemessen wird
4. „Fun and game" vs. „serious" Forschungsdebatte
5. Die Anwendung von balanciertem Faktorendesign
6. Prinzipien der Rekrutierung von Subjekten für die Feldforschung

Insgesamt geht es um die Schwierigkeit, solche Studien kulturell zu replizieren. Wenn das gewagt wird, sind diese meistens von einer nicht-indigenen Forschung vertreten. Das primäre Ziel von Forschung, das aktiv die Realität gestaltet, ist die Veränderung von Einstellungen und/oder Praktiken (Bochner, 1980). Diese Methoden sind prädestiniert für die Durchführung von kulturvergleichender Forschung, da sie hauptsächlich mit nicht nur verbalem Verhalten und daher auch mit sozialer Veränderung zu tun haben. Einige Tabus können gebrochen werden, und ein Kriterium, wie z. B. das Verhalten, könnte identifiziert werden.

Um dieses auch objektiv, reliabel und valide durchzuführen, müssen folgende Hauptprinzipien berücksichtigt werden:

- Bestehende Möglichkeit, Kontrolle auszuüben;
- Konstruktvalidität;
- Konzeptueller Rahmen der Studie;
- Verhalten soll natürlich und repräsentativ und nicht exotisch sein;
- Relativ spontanes Verhalten;
- Relative Beobachtung, Qualifizierung und Wiedergabe des Verhaltens;
- Kein Zwang für Teilnehmer, Tabus des öffentlichen Rahmens zu brechen. Hier werden zwei Strategien angewandt, durch die Teilnehmer angeworben werden: 1.) Die accosting-Strategie – die Versuchsperson befindet sich in institutionellen *settings* (La Pierre-Paradox). Die Subjekte werden durch Institutionen als Teilnehmer der Studie vorselektiert. 2.) Die *street theater*-Strategie (nicht in die Kultur eingreifende Strategie), wobei einfach das Experiment durchgespielt wird.

Meistens wird in solchen Studien als abhängige Variable die Zahl der Subjekte miteinbezogen. Es werden *petition signing* und ähnliche Techniken angewandt. Dabei ist sowohl der Augenkontakt (manipulative Variable) als auch die Privatsphäre sehr wichtig. Die unauffälligen (unobstrusiven) Studien beschäftigen sich mit dem Leben in den Städten und mit urbanen Lebensbedingungen, ebenso wie mit dem sozialen Einfluss von „Uniformen" (Bochner, 1980, s. o.).

3.5.2 Quantitative Methoden bei Kulturvergleichen

Zu den quantitativen Methoden gehören Tests und Fragebögen, die häufig kulturvergleichend angewandt werden.

Allgemeine Hinweise zur Nutzung quantitativer Methoden

In Bezug auf Kulturvergleiche mit quantitativen Methoden werden drei Herangehensweisen systematisch angesprochen (Berry et al., 2002, vgl. auch Poortinga, 1997):

1. Das Analyseniveau ist das Kultursystem, in dem das Verhalten geschieht, oder das Niveau von separaten Variablen. Das Verhalten ist in der Gesellschaft von Regeln abhängig. Daher werden Experimente und Messungen, aber auch Fragebögen eher als „härtere" Methoden betrachtet. Das Verhalten wird auf der Basis von Beobachtungen unter Naturbedingungen interpretiert und stützt sich auf historische Antezedenten.
2. Im Zentrum der Untersuchung stehen die Prozesse der individuellen Entwicklung und Veränderungen in Interaktion mit der kulturellen Umwelt; diese dynamischen Aspekte setzen eine langfristige Beobachtung der Interaktion zwischen den Individuen und der Umwelt voraus. Dies kann man folglich nicht durch Experimente mit unabhängigen oder abhängigen Variablen (statischer Zusammenhang) überprüfen.
3. Der Vergleich von Daten wird auch einbezogen, ist aber eher weniger relevant; die meisten Instrumente werden im Westen verfasst und sind somit in diesem Kulturkontext verankert.

Test

Diese Methoden finden auch Anwendung bei der kulturvergleichenden Forschung des „anormalen" Verhaltens: Wie wird es transkulturell definiert, wahrgenommen, erklärt; was sind die Unterschiede in den therapeutischen Ansätzen (Segall et al., 1999)? In Ländern z. B., die – alltagssprachlich ausgedrückt – als eher temperamentvoll gelten, werden eher kognitive Ansätze benutzt, um etwas dagegen zu steuern. In den verschlossenen Kulturen wird umgekehrt eher affektiv angesetzt, um die Leute zu sensibilisieren. Weiterhin ist die Tatsache, dass bevor es das DSM-IV *(diagnostic and statistcal manual of mental disorders)* gab, das Testen und das *assessment* zwischen den Kulturen eines der wichtigen Themen dieser Forschung und ein fester Bestandteil der klinischen Psychologie war (Irvine & Carroll, 1980; Irvine, 1986; Guthrie & Lonner, 1986; Segall, 1986; Berry et al., 1986; Lonner & Berry, 1986). Es erfordert hohe Konzentration, um zwischen zentralen und peripheren Symptomen zu unterscheiden: Die zentralen Symptome sind universell, nur die peripheren sind kulturspezifisch (Shiraev & Levy, 2000, vgl. auch Draguns, 2001; Draguns, 1990; Ilola, 1990; Guthrie & Lonner, 1986). In diesem Zusammenhang stellt sich die Frage, wie man Testergebnisse zwischen Kulturen beurteilen soll. Ist es möglich, konstruktbezogene oder deskriptive Mittelwerte von Testwerten zu definieren, um methodisch gute Ergebnisse zu erzielen? Die Faktorenanalyse z. B. unterstützt stabile Konstruktdimensionen für das Klassifizieren von Subjekten innerhalb und zwischen den Kulturen.

Die Entwicklung von herkömmlichen Methoden zu den neueren ist mit einer bestimmten Grundorientierung verbunden. Die wissenschaftliche Beobachtung ist immer mit einer Theorie verknüpft. Diese steht mit Rationalismus und Empirismus in Verbindung (vgl. Popper, 1961). Die Beobachtung impliziert die Theorie, und der Gebrauch von psychologischen Tests impliziert einige Arten von a priori Theoretisieren, sei es explizit oder implizit. Die Testfehler, die früher gemacht wurden, werden heutzutage vermieden. Die gegenwärtige Entwicklung und die Anwendung von Tests für interkulturelle Belange sind eher mit der Lösung von zwei Problemen verbunden: 1.) Qualität der Tests und 2.) die Interpretation der Ergebnisse (Irvine & Carroll, 1980).

Dabei werden sieben Prinzipien zur Unterscheidung von nicht-kulturvergleichender Forschung beachtet (Irvine & Carroll, 1980):

1. Das Beantworten jedes Tests muss gelernt werden und alles muss genau verstanden werden.
2. Es sollen in jeder einzelnen Kultur andere Instruktionen verwendet werden.
3. Instruktionen sollen mündlich gegeben werden, wenn die Spezifik einer Befragung nicht extra schriftliche Instruktionen erfordert. Die Instruktion soll darstellen, wie jedes *Item* benutzt werden soll und wie das Beantworten bzw. Lösen erfolgen soll.
4. Wenn Übersetzungen für den Test notwendig sind, sollten diese idiometrische Ausdrücke meiden. Die Wahrscheinlichkeit von falsch verstandenen Ausdrücken und extrinsisch motiviertem Ausfüllen soll so weit wie möglich vermieden werden.

5. Supervision und Betreuung beim Ausfüllen des Tests ist wichtig, um festzustellen, ob der Test richtig ausgefüllt wird.
6. Vertrautes Testmaterial soll dem nicht vertrauten vorangehen und zu abstraktem übergehen, damit das Lösen automatisch leichter wird.
7. Die Atmosphäre beim Testen sollte soweit wie möglich angenehm und vertraulich sein. Das zu gewährleisten, ist Aufgabe des Forschers oder Interviewers.

Diese Prinzipien werden als Basis für experimentelle Manipulation von Testbedingungen in testfremden Gruppen betrachtet. Als übliches Beispiel kann man die Anwendung von Intelligenztests ansehen, welche fester Bestandteil jedes Differentiellen Psychologie- Lehrbuchs sind. Das Testen von fremden ethnischen Gruppen – sei es rein sprachlich oder mit anders orientierten Tests, die auf Sprache basieren – ist immer strittig, zumal die Intelligenzvorstellung schon immer westlich aufgefasst wurde (vgl. Irvine & Carroll, 1980; Berry et al., 2002, Segall et al., 1999; Triandis, 1980; Shiraev & Levy, 2000; Lonner, 1990; u. a.).

Fragebogen

Mit quantitativen Methoden sind natürlich auch die Fragebögen gemeint, deren Anwendung eher mit der Problematik der Äquivalenz verbunden ist oder mit Übersetzungsproblematik und der Kontentanalyse, die (s. o.) schon erläutert wurden.

Fragebögen in der Kulturvergleichenden Psychologie

Die Verwendung von Fragebögen ist die übliche Methode in der Kulturvergleichenden Psychologie (Shiraev & Levy, 2000).

Auch bei Kulturvergleichen werden die Fragebögen dafür benutzt, Daten zu sammeln und spezifische Variablen zu messen. Mit einem Fragebogen kann ein Kulturvergleich vollzogen werden. Ratsam wäre es trotzdem, zusätzlich zu diesem ein Interview durchzuführen. Bei großen Stichproben haben sich Fragebögen als effiziente Methode durchgesetzt (Pareek & Rao, 1980), da sie bessere Gütekriterien aufweisen und die Vergleichbarkeit gewährleisten.

Bei den quantitativen Methoden werden am häufigsten die Messwerte der zentralen Tendenz benutzt, um die Unterschiede zwischen zwei kulturellen Gruppen zu kennzeichnen. Damit der Median, der Mittelwert und der Mode gemeint. Weiterhin ist hier zu berücksichtigen, dass man folgende Skalen benutzt: Nominal, ordinal, intervall und ratio (z. B. Fehler bei einem Test oder Klick auf einer Homepage). In diesem Zusammenhang wird auch sehr oft der T-Test für unabhängige Variablen benutzt (Shiraev & Levy, 2000).

3.6 Holokulturelle Forschungsmethoden

Eine holokulturelle, also die ganze Erde umfassende Studie, testet durch die Korrelationsanalyse Daten von weltweiten Stichproben, von mehreren Kulturen und Gesellschaften. Die Stichproben werden als repräsentative Stichproben behandelt und universell betrachtet – z. B. HRAF (*human relation area files*; http://www.yale.edu/hraf) (vgl. Barry, 1980; Naroll et al., 1980; Segall et al., 1999; s. Kap. 2). Hierbei werden drei Arten von holokulturellen Forschungsmethoden unterschieden (Naroll et al., 1980):

1. Gebrauch von Daten, gewählt von der Population des Nationalstaates
2. Daten von allen primitiven Kulturen (als primitiv werden hier Kulturen ohne schriftliche historische Tradition angesehen (*„native-written"*))
3. Daten von allen historisch universell bekannten Kulturen

Diese Studien sind als empirisches Testen von Theorien gedacht, um einige generelle Charakteristika menschlicher Kultur festzustellen. Somit werden theoretische Variablen für große, weltweite Stichproben von Kulturen einbezogen und untersucht. Die Vorteile dieser Studien sind folgende: Da es sich um Studien von weltweiten Daten handelt, variieren diese irrelevanten Faktoren nach dem Zufallsprinzip. In diesem Sinne sind diese Quasi-Experimente nicht so gut wie die kontrollierten Experimente, aber die nächstbesten. Bei letzterem ist die Kontrolle über das Galtons-Problem (*cultural diffussion*) leichter als bei weltweiten Daten. Einige wichtige Variablen werden als Charakteristika einer Gesellschaft auf dem Level von kultureller Evolution, Religion, Sprache gemessen; man könnte von einer relativen Objektivität ausgehen (Naroll et al., 1980).

Die Probleme der holistischen Forschung bestehen in (Naroll et al., 1980):

1. Gruppensignifikanz – die Gruppen signifikant auszuwählen
2. Galtons-Problem – mögliche Unabhängigkeit, kulturelle Diffusionen (Unabhängige Variablen sind nicht unabhängig voneinander, wie die statistische Me-

thode verlangt, sondern können Ergebnisse von Diffusionsprozessen zwischen Gesellschaften sein; kulturelle Diffusionen)
3. Datenselektion – Kriterien auswählen
4. Definieren von Einheiten *(unit definition)* (Stamm/Gesellschaft)
5. Genauigkeit der Daten (Informanten, Reporter, Vergleicher)
6. Religionsvariation in einer Religion
7. Speziellen Problemen in Konzeptualisation, Klassifikation und Kodieren
8. Datenmängeln – keine direkte Information zu den relevanten Daten

Hierbei werden natürlich auch die statistische Signifikanz (Probleme: Statistische Interferenz; Dichotomisierung, um Daten zu variieren), die Kausalanalyse (A verursacht B oder beide Variablen werden von einer anderen beeinflusst), der *deviant case*, fehlende und andere Daten berücksichtigt.

Um das Galtons-Problem zu lösen, wird z. B. der Autokorrelation-Ansatz (für Intervall- und ordinale Skalen) angewandt. Der Reduktion-Ansatz ist bei dichotomen Skalen relevant. Oder es wird der Cluster-Differenztest (Testen der Diffusion von Hypothesen) einbezogen (Przeworski & Teune, 1970; Rokkan, 1970; Rummel, 1970).

Die stärkste Kritik an den holokulturellen Studien ist die Datengenauigkeit. Man spricht von Informantenfehlern (evtl. keine genau Beschreibung der eigenen Kultur), von Reporterfehlern (evtl. falsche Interpretation der Reporter) und Vergleichsfehlern (Fehler, bei denen die Interpretationen untereinander falsch verglichen werden, da nur die vorhandenen Variablen erforscht werden und nicht die fehlenden Daten, Naroll et al., 1980). Zum Beispiel soll man bei *deviant case* wie bei der ethnographischen Forschung verfahren. Dabei hat Köbben (1967) folgende Regeln entwickelt, um diesem entgegenzuwirken. Diese Regeln werden auch bei der Anwendung von HRAF berücksichtigt (vgl. auch Kap. 2):

1. Der Forscher sucht Indikatoren für Multikausalität.
2. Es werden Indikatoren für parallele Kausalität gesucht.
3. Es werden funktionelle Äquivalenzen für Zusammenhangsmuster gesucht. Gibt es andere Mechanismen für alternative Antworten?
4. Es wird eine Interventionsvariable gesucht. Einige der Ressourcen führen zu Zusammenhangsmustern nur in Verbindung mit einer dritten Interventionsvariable, z. B. kann Wohlstand bestimmte Ergebnisse determinieren oder mit ihnen interferieren.
5. Es sollen Zeichen von kulturellem *lag* gesucht werden, wobei diese auch in allen Generationen berücksichtigt werden sollen.

6. Es soll ein ungewöhnliches Individuum mit charismatischer Ausstrahlung als Leiter gesucht werden, welches dem persönlichen emotionalen Einfluss der Befragten entgegenwirkt, interferierend mit dem normalen oder gewöhnlichen Falleffekt oder Zusammenhangseffekt in der Situation.

Als weitere Probleme der holistischen Forschung führen Segall et al. (1999) an, dass man die Konzepte des modernen Nationalstaates berücksichtigen soll. Es ist oft schwierig, einen modernen Nationalstaat mit einer kleinen Gesellschaft zu vergleichen. Die modernen Nationalstaaten sind urbanisiert, multikulturell, von Massenkommunikation gekennzeichnet. Trotzdem wird die Kulturvergleichende Psychologie auch in die holistische, vergleichende Anthropologie integriert.

3.7 Skills, Kontext und Transfer bei Kulturvergleichenden Untersuchungen

In diesem Unterkapitel wird auf einige wichtige Aspekte der kulturvergleichenden Untersuchungen eingegangen, da es diese bei Design und bei der Analyse der Ergebnisse kulturvergleichender Studien zu berücksichtigen gilt.

Was sind die wichtigen Schlüsselvariablen der kulturvergleichenden Forschung? Dazu zählen der experimentelle Kontext, die kognitiven Skills (Fertigkeiten), von einem zum anderen Bereich umzudenken, und die subkulturelle und interkulturelle Evidenz, von Sprache, Kommunikation und Gedächtnis umzuschalten. Die Klassifikation und die kognitiven Fertigkeiten nach Piaget (1958) werden hier ebenfalls einbezogen (Ciborowski, 1980). Bei der Sprache, insbesondere beim Sprachgebrauch, wird bei Kulturvergleichen oft die Position des Unterschieds als Defizit betrachtend („*difference-deficit*") gebraucht (z. B. Black English), oder ein ausländischer Akzent als Nicht-Können einer Sprache bezeichnet. Diese Einstellung äußert eine subtile Hostilität gegenüber Fremden. Dieses ist auch mit dem Gedächtnis zum Abruf *(recall)* von Wörtern verbunden, je nach Kontextgebrauch von Wörtern im alltäglichen Leben.

Ethnorelativer Ansatz bei der Anwendung kognitiver Fähigkeiten

Es sollte vermieden werden, dass die grundlegenden kognitiven Prozesse als axiomatisch angesehen werden. Die Art und Weise der Anwendung der kognitiven Fähigkeiten unterscheidet sich in verschiedenen kulturellen Kontexten (Ciborowski, 1980).

Weiterhin ist zu beobachten, dass unabhängig von der Kulturgruppe, die Kapazität, die kognitiven Fähigkeiten zu benutzen, universell ist (Ciborowski, 1980, Cole & Scribner 1974).

Die Hauptkonzepte des sozialen und des Kulturkontextes sind mit unterschiedlichen Aspekten verbunden (nach Segall et al., 1999).

Normen und soziale Kontrolle: Die Normen sind breit gestreute Standards zum Ausüben von Kontrolle (innerhalb bestimmter Grenzen) auf das Verhalten der Gruppenmitglieder. Die Normen unterscheiden sich in der Art und Weise der folgenden Ausprägungen: konventionelle Praktiken (z. B. Art und Weise des Teetrinkens, Bräuche, Tabus (Vermeiden von bestimmten sexuellen Praktiken) und Gesetze (diese sind verpflichtend und schreiben vor, was zu tun ist, und welche Folgen Verstöße haben). Die soziale Kontrolle ist auf die aktuell geltenden Arten von Normen bezogen, sie schließt Enkulturation und Sozialisierung ein.

Die *soziale Struktur* bezieht sich auf die Art und Weise, wie eine Gesellschaft organisiert ist. Damit ist auch Stratifizierung gemeint, Hierarchien, usw. Diese Struktur ist relevant für die soziale Kontrolle. In jeder Gesellschaft gibt es unterschiedliche Familienstrukturen, Art und Weise der Heiratsrituale, Intimität usw.

Die *Position in der Gesellschaft* wird als Indikator für die Relation Person – Sozialer Raum benutzt. Die soziale Rolle dagegen ist auf das damit verbundene Verhalten in der Kultur (z. B. als Lehrerin, usw.; Segall et al., 1999) bezogen.

Wie sind diese psychologischen Daten im Kulturkontext zu verwerten? Besonders wichtig ist der *ökologische Ansatz* bei der Kulturvergleichenden Psychologie, da der kulturelle Kontext sehr wichtig ist, um Vergleiche zwischen den Variablen anzustellen (Berry et al., 2002).

Der *ökologische Kontext* stellt ein hohes Level von Generalisierung dar, dieses schließt die Populationsvariablen, den soziopolitischen Kontext und die allgemeine kulturelle Adaption der Gruppe ein. Der ökologische Kontext bietet die Basis für die Gewohnheiten einer Population. Diese sind komplex, langfristig und unterstützen Verhaltensmuster, die den ökologischen Anforderungen entsprechen (vgl. Berry et al., 2002; Segall et al., 1999; Shiraev & Levy, 2000).

Der *situationale Kontext* ist ein begrenztes Set von Umweltumständen, welcher ein bestimmtes Verhalten zu einer bestimmten Zeit und an einem bestimmten Ort bestimmt.

Der *Beurteilungskontext* (Assessmentkontext) repräsentiert diese Umweltcharakteristiken, welche die Items oder Stimulusbedingungen testet. Dieser Kontext repräsentiert die Kontextvalidität. Er beinhaltet Aspekte anderer Kontexte. Der qualitative Ansatz der Kulturpsychologie fordert mehr Flexibilität in dieser Richtung. Die Kulturvergleichende Psychologie kann auf allen vier Levels arbeiten.

Der experimentelle Ansatz kann aber nicht die Zusammenhänge aller Levels bei der Datensammlung benutzen, sondern ist eher auf den Assessmentkontext konzentriert (vgl. Berry et al., 2002; Segall et al., 1999; Shiraev & Levy, 2000).

Eine kulturvergleichende Studie ist dann erfolgreich, wenn alle kulturellen Unterschiede anhand einer Folgevariable in den Begriffen des Kulturkontextes erklärt werden (Poortinga & Van de Vijver; 1987). Eine derartige Analyse schließt eine abhängige Variable, Datenstichproben von zwei oder mehr Kulturen, eine oder mehr Kontextvariablen (Messung auf der individuellen oder Populationsebene) ein.

Analyseablauf

Eine Analyse soll damit beginnen, die signifikanten Differenzen zwischen den Kulturen bei einer abhängigen Folgevariable festzustellen. Mit der Analyse der Varianz zwischen den Kulturen, erklärt durch die vorhandenen Kontextvariablen, wird fortgefahren (Poortinga & Van de Vijver; 1987).

Das Ziel dabei ist *„peeled off"* und das Trennen der absoluten kulturellen Effekte bei den abhängigen Variablen von den Komponenten, die für mehrere spezifizierte Kontextvariablen zuständig sind. Die beiden Levels – das individuelle und das Populationslevel – sollen differenziert werden. Wenn man Untersuchungen an einem Level durchführt, darf man damit nicht Prozesse des anderen Levels erklären (Poortinga & Van de Vjiver; 1987; Berry et al., 2002; u. a.).

Um Vergleiche zwischen Forschungsergebnissen durchzuführen, die mit Hilfe eines Phänomens ermittelt werden, kann man die Ergebnisse von mehreren Studien auswerten und zu neuen Erkenntnissen kommen, da diese einen großen Kreis von Stichproben aufweisen (Shiraev & Levy, 2000). Natürlich soll so eine Studie auf Untersuchungen beruhen, die gleiche Methoden benutzt und einbezogen haben. Anhand dieser Metaanalysen kann man zu statistisch verbesserten Gütekriterien kommen. Leider beschäftigen sich die Metastudien ausschließlich mit Forschungsthemen, die schon signifikant nachgewiesen sind, und ignorieren nicht-signifikante Zusammenhänge, die vielleicht bei einer Metastudie anders zu sehen wären. Es ist auch wichtig zu berücksichtigen, wie die untersuchten Phänomene in den unterschiedlichen Untersuchungen definiert und aufgefasst werden. Dies gilt insbesondere für die Phänomene von kulturvergleichenden Metaanalysen, da auch hier die kulturellen Besonderheiten berücksichtigt werden.

Um pragmatisch vorzugehen, soll man bei einer kulturvergleichenden Studie, wie sonst auch in der empirischen Forschung, den Multistufenansatz nutzen.

Vorgehen des Multistufenansatzes

Hier wird als ein exemplarisches Vorgehen der Ansatz des Lehrbuchs von Shiraev & Levy (2000) vorgeschlagen:

Stufe 1: Beschreiben des Problems oder *issues*, welches erforscht wird. Revision der und Überblick über die schon veröffentliche Literatur zu diesem Problem unter Berücksichtigung der sprachlichen Ressourcen in dem Land.
Stufe 2: Bestimmen der Forschungsziele und Hypothesen. Hierbei werden wie üblich zwei Strategien benutzt:
- induktive Strategien: Zuerst werden Daten erhoben und danach Schlussfolgerungen anhand der Daten gezogen, also eventuell ein theoretisches Konzept gebildet (*bottom-up*-Ansatz).
- deduktive Strategien: Zuerst wird ein theoretisches Konzept ausgewählt und danach werden die Daten dementsprechend erhoben, um bestimmte Zusammenhänge zu verdeutlichen oder festzustellen (*top-down*-Ansatz).

Stufe 3: Beschreibung der Stichprobe
Stufe 4: Beschreibung des Forschungsdesigns und der benutzten Methoden
Stufe 5: Durchführung von einer Pilotuntersuchung je nach Methode
Stufe 6: Sammeln von Daten
Stufe 7: Statistisches Auswerten und Interpretieren von Daten
Stufe 8: Zusammenfassen und Analysieren von Ergebnissen
Stufe 9: Präsentation der Anwendungsbereiche und des Wertes der Daten

In der Fachliteratur fehlt Konsens über die Frage, ob man eine *Etic*- oder *Emic*-Analyse oder beide bei einer kulturvergleichenden Untersuchung benutzen soll. Seit einiger Zeit ist es aber so, dass das Einbeziehen von Beschreibungen der untersuchten Kulturmodelle und eine kulturspezifische Analyse nicht nur als angenehm für den Leser, sondern auch als sehr nützlich zu bezeichnen ist. Dies wird aber von den Empirikern stark kritisiert, wenn es nicht auf empirischen Daten beruht. Oft hat der Leser auch keine eingehende Vorstellung von den dargestellten Kulturmodellen, und solche kurzen Beschreibungen der Kulturmodelle in Bezug auf das erforschte Phänomen spielen dann die Rolle eines „Informanten" über die präsentierten Ergebnisse. Außerdem macht er bestimmte Ergebnisse nachvollziehbar und liefert Erklärungsmöglichkeiten. Es sollen, wenn möglich, allerdings eher Quellen wie Daten oder öffentliche Berichte benutzt werden. Die explizite und genaue Unterscheidung zwischen subjektiver Erfahrung, Einzelfällen und ermitteltem Muster soll vorgenommen werden. Die Psychologie ist eine empirische Wissenschaft. Allerdings wird der kulturvergleichende Ansatz stark von den Geisteswissenschaften wie der Ethnologie, Anthropologie usw. kritisiert, ebenso wie von den Naturwissenschaften wegen den Vereinfachungen und der Oberflächlichkeit. Solche Zusatzerklärungen werden den empirischen Ansatz nicht gefährden, da schließlich nur die empirisch ermittelten Ergebnisse ausschlaggebend für die Analyse sind. Diese werden aber den Kontext und die zeitlichen Veränderungen einbeziehen. Die zuletzt genannten werden häufig ignoriert, dabei sollten genau die Veränderungen und der aktuelle Stand bzw. die Ausprägung eines Phänomens im Kontext einer empirischen Wissenschaft zum Ausdruck kommen und festgehalten werden. Es sollen auch die nicht signifikanten Ergebnisse berücksichtigt werden, da diese ebenfalls eine Aussagekraft haben – wie in den Naturwissenschaften. Das Replizieren von ständigen, nicht signifikanten Ergebnissen in der Kulturvergleichenden Psychologie soll festgehalten werden, um subjektiven Theorien entgegenzuwirken und um die Interkulturelle Kommunikation als praxisrelevanten Aspekt zu erleichtern.

Bedeutung von contra-intuitiven Ergebnissen

Besondere Aufmerksamkeit sollte trotz persönlichem Bedenken des Forschers den contra-intuitiven Ergebnissen geschenkt werden, da solche als gute Prädiktoren und als Unterschied zu der Laienpsychologie benutzt werden können. Als Beispiele sind hier die kognitive Dissonanz (z. B. Wichtigkeit der Teilnahme am Experiment an sich bei schlechter Bezahlung, im Vergleich zur Unwichtigkeit bei guter Bezahlung) und die Tatsache, dass realistische Personen eher zu Depressionen neigen, zu nennen (Genkova, 2009).

3.8 Zusammenfassung: Kritische Ansätze in der Kulturvergleichenden Psychologie

Um eine gut ausgearbeitete Studie bei einem Kulturvergleich zu präsentieren, sollte man nicht nur die ethischen Probleme der Datenerhebung berücksichtigen, sondern auch bestimmte Fälle der eigenen ethnozentrischen oder auch ego-zentrischen Wahrnehmung und Denkmuster vermeiden.

In diesem Zusammenhang spricht man von kritischen Denkansätzen in der Kulturvergleichenden Psychologie: *„I do not have the answer to every one of life's* *problems. I only know a stupid answer when I see one."* T. Szasz (nach Shiraev & Levy, 2000):

- *Evaluative Verzerrungen der Sprache:* Bei der Darstellung der Ergebnisse sollten wertende Aussagen über die kulturellen Gegebenheiten vermieden werden.
- *Unterscheidung zwischen dichotomen und stetigen Variablen:* Die stetigen Variablen schließen im Unterschied zu den dichotomen eine unbegrenzte Zahl von Möglichkeiten zwischen beiden Polen mit ein; oft wird zum Beispiel normal – abnormal, funktional – dysfunktional als Dichotomie aufgefasst. Beispiel für klassische Dichotomie ist männlich – weiblich. Die westliche Kultur sowie die Wissenschaft neigen dann dazu, vieles in Dichotomien aufzufassen.
- *Das Gleichheit-Ungleichheits-Paradox:* Alle Phänomene werden gleichzeitig als einzigartig und trotzdem als ähnlich betrachtet.
- *Der Barnum-Effekt – die „one-size-fits-all"-Beschreibung:* Eine allgemeine Aussage, die jeden von uns betreffen kann, da diese sehr allgemeinbezogen formuliert ist. Solche Aussagen werden von den meisten Menschen als valide akzeptiert (z. B. Horoskope, Selbsthilfebücher, Biorhythmen, usw.). In den verschiedenen Kulturen ist das Verhalten aber unterschiedlich.
- *Die Assimilationsverzerrung, die Welt durch die schematisierte, farbige Brille zu betrachten:* Die Gefahr, dass wir bei der Kulturbeschreibung allzu sehr kategorisieren und bewerten.
- *Die repräsentative Verzerrung – Fits und Missfits von Kategorisierung:* Bei den Kategorisierungen ist zu berücksichtigen, dass alle damit einbezogenen Heuristiken auch Fehler einschließen, seien es Stichproben- oder andere Typen von Fehlern.
- *Die Zugangsverzerrung oder die überzeugende Kraft von Beweisen:* Das Benutzen der Zugangsheuristik beim Problemlösen, z. B. zu große Generalisierung eines einzelnen Beispiels
- *Fundamentaler Attributionsfehler:* Dieses oft gebrauchte Konstrukt in der Sozialpsychologie hat auch bei der kulturvergleichenden Forschung seinen Platz. Zu oft wird das Verhalten einer Gruppe ihren Eigenschaften zugeschrieben und nicht äußeren Umständen oder situationalen Merkmalen.
- *Die sich selbsterfüllende Prophezeiung:* Dazu kann zum Beispiel die zu starke Einmischung des Forschers zählen.
- *Korrelationen sind keine kausalen Zusammenhänge:* „Was" ist nicht „warum". Oft wird auch verwechselt, dass, wenn Ereignis B auf Ereignis A folgt, Ereignis A Ursache für Ereignis B ist *(post hoc error).*

- *Bidirektionale Kausation und multiple Kausation:* Eine unidirektionale Kausation besteht darin, dass Ereignis A Ereignis B voraussagt. Bei der bidirektionalen Kausation sagt Ereignis B Ereignis A voraus und Ereignis A sagt Ereignis B voraus (z. B Macht und Geld). Die multiple Kausation, z. B. Depression, sagt viele weitere Symptome und Zusammenhänge voraus. Das wird besonders deutlich bei Kulturvergleichen.
- *Der naturalistische Fehlschluss* besteht darin, die Linie zwischen „ist" und „soll" verschmelzen zu lassen.
- *Der belief-perseverance-Effekt* sagt aus, dass man trotz vorhandener Fakten und Ergebnisse an einem bestimmten Glauben festhält.

Zusammenfassend lässt sich feststellen, dass anhand der Analyse von Fachartikeln im Bereich der Kulturvergleichenden Psychologie vier Typen von Studien identifiziert werden können (nach Van de Vjiever & Leung, 1997). Diese Typen erläutern viele bereits genannte Probleme und Aspekte auf unterschiedliche Art und Weise. Diese Typen von Studien sind: Generalisierte Studien, auf psychologische Unterschiede basierende Studien, theoriegeleitete und auf externale Validierung beruhende Studien (vgl. Tabelle 3.9).

Die generalisierten Studien überprüfen die Stabilität einer Theorie oder verschiedener Zusammenhänge. Die auf psychologische Differenzen bezogenen Studien sind mehr mit der Elaboration von theoretischen Rahmen verbunden als generalisierte Studien. Externe Validationsstudien beschäftigen sich mit interkulturellen Levels von strukturellen Unterschieden in Bezug auf ihren Standpunkt und die Erklärung von Differenzen-Antezedenten und deren Interpretation. Theoriegeleitete Studien testen die theoretischen Hintergründe von interkulturellen Unterschieden.

Anhand dieser Unterscheidung von Studien und der Auswertung von methodischen Problematiken haben Van de Vjiever & Leung (1997) folgende Issues bei der Kulturvergleichenden Psychologie formuliert. Diese sollten als Leitfaden für die Kulturvergleiche dienen:

- Die Werteunterschiede bei sozialen und Verhaltensmessungen zwischen den Kulturen können verschieden interpretiert werden.
- Angemessener Zugang der kulturvergleichenden Studien zu jeder Gruppe; Überprüfung des Konstrukts (Konstrukt-Bias); methodische Bias und Operationalisieren (*Item*-Bias).
- Es sollten mehrere Methoden benutzt werden, um die Validität der Kulturvergleiche zu steigern.

Tabelle 3.9 Typische Methoden und Analysen für die vier allgemeinen Typen von Kulturvergleichenden Studien (nach Van de Vijver & Leung, 1997)

Studientyp	Auswahl der Kultur	Design	Wichtigste Analyse	Größte Stärke	Größte Schwäche
Verallgemeinerbarkeitsstudie	Zweckmäßig	Wiederholung einer original Studie oder neue Studie	Strukturtechniken (z. B. Korrelationen) Faktorenanalyse, Kovarianzanalyse)	Untersuchung der Äquivalenz	Nicht-berücksichtigung kontextueller Variablen
Psychologische Unterschiede	Systematische oder zweckmäßige Auswahl	Wiederholung einer original Studie oder neue Studie	Beide Ebenen (z. B. T-Test und Varianzanalysen) und Strukturtechniken	Aufgeschlossenheit gegenüber kulturellen Unterschieden	Mehrdeutige Interpretation
Theoriebasierend	Systematisch	Neue Studie, ggf. mit unterschiedlichen Einflussgrößen	Beide Ebenen und Strukturtechniken	Studienfokus: Zusammenhang zwischen kulturellen Faktoren und Verhalten	Mangel an Berücksichtigung von alternativen Interpretationen
Externe Validierung	Systematisch	Messung auf unterschiedlichen Ebenen, Einbezug von Einflussgrößen	Ebenentechniken	Fokus: Interpretation von interkulturellen Unterschieden	Einige ausgewählte Einflussgrößen können unbedeutend sein

- Das Umwandeln der Kultur in eine Kontextvariable ist eine methodisch gute Lösung, Interpretationen kultureller Unterschiede einzubeziehen und die Zahl der alternativen Interpretationen zu reduzieren.
- Die Äquivalenz kann festgestellt und nicht nur angenommen werden.
- Höhere Levels von Äquivalenzen sind schwieriger einzurichten.
- Die Interpretierbarkeit interkultureller Studien ist durch die Kombination von essentiellen, methodischen und statistischen Überlegungen zu optimieren.
- Kulturvergleichende Forschung ist unentbehrlich beim Feststellen der Generalisierbarkeit von Theorie und empirischen Ergebnissen.

Letztendlich soll nun eine Antwort auf die Frage der beiden einführenden Kapitel gegeben werden, warum kulturvergleichende Forschung notwendig ist: Sie erhöht die Gültigkeitsvarianz von Variablen, hilft beim Erlangen und Erschließen von völlig unterschiedlichen Variablen sowie beim Reduzieren der Störgrößen bei Variablen und sie hilft beim Untersuchen des Kontexts, in dem das Verhalten vollzogen wird. Zudem wird die Maximierung der Unterschiede in den Personenattributen berücksichtigt. Um dieses auch methodisch und ethisch korrekt zu vollziehen, soll bei der kulturvergleichenden Forschung weiterhin eine möglichst theoriegeleitete Auswahl von Vergleichskulturen getroffen werden. Die Übersetzung von Untersuchungsmaterialien soll unbedingt mittels der „forward-backward-translation"-Prozedur vollzogen werden. Die Parallelisierung der Probanden nach relevanten Einflussvariablen soll vorgenommen werden. Das Sicherstellen der funktionellen Ähnlichkeit von experimentellen Manipulationen in beiden Kulturen ist unbedingt notwendig, ebenso wie die Anpassung des Untersuchungsformats an den Erfahrungshintergrund der Teilnehmer. Die Gewährleistung des Ausschaltens oder der Vergleichbarkeit von Störgrößen und Verzerrungen ist auch weiterhin wichtig. In Bezug auf die Fragebogenuntersuchungen soll die Kontrolle der Antwortformate, z. B. „Ja-Sage-Tendenzen" überprüft werden. Das Sicherstellen der gleichen, internen Struktur der Daten in allen Vergleichskulturen soll berücksichtigt werden. Und zuletzt sollte man nicht die politischen Bedingungen des Kontexts außer Acht lassen.

Über die Abhängigkeit der kulturvergleichenden Forschung von den politischen Orientierungen kann lange diskutiert werden.

Wie Warwick (1980) betont, ist eines der Probleme, dass die Forscher versuchen, sich von der sozialen Realität distanziert darzustellen. Inwieweit ist es problematisch, dass eine soziale Wissenschaft dazu prädestiniert ist, auch den Alltag zu beeinflussen, und inwieweit kann eine soziale Wissenschaft für politische Ziele (z. B. faschistische Ideologie, kommunistische Ideologie oder totalitäres Regime) missbraucht werden? Zudem sind Ethnologie und Kulturanthropologie aus dem Einfluss von Kolonialmächten entstanden, um „Eingeborene" besser kontrollieren zu können. Oft ist es so, dass man aktuelle und damit aber auch kontroverse Themen behandelt. Dies ist aber nicht nur nutzlos für das wissenschaftliche Weiterkommen und für die Karriere, sondern auch manchmal schädlich, wenn sich für das jeweilige Regime einige der festgestellten Ergebnisse als nicht politisch korrekt erweisen. Ein weiteres Problem ist, dass einige der Erkenntnisse keinen wissenschaftlichen Wert tragen, da sie konkrete, sehr spezifische Situationen und keine kulturübergreifenden oder universellen Aussagen oder wunde Punkte betreffen. Wiederum ein Problem stellt das Sponsoring von Forschung dar. Die Sponsoren bevorzugen bestimmte Fragestellungen, und die Wissenschaft soll diese Ziele erfüllen.

Eine problematische Fragestellung ist weiterhin der Ethnozentrismus, also der Wunsch sich bei der Darstellung der Ergebnisse wertend zu verhalten. Die Transparenz und der Zugang zu den Gruppen, Organisationen und Informationen (z. B. bei Vergleichen, die von der EU oder UNO in Auftrag gegeben wurden) sind ebenfalls oft problematisch.

Lösungen zur Herstellung der Vergleichbarkeit

Um die Vergleichbarkeit gewährleisten zu können, ist es oft so, dass man Kompromisse mit dem Design, mit der Durchführung und der Konzeptualisierung eingeht. Weiterhin gerät man in eine schwierige Situation, die Interpretation wissenschaftlich korrekt darzustellen, ohne problematische Themen zu berühren (Van de Vjiever & Leung (1997).

Nicht zu vergessen ist, dass jede Forschung eine direkte oder indirekte Konsequenz für mehrere Mitglieder einer Gesellschaft und für weitere Forschungsvorhaben mit sich bringt, dies gilt insbesondere für die Kulturvergleichende Psychologie in Zeiten der Integration und Globalisierung, wobei der letztgenannten auch häufig das Durchsetzen von begrenzten oder nicht verbreiteten Mustern der westlichen Welt vorgeworfen wird. Der Vollzug der Integration ohne die eigene Identität oder die Kulturspezifik zu verletzen, sollte die Aufgabe der Kulturvergleichenden Psychologie sein.

4 Existenz universeller kultureller Muster

4.1 Einleitung

Das Ziel dieses Kapitels ist es, die vorherrschenden Konzepte über die Universalität der kulturellen Muster darzustellen. Hierzu gehören ebenfalls die Dimensionen Individualismus/Soziozentrismus und Autoritarismus die weitere Forschungsgegenstände dieser Arbeit darstellen. Autoritarismus und Individualismus/Soziozentrismus werden in getrennten Kapiteln eingehender betrachtet (s. Kap. 5 und Kap. 6). In diesem Kapitel hingegen wird auf vergleichbare Konzepte hingewiesen.

Das Streben nach pan-humanen Generalisierungen, ihrer Feststellung und Einbeziehung in eine Kulturanalyse gehört auch zur Kulturvergleichenden Psychologie.

Relativismus vs. Universalismus

Der kulturelle Relativismus versucht, alle Phänomene in den lokalen spezifischen Vorstellungen zu erklären. Im Gegensatz dazu steht der Begriff des Universalismus, welches sich auf die Gemeinsamkeiten zwischen den Kulturen bezieht (Berry et al., 2002).

4.2 Kulturelle Universalien und universelle kulturelle Muster

Diese Universalien können theoretisch oder empirisch abgeleitet werden (Lonner, 1980). Biologische Bedürfnisse oder verschiedene Familienstrukturen als Faktoren bei der Kindererziehung werden von Anthropologen und in Feldarbeiten (vgl. Malinowski, 1990) oft als solche zitiert. Allerdings bezeichnet man diese auch als banal und redundant, da sie einfach vom Alltag deskriptiv abzuleiten sind und keinen großen wissenschaftlichen Wert haben. Etwas hilfreicher sind HRAF-Listen, die bestimmte Kategorien als vergleichbare Korrektive zwischen den verschiedenen Kulturen bieten. Diese wurden von Murdock (1949, nach Berry et al., 2002) entwickelt. Die HRAF *(human relation area files)* klassifizieren Daten von 863 Gesellschaften und unterteilen diese in sechs kulturelle Areale: Subsaharisches Afrika, Mittelmeergebiete, Ost-Eurasia, Ozeanien, Nordamerika und Südamerika. Anhand dieser Daten wurden acht Kategorien gebildet, um diese Kulturmodelle im Hinblick auf verschiedene Kriterien miteinander zu vergleichen. Für weitere Informationen wird auf die Internetseite http://www.yale.edu/hraf.htm verwiesen (Berry et al., 2002). Dieser Ansatz beinhaltet eine holokulturelle Auffassung, welche die Welt als einheitliche Kultur betrachtet, also die ganze Welt als eine Gesamtheit.

> **Human relation area files (HRAF)**
>
> Die Daten von HRAF kann man aber nicht ohne weiteres benutzen, da sie mit ein paar methodischen Problemen behaftet sind. Zweifelhaft ist u. a. die Qualität der Daten, die von Missionaren oder vom Militär gesammelt werden, sowie die unterschiedliche Art und Weise ihrer Erhebung. Die Interviewer verfügen weiterhin oft nicht über das geschulte Vorgehen der Anthropologen und können mit den Daten nicht umgehen.

Wie lassen sich solche Universalien definieren? Im Unterschied zu den Naturwissenschaften ist es in der Psychologie schwieriger, von Universalien zu reden, da diese auf unterschiedliche Art und Weise mit verschiedenen Konstrukten und Methoden umrissen wurden. In der Chemie werden die chemischen Stoffe nicht in jeder unterschiedlichen Kultur verschieden definiert, genau wie Neutronen oder Gravitation in der Physik. Nach der HRAF von Murdock und der Suche nach Universalien in der Anthropologie kann man folgende Punkte aufzählen, die das Verhalten der Menschen als universelles Konstrukt betreffen: Biologische Universalien (diese widerlegen auch die Unterscheidung nach primitiv und progressiv), Sprache und linguistische Universalien (Lonner, 1980).

Deswegen schlägt Lonner (1980) folgende Klassifikation von Universalien vor:

- Einfache Universalien – menschliche Sexualität, menschliche Aggression, menschliche Kommunikation *("strong ethics")*
- Variierende Universalien – im Sinne von einfachen Universalien, die aber durch die kulturelle Relativität verstanden werden. Z. B., dass alle Menschen Emotionen ausdrücken, die aber in den verschiedenen Kulturkontexten unterschiedlich wahrgenommen und interpretiert werden.
- Funktionale Universalien – eine psychologische Theorie sollte sensitiv gegenüber gesellschaftlichen Variationen von Interrelationsverhalten, das die gleichen sozialen Konsequenzen hat, sein.

- Diachronische Universalien – temporär invariante „Regeln", die versuchen, Vergangenheit, Gegenwart und Zukunft zu erklären.
- Ethnologisch-orientierte Universalien – Verhalten mit anthropologischem oder phylogenetischem Link. Zwei Arten von Universalien werden hier beschrieben: Konditionale und disjunktive.
- *Systematic behavioral universals* – das sind drei Typen von Universalien oder quasi-Universalien:
  1. Dynamisch oder holistisch (z. B. Freuds Psychoanalyse, usw.)
  2. Sequential und invariant – jede psychologische Theorie oder jedes Prinzip bzw. jede Idee kann in einer anderen Kultur empirisch getestet werden.
  3. Hierarchisch und strukturell – (alle post- und neufreudianischen Theorien)
- Cocktailparty-Universalien – Lonner (1980) meint damit, es gibt zwei Wege, welche die Psychologie geht, um das menschliche Geschehen zu erklären: Die empirische Forschung oder die philosophische Spekulation. Cocktailparty-Dokumentation fällt darunter, da man nicht testen kann, inwieweit die Konventionen stimmen. Damit sind solche Fragen, wie „Habe ich das Richtige gemacht?", „Was soll ich hier machen?", „Wie verhält man sich hier?", „Wohin will ich denn?" gemeint. Affiliation ist z. B. auch eine solche Universalie.

Wie kann man aber Universalität operationalisieren, um ihre empirische Erforschung zu verbessern?

Universalität als psychologisches Konzept

Die Universalität wird im Allgemeinen als ein psychologisches Konzept oder Gebilde aus zusammenhängenden Konzepten aufgefasst, die das Verhalten der Menschen in jeder Kultur beschreiben sollen (Segall et al., 1999).

Eine Invarianz der Konzepte oder Methoden (vgl. Jahoda, 2002) ist ausnahmslos erforderlich. Die Schwierigkeit bei der Feststellung dieser Universalien ist oft, dass die Annahme erforderlich ist, diese würden nicht existieren, was eigentlich aber nicht der Fall ist (Munroe & Munroe, 1997; Lonner, 1980). Van de Vijver und Poortinga (1981; 1994) haben infolgedessen vorgeschlagen, dass die Universalität von Konzepten auf verschiedenen Niveaus der psychometrischen Genauigkeit definiert wird. Je präziser die Definition wird, desto mehr Universalien, eben Gemeinsamkeiten beim Verhalten, sind festzustellen. Deshalb verfassen die Autoren Definitionen, die mit den Begriffen der invarianten Bestandteile von Skalen verbunden sind, die qualitativ oder quantitativ die interkulturellen Unterschiede darstellen können. Diese Niveaus sind:

1. Konzeptuelle Universalien – Konzepte auf einem hohen Abstraktionsniveau, aber ohne eine messbare Skala (z. B. Modalpersönlichkeit).
2. Schwache Universalien – Konzepte, die durch Messprozeduren spezifisch entwickelt wurden und deren Validität in mehreren Ländern durch Untersuchungen bestätigt wurde, da eine strukturelle Äquivalenz besteht. Im Allgemeinen könnte man behaupten, dass ein solches Niveau an Universalität alle gängigen psychologischen Konzepte einschließt, ohne dass es notwendig ist, eine zusätzliche Analyse ihrer Validität zu machen.
3. Starke Universalitäten – Konzepte, die eine Skala mit der gleichen Metrik unter den verschiedenen Kulturen (z. B. Bedingungen für metrische Äquivalenz) aufweisen. Gemeinsame Muster von Ergebnissen bedeuten eine relevante Evidenz und weisen auf starke Universalien hin.
4. Genaue (scharfe) Universalitäten – präsentieren die gleiche Distribution von Summenwerten in allen Kulturen. Für einige universelle Instrumente ist es erforderlich, die Anforderungen für die volle Äquivalenz der Summenwerte zu erfüllen.

Der wichtigste Punkt bei dieser Unterscheidung ist, dass immer ein Bezug zur Dichotomie zwischen universal und spezifisch besteht. Van de Vijever und Poortinga (1982) schlagen vor, den Grad der Invarianz von Daten zwischen den Kulturen und kulturellen Gruppen als eine Funktion der Gemeinsamkeit in den kulturellen Mustern oder deren Hintergrundvariablen zwischen diesen zu betrachten. Dieses Argument unterstützt die Idee, dass ein potentielles Ergebnis der kulturvergleichenden Untersuchungen der Universalismus ist, der als Invarianz auf den verschiedenen Ebenen zu sehen ist, (Berry et. al, 2002).

Zu den psychologischen Universalien gehören die bi-polaren Konstrukte: Liebe vs. Hass und Dominanz vs. Unterwürfigkeit. Diese betreffen den interpersonalen Bereich.

Als Fallbeispiel schlägt Lonner (1980) die Suche nach Universalien in der interpersonalen Struktur vor. Die meisten Psychologen suchen nach einer kleinen Zahl von Variablen zum Voraussagen und Erklären eines breiten Spektrums des Verhaltens.

Ein anderes Modell von Universalien im interpersonellen Bereich ist das von Leary (1957, Lonner 1980), welches 16 Variablen einschließt. Diese sind auf zwei Achsen – *dominance* vs. *submission* und *hostility* vs. *affiliation* (*hate* vs. *love*) – verteilt (s. Abbildung 4.1).

Weiterhin fasst die anthropologische Feldarbeit in dem *six cultures project* (Whiting, 1974) solche Universalien, wie z. B. die Kindererziehung, zusammen (Lonner, 1980).

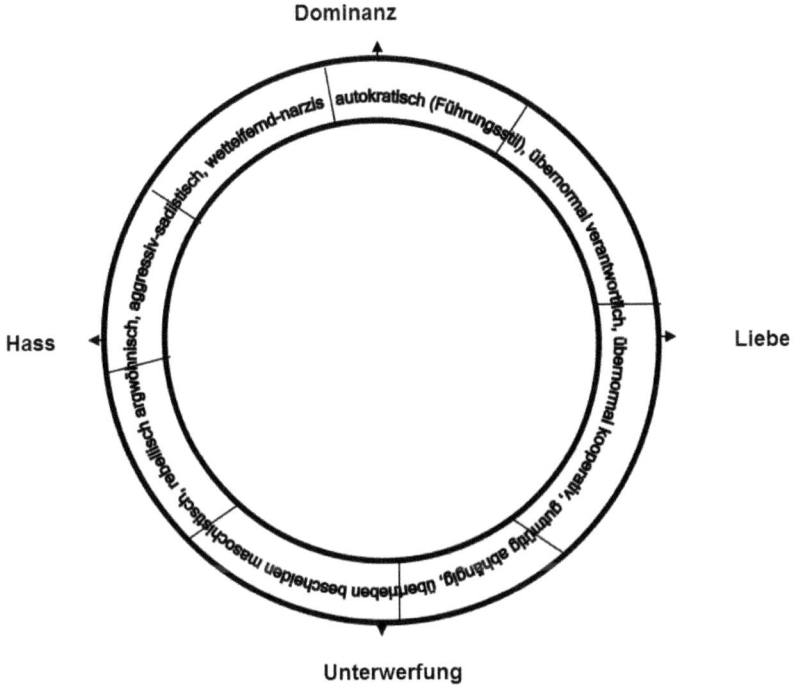

Abbildung 4.1 Der interpersonelle Kreis von Leary (1957, Lonner, 1980)

Hier wird von einer Grundstrukturkonvergenz mit psychokulturellen Modellen ausgegangen. Damit ist die Konvergenz zwischen der interpersonalen Struktur und Forschung, die das kulturvergleichende Verständnis des Verhaltens, wie Ethnologie, Emotionen, gemeinsame Meinungen und Persönlichkeit gemeint.

Die Konzepte von Foa & Foa(1976) bezüglich des Ressourcenteilens (Liebe, Stress, Geld, Service) und deren Art und Weise, dies zu praktizieren, also Geben *(association)* oder Nehmen *(dissociation)*, sind ebenfalls relevant. Dabei ist der Akteur bei diesen Transaktionen (superordination, dominanz) entweder aktiv oder er akzeptiert diese einfach. Die Ressourcenteilung kann partikularistisch (intim) oder universalistisch (formal) reguliert werden. Verbunden mit dieser Struktur ist die Idee, dass Wörter (Meinungen), die mit dem Erhalten von Ressourcen assoziiert sind, gut sind, während Wörter, die eine Initiation implizieren, aktiv und streng sind (nach Berry et al., 2002). Folglich werden damit drei Dimensionen von affektiven Meinungen interpretiert: Evaluation, Macht und Aktivität (Osgood, 1964, vgl. Kap. 7).

Kulturallgemeine Muster

Die Muster mit den gemeinsamen strukturellen Merkmalen des Tauschs von Ressourcen, seien dies Emotionen, Meinungen, Verhaltensweisen oder Umweltressourcen, gelten als *cultural-general* (Osgood, 1964).

Der Fokus dieses Kapitels liegt auf den Universalien, welche die Kulturmodelle beschreiben und nicht auf den „universellen" Denk- und Verhaltensmustern. So wie in der Persönlichkeitspsychologie die *big five* einen Versuch darstellen, die modale Persönlichkeit zu beschreiben, gibt es das Bestreben, Universalien zu finden, die ein Kulturmodell beschreiben. In der Fachliteratur wird in diesem Fall oft die dichotomische Auffassung vertreten. Diese gilt dann als allumfassend. Empirisch wurde aber festgestellt, dass es sich bei der Ausprägung einer Dimension selten um eine Dichotomie handelt, sondern eher um pluralistische Orientierungen. Als solche kulturelle *Patterns* sind folgende zu nennen: Individualismus/Kollektivismus; Machtunterschiede; männliche vs. weibliche Kultur; Vermeiden von Unsicherheit (Hofstede, 1980). Weiterhin wird die Ausprägung auf eine Dimension auch mit anderen Phänomenen in Zusammenhang gebracht und interpretiert: wie *loose-* vs. *tight*-Kulturen in Bezug auf Dogmatismus (Rokeach, 1960), oder auch Autoritarismus (Adorno, 1950; Altemeyer, 1988) usw.

Eigentlich stellt sich hier die Frage, was für Faktoren es sind, die bestimmt haben, welche Konstrukte als kulturübergreifend wahrgenommen wurden. Sind es die einfachen Konstrukte, die „dichotomisch" definierten Konstrukte, oder die, welche durch die Autoreninitiative durch große interkulturelle Studien populär wurden? Man kann leider – wie so häufig – keine eindeutige Antwort, auf diese Fragen geben, die an präzisen Kriterien festgemacht werden kann. Tatsache ist, dass die wertorientierten Konstrukte (Schwartz & Bilsky, 1990; Schwartz, 1992, 1994), die Dimensionen von Hofstede (1980, 1991) oder die Individualismus/Kollektivismus-Dimension (Kim, 1990; Hui, 1988; Triandis, 1990) oder auch die unterschiedlichen Typen von sozialem Verhalten (Fiske, 1992) feste Bestandteile der Kulturvergleichenden Psychologie geworden sind, sowie als Vergleichsphänomen herangezogen werden (s. Tabelle 4.1).

Dennoch weist das Streben, ein Kulturmodell wie eine Modalpersönlichkeit zu beschreiben, mehrere Tendenzen auf und hat wohl weniger Erfolg als die *big five* in der Persönlichkeitspsychologie. Eine mögliche Erklärung dieses Zustandes liegt darin, die Wahrnehmungsperspektive eines Kulturmodells zu erkennen und zu beschreiben. Da dies jeweils von der Perspektive einer anderen Kultur aus passiert, scheint fraglich, ob diese Metabeschreibung überhaupt möglich ist. Dies ist

Tabelle 4.1 Mögliche Zusammenhänge zwischen den Konzepten Hofstede, Fiske und Schwartz (Smith & Bond, 1998)

Hofstede	Fiske	Schwartz
Individualismus	Geringes gesellschaftliches Teilen	Affektive Autonomie
Kollektivismus	Hohes gesellschaftliches Teilen	Konservatismus
Hohe Machtdistanz	Hohes Autoritätsranking	Hierarchie
Geringe Machtdistanz	Geringes Autoritätsranking	Egalitäres Commitment
Geringe Unsicherheitsvermeidung	–	Intellektuelle Autonomie
Maskulinität	Marktpreisbildung	Können
Feminität	Anpassung der Gleichberechtigung	Harmonie

allerdings auch nicht bei den *big five* der Fall, da diese eine bestimmte westliche Auffassung der Persönlichkeit repräsentieren.

Als beliebt und adäquat für dieses Forschungsziel gelten die Paradigmen, die mehrere Variablen einbeziehen und Werte oder nur die Relation zu einer Variable (s. o.) prüfen. Bei diesen Paradigmen ist das Streben ausgeprägt, alle andere Phänomen einzuschließen und sich als Globaldimensionen zu bezeichnen. Es geht dabei nicht darum, ob ein weiteres Phänomen einbezogen wird oder nicht, sondern es geht um die Art und Weise, wie dieses zum Ausdruck kommt.

Weiterhin ist es wichtig, die Ebenen der Analyse zu berücksichtigen: Individuelle und kulturelle Eigenschaften.

Multi-Level Analysen

Die kulturelle Level-Analyse erklärt die kulturellen Variationen, die individuelle Level-Analyse eher die individuellen Variationen: Die angemessene Lösung besteht darin, die Analyse der kulturellen Merkmale als ein Ganzes zu betrachten, wenn man kulturelle Konzepte und Messungen vornimmt (Smith & Bond, 1998).

In diesem Zusammenhang sprechen Smith & Bond (1998) von einem konzeptuellen Kultur-Level-Rahmen. In diesem Rahmen werden auch die universelle Wertestruktur von Schwartz (1997, s. u.), sowie die universellen kulturellen *Patterns* betrachtet.

4.3 Nationalcharakter (Nationale Stereotype)

Zu den ersten Versuchen, die kulturellen *Patterns* international zu identifizieren, gehören die von Cattell (1949), Prothro (1954), Hofstaetter (1951) oder Hsü (1954) in den USA (nach Smith & Bond, 1998) durchgeführten Untersuchungen über kulturelle *Patterns*.

Catell (1949) hat auch früher Versuche gestartet, um kulturelle *Patterns* von nationalen Eigenschaften anhand der Faktorenanalyse zu identifizieren: Dabei hat er folgende Faktoren festgestellt: *Size; cultural pressure vs. direct ergic expression; enlightened affluence vs. narrow poverty; conservative patriarchal solidarity vs. ferment of release; emancipated urban rationalism vs. unsophisticated stability; troughtful industriousness vs. emotionality; vigorous, self-willed order vs. unadapted perseveration; bourgeois philistinism vs. reckless bohemianism; residual or peaceful progressiveness; fastidiousness vs. forcefulness; religion; poor cultural integration and morale vs. good internal morality.*

Prothro (1954) betont, dass es durch den Zweiten Weltkrieg sehr schwierig geworden ist, die interkulturell relevanten *Patterns* der nationalen Stereotype zu identifizieren, noch mehr dadurch, da diese stark von Ethnozentrismus geprägt sind.

Die Versuche, den Nationalcharakter als Modalpersönlichkeit zu beschreiben, sind eher gescheitert. Darüber hinaus wird in der Kulturvergleichenden Psychologie immer über Kulturen und nicht über Nationen gesprochen. Die Untersuchungen, die den Nationalcharakter betreffen (Peabody, 1985), definieren diesen als *„modal psychological characteristic of members of a nationality"*. Peabody (1985) hat diese Untersuchung mit einer Stichprobe von Studenten durchführt, die deskriptive Adjektive, die Charaktereigenschaften beschreiben, zu Personen in mehreren Nationen – einschließlich der eigenen – zuordnen sollten. Bei jeder Disposition sollten die Paar-Adjektive verglichen werden. Die Untersuchung wurde hauptsächlich in westlichen Ländern durchgeführt. Anhand dessen wurden zwei Hauptdimensionen festgestellt: *tight* vs. *loose* und *assertive* vs. *unassertive* Kulturen. Die *Ratings* geben ethnozentrische Tendenzen wieder und sind, da die Studenten nicht über alle Länder Bescheid wissen, eine Art *„second-hand knowledge"*.

Bei der Bezeichnung von Nationalcharakteristiken wird hierbei nicht an andere als psychologische Charakteristiken gedacht (z. B. Nationalprodukt), sondern ausschließlich an psychologische Merkmale. Die Nationalcharakteristiken werden durch die Gruppenurteile über das jeweilige Land erstellt. Im Bericht über den Nationalcharakter werden allgemeine Ähnlichkeiten oder Unterschiede zusammengefasst.

Nationalcharakter (Nationale Stereotype)

Peabody (1985) betont, dass Gruppenbewertungen eigentlich irrational sind. Diese repräsentieren eher eine affektive Projektion und nicht allgemeine, kognitive Prinzipien, wie die Kategorisierung. Deshalb benutzt Peabody (1985) Adjektive, die eindeutig negativ oder positiv zu bewerten sind, z. B. *peaceful* (+) vs. *aggressive* (−). Dass wichtige Unterschiede zwischen den Bewertungen der Nationalcharakteristiken bestehen, spiegelt nicht unbedingt die realen Unterschiede zwischen den Ländern wider. Bei den Bewertungen tritt der sogenannte Kontexteffekt ein, nämlich dass die Adjektive immer im Vergleich aufeinander bezogen werden. Die „*pattern variables*", die Peabody (1985) einbezieht, sind: Universalismus vs. Partikularismus (Personen benutzen die gleichen Standards für alle oder nur für einige Gruppenindividuen); Leistung vs. Zuschreibung (die Individuen betonen ihr aktuelles Potential oder ihre Eigenschaften als angeboren); spezifische begrenzte oder unbegrenzte Diffusion der Beziehungen; Neutralität vs. Expressivität (inwieweit Personen ihre Emotionen ausdrücken). Lipset fügt (Peabody, 1985) hier hinzu: Egalitarismus vs. Elitismus (wobei der zweite den Unterschied im Status der Personen betont). Diese *Patterns* basieren auf dem Unterschied von Gemeinschaft (als eine kleine, traditionelle Gesellschaft) und Gesellschaft (als eine nicht persönliche, sekundäre große differenzierte Gesellschaft) (nach Tönnies, 1957).

Diese Unterscheidung zwischen öffentlich und privat spielt bei dem Konzept von Peabody (1985) eine wichtige Rolle, wobei auch von Mischformen gesprochen wird. Die Überprüfung beruht auch auf der protestantischen Ethik von Weber, welche ein rein westliches Konstrukt ist. Die Arbeitsethik wird in das Konzept einbezogen, ebenso wie die Leistungsorientierung, die Kontrolle über Impulse und Askese und der Akzent auf die Rationalität. Als zusätzliche Merkmale werden Individualismus, Pragmatismus und universelle Einstellungen aufgeführt. Beim Kulturvergleich werden immer die Nord-Süd-Unterschiede betont. Den nördlichen Völkern wird stets mehr Rationalität und harte Arbeit zugeschrieben. Im Unterschied dazu werden die Südvölker als impulsiv-expressiv und eher faul beschrieben.

Aus der Forschung
Nationalstereotype

Bei den einzelnen Analysen wurden die Engländer mit sechs Hauptmerkmalen bezeichnet: Beachten von Spielregeln, Volkstugenden *(„public virtues")*, Vermeiden von Selbstassertation, Hemmung von Hostilität, Askese und Reserviertheit. Dagegen wurden den Deutschen eher folgende Merkmale zugeschrieben: Systematik, Beachten von überindividuellen Zielen, soziale Ordnung, private Tugenden („private virtues") und Autoritarismus. Die Franzosen waren demzufolge durch paradoxe Impulsivität und soziales Misstrauen gekennzeichnet und zeichnen sich im Denkmuster mit der Unterscheidung Privatsphäre und Individualität und durch das Konfliktdilemma aus. Die Italiener wurden mit folgenden *Patterns* in Verbindung gebracht: Eigeninteresse, legen Wert auf gutes Aussehen und Freundlichkeit, Realismus, soziales Misstrauen. Die Russen dagegen wurden mit dem Akzent auf persönliche Beziehungen, dem Ausdrücken von Emotionen und Impulsen, der Abhängigkeit von Autoritäten und Gruppen konnotiert und als widersprüchlich angesehen. Die Amerikaner betonten die Konkurrenz und die Möglichkeit zum Statuswechsel; der erreichte Status wurde als Merkmal für ein erfolgreiches Leben aufgefasst; Orientierung an anderen, populäre Kultur, Prestigekonsum und Humanität waren weitere Merkmale (Peabody, 1999).

Den Zusammenhang zwischen Hofstedes Dimensionen und den Nationalcharakteristiken versucht Peabody (1999) später auch herzustellen, um diese als bestimmte Korrektive für Vergleiche zu benutzen.

Weitere Untersuchungen auf der Suche nach universellen Mustern betreffen Konstrukte wie Dogmatismus, Traditionalismus und Modernismus, die ein Kulturmodell beschreiben sollen. Dogmatismus wurde als psychologische Tendenz, extrem selektive, rigide und inflexible Denk- und Verhaltensmuster zum Ausdruck zu bringen (Rokeach, 1960), aufgefasst. Dogmatische Personen sind intolerant und relativ begrenzt in ihrer Wahrnehmung. Als dogmatische Personen werden diejenigen bezeichnet, die rigide sind, vereinfacht denken und ziemlich stereotyp handeln. Ihnen sind eher Vorurteile zuzuschreiben. Dagegen wird Modernismus eher als Gegensatz dazu betrachtet. Das Konzept von Foa & Foa über die Theorie des interpersonalen Austauschs stellt auch universelle Zusammenhänge dar.

Es handelt sich dabei um den universellen Austausch von Gütern, wie z. B. Geld, Information, Status, Liebe oder Service. Diese sind in die Dimensionen Universalismus, Partikularismus, Konkretheit und Abstraktion unterteilt. Im Allgemeinen werden bei diesem Modell die kulturellen Muster als Grundeinheit der kulturellen Evolution oder Übertragung gesehen.

4.4 Werte

Die Werteorientierungen stellen ein weiteres Konstrukt dar, welches auf der Suche nach universellen Mustern einbezogen wird. Aus der gesamten Vielfalt der Definitionen kristallisieren sich einige grundlegende Merkmale heraus, welche die Werte als psychologisches Konstrukt beschreiben (Allport et al., 1951; darunter Maslow, 1959; Rokeach, 1973; Schwartz & Bilsky, 1992; Schwartz, 1994; Schwartz et al., 1999 u. a.). Aufgrund dessen zeigt sich, dass Werte Konzepte oder Überzeugungen für erwünschte finale Ziele oder Verhaltensweisen sind, welche in bestimmten Situationen Überlegenheit schaffen, welche die Wahl oder die Einschätzung der Ereignisse und des Verhaltens bestimmen und die nach ihren relativen Bedeutungen in eine Rangordnung gebracht werden können. Werte werden zudem auch als kognitive Vorstellung definiert (Genkova, 2003).

Kognitive Vorstellungen und Bedürfnisse

Kognitive Vorstellungen betreffen drei Arten der menschlichen Bedürfnisse: 1.) Die biologischen Bedürfnisse, 2.) die sozialen und interaktionalen Bedürfnisse nach interpersonaler Koordination und 3.) die sozialen institutionellen Bedürfnisse, welche den Wunsch von Gruppen nach Wohlstand und Existenz ausdrücken (Kluckhohn & Strodtbeck, 1961).

Diese drei Bereiche sind universal und gelten für jedes Individuum (Schwartz & Bilsky, 1987, 1990). Damit die Personen mit der Realität umgehen können, sollen sie diese Bereiche erkennen und sich die möglichen Antworten darauf überlegen und planen. Personen erreichen durch den Umgang miteinander und durch ihre kognitive Entwicklung den Zustand, indem sie diese drei Anforderungen als Ziele oder Werte wahrnehmen. Durch die Sozialisation lernen die Individuen die kulturell definierten Tendenzen, durch die sie die Fähigkeit erhalten, unter diesen Umständen zu kommunizieren. Zum Beispiel werden diese Regeln und Bestimmungen bei der Ressourcenverteilung in Werte wie Gleichheit oder Ehrlichkeit transformiert. Die Forderungen nach der Existenz der Gruppe werden in Werte wie nationale Sicherheit oder Frieden umgewandelt (Schwartz & Bilsky, 1987; Schwartz, 1992). Die Werte werden im Zusammenwirken mit der individuellen Erfahrung, den sozialen Umständen und dem aktuellen (temporal bedingten) Kulturmodell definiert. Daraus folgt, dass die Werte abstrakte Interpretationen sind. Diese Abstraktionen setzen die bewertenden Standards für das Verhalten und die Ergebnisse (Olson & Zanna, 1993; Rokeach, 1973; George & Jones, 1997) voraus (Genkova, 2003).

Werte besitzen bestimmte Merkmale, deren wichtigste ihren Inhalt und ihre Intensität ansprechen. Der Inhalt der Werte stellt die bedeutenden finalen Ziele oder die bevorzugten Verhaltensmuster dar. Ihre Intensität bestimmt, welche Bedeutung diesen Werten beigemessen wird oder wie stark sie – im Vergleich zu anderen Werten – unterstützt werden. Die Werte können also ihrer Intensität nach angeordnet werden. Auf dieser Grundlage aufbauend werden die Wertehierarchie und das Wertesystem der einzelnen Person ermittelt. Diese spezifische individuelle Hierarchie der Werte bildet das Wertesystem der Persönlichkeit, welches bei den verschiedenen Personen ganz individuell zum Ausdruck kommt (Rokeach, 1973).

Rokeach (1973) unterscheidet zwei Wertekategorien: Terminale und instrumentale Werte. Während die terminalen Werte die finalen Ziele der Existenz oder das als Ideal erwünschte Verhalten ausdrücken, stellen die instrumentalen Werte die bevorzugten Verhaltensmuster dar, um die terminalen Werte zu bestätigen. Als terminale Werte betrachtet Rokeach zum Beispiel Gesundheit, Freiheit, Gleichheit, nationale Sicherheit, Frieden, Liebe, Schönheit, innere Harmonie, Vergnügen, Selbstachtung, soziale Anerkennung und Freundschaft. Diese werden durch Substantive zum Ausdruck gebracht. Als instrumental gelten für ihn z. B. ehrgeizig, ehrlich, fähig, freundlich, verantwortungsvoll, unabhängig, sauber u. a. zu sein, die als Adjektive ausgedrückt werden (vgl. auch Genkova, 2003).

Einstellungen und Werte

Die Einstellungen sind ein Unterkonstrukt der Werte. Ein oder mehrere Werte bestimmen die Einstellungen. Rokeach (1973) ist der Auffassung, dass die meisten Einstellungen durch eine relativ geringe Anzahl terminaler und instrumentaler Werte bestimmt werden. Infolgedessen kann man darauf basierend auch das Verhalten prognostizieren (Rokeach, 1973).

Die Werteorientierungen können aber auch auf einer Makro- und einer Metaebene interpretiert werden. Diese Interpretationen sind mit der Zugehörigkeit der Werteorientierungen zu verschiedenen kulturellen Mustern verbunden. Beispiel sind die Dimensionen Individualismus/Kollektivismus sowie auch andere (Hofstede, 1980, nach Hofstede, 1983; Triandis, 1987–1998).

Ein anderer Blickwinkel zur Betrachtung der Werte ist die universelle Struktur der Werte (Schwartz & Bilsky, 1987, 1990). Dabei werden die Werte als kognitive Repräsentation der drei universellen Forderungen bezeichnet.

Die Struktur der Werte bringt auch die Zusammenhänge zwischen den einzelnen Wertebereichen oder Wertekategorien *(Domains)* aufgrund ihres gegenseitigen Ausschlusses oder ihrer Ergänzung zum Ausdruck. Zwei verschiedene Bereiche sind theoretisch voneinander getrennt, wenn sie gegensätzlich sind. Innerhalb dieser Struktur können die Werte nicht gleichzeitig auf einer Ebene angeordnet und zudem als Priorität betrachtet werden. Schwartz und Bilsky (1987) definieren die Werte als individuelle Vorstellung zu einem situationsübergreifenden Ziel (terminal oder instrumental), welches die verschiedenen Interessen (individuelle, gesellschaftliche oder beide) zum Ausdruck bringt (s. auch Genkova, 2003).

Diese bereits erwähnten Interessen betreffen eine Motivationstendenz (z. B. Hedonismus oder Macht) und werden als dominantes Prinzip entweder als wichtig oder als unwichtig bewertet.

Schwartz (1992) ist der Auffassung, dass sich all diese Motivationsziele in zwei Tendenzen unterteilen: Individuelle und kollektive. Der Konflikt oder das komplementäre Verhalten zwischen diesen Tendenzen bestimmt die Struktur der Werte. Auf diese Weise werden neun Paare gebildet:

1. Macht und Leistung – bei beiden liegt der Akzent auf der sozialen Bewertung und Anerkennung.
2. Leistung und Hedonismus – sie sind mit der eigenen Zufriedenheit verbunden.
3. Hedonismus und Stimulation – eine angenehme emotionale Aufregung
4. Stimulation und Selbstbestimmung – eine innerliche Motivation, die zu Veränderungen und zur Vervollkommnung führt.
5. Selbstbestimmung und Universalismus – individuelles Verständnis der Welt und Akzeptanz der Vielfalt
6. Universalismus und Prosozialität – Hilfsbereitschaft und Transzendenz der egoistischen Interessen
7. Tradition und Konformität – Gehorsam und Selbstbeschränkung
8. Restriktive Konformität und Sicherheit – Ordnung in den Beziehungen
9. Sicherheit und Macht – Angst vor Unsicherheit, wenn die Beziehungen nicht strukturiert oder sehr autoritär sind.

In den verschiedenen bisher durchgeführten Datenerhebungen hat sich die universelle Struktur der Werte jedoch nicht immer und auch nicht in diesen Kategorien bestätigt. In den unterschiedlichen Kulturmodellen existieren verschiedene Zusammenhänge zwischen den einzelnen Wertekategorien. Die sich ausschließenden oder ergänzenden Kategorien sind manchmal auch in anderer Relation vorhanden oder werden auf eine andere Weise betrachtet (vgl. Genkova, 2003). Die Theorie von Schwartz & Bilsky (1990) ist ein Versuch, die Vielfalt der Werte einzuordnen und allgemeine Kategorien zu bilden. Da ihre Theorie die Vielfalt der Werte zusammenfasst und eine globale Struktur bildet, eignet sie sich sehr gut für Kulturvergleiche. Empirisch wurden die Werteorientierungen in groß angelegten Kulturvergleichen überprüft (vgl. auch Genkova, 2003).

Die graphische Darstellung der erwarteten Struktur nach Schwartz (1992) ist der Abbildung 4.2 zu entnehmen. Es wird nicht vorausgesetzt, dass die multidimensionalen Achsen eine substantielle Bedeutung haben, da sie nur im Hinblick auf die Einteilung eine Rolle spielen. Die hypothetischen interessens- und motivationsgestützten Facetten der Wertedomains implizieren eine Projektion auf die zugehörigen Achsen (vgl. Schwartz & Bilsky, 1990; Schwartz, 1992).

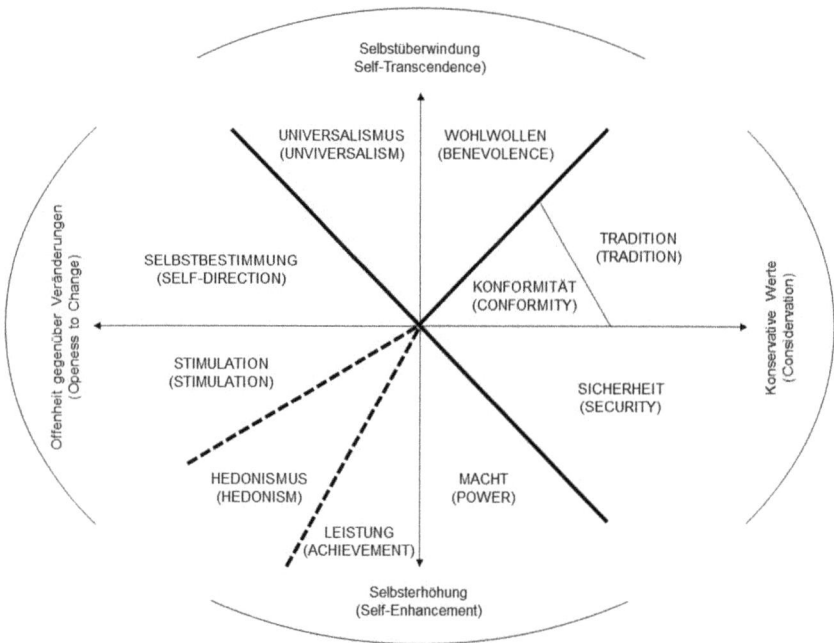

Abbildung 4.2 Graphische Darstellung des revidierten theoretischen Modells der Beziehungen zwischen den motivationalen Typen der Werte, der höheren Ordnung der Wertetypen und der bipolaren Wertedimensionen

Es ist davon auszugehen, dass diese Wertetypen zwei Dimensionen zugeordnet werden können: Offenheit gegenüber Veränderungen vs. konservative Werte *(openness to change vs. conservation)* und Selbsterhöhung vs. Selbstüberwindung *(self-enhancement vs. self-tTranscendence)*. Diese Dimensionen werden als bipolar angesehen, da es sich hierbei um entgegengesetzte Pole handelt. In jedem einzelnen Kulturmodell existiert eine große und umfangreiche Vielfalt an persönlichen Werten, die kulturell und auch sozial und individuell bedingt sind. Bei einem Kulturvergleich sucht man allerdings eine Grundlage als Ausgangspunkt und Korrektiv, um einen Vergleich durchführen zu können. Jeder Gesichtspunkt, der auf einer Vorstellung mit dominanten Merkmalen beruht und auf den einen oder anderen Ausgangspunkt bezogen ist, wäre einseitig. Aber die Zugehörigkeit oder der Ausschluss der Werte in der einen oder anderen Kategorie beschränkt nicht die Möglichkeit zur Feststellung ihrer Vielfalt (Genkova, 2003).

Anhand mehrerer empirischer Untersuchungen wurden dem Konstrukt weitere Merkmale hinzugefügt (Smith & Bond, 1998, s. Tabelle 4.2). Es wird nach dem dominierenden Werten in einer Kultur unterschieden, je nachdem, ob diese mit Hierarchie oder Gleichheit verbunden sind.

Tabelle 4.2 Klassifikation von Kulturtypen (Smith & Bond, 1998)

Dominante Werte	Soziale Einbettung	Autonomie
Hierarchie	Vertikaler Kollektivismus	Partikularismus
Gleichheit	Horizontaler Kollektivismus	Universalismus

Diese Werte sind: 1.) bevorzugte kulturelle Muster von individuellen oder Gruppenrelationen, autonom vs. eingebunden; 2.) bevorzugter kultureller Modus zur Motivation des sozialen Verhaltens und der geteilten Ressourcen; Gleichheit vs. Akzeptanz der ungleichen hierarchischen Rollen.

In späteren Untersuchungen haben Smith & Schwartz (1997) drei Issues formuliert, die soziale Gruppen differenzieren: 1.) die Art und Weise, wie Personen von einer Gruppe abhängen; 2.) Perspektive des Gewinns und 3.) Art der Interaktion mit der Außenwelt.

Aus der Forschung
Kulturvergleichende Untersuchung der Werteorientierungen

Anhand dieser Issues untersuchten Schwartz et al. (2001) (vgl. auch Schwartz & Bardi, 1997; Schwartz & Sagiv, 1985) die gegensätzlichen Werteorientierungen. Es wurden anhand einer Studie, die in 40 Ländern in verschiedenen Gruppen (Westeuropa, angloamerikanischer Raum, Osteuropa, islamische Länder, Ostasien, Japan und Lateinamerika) durchgeführt wurde, folgende Wertegegensätze verifiziert:

Typ 1: Konservatismus vs. Autoritarismus – Konservatismus ist mit dem Erhalt des Status, Selbstdisziplin, Familie und Tradition verbunden; Autonomie betont die freie Wahl und die Veränderungen;

Typ 2: Hierarchie vs. Egalitarismus: Hierarchie bezieht sich auf die ungleiche Verteilung von Macht, Ressourcen und sozialen Rollen; Egalitarismus sieht die Personen als gleichgestellt;

Typ 3: Beherrschung vs. Harmonie – Beherrschung betont, dass die Personen Kontrolle über die Gesellschaft ausüben; Ehrgeiz und hoher Selbstwert sind wichtig für Beherrschungswerte; Harmonie-Werte betonen eher das Gleichgewicht.

4.5 Zusammenfassung

Eine der wichtigsten Methoden, um Kulturen zu analysieren, stellt die Untersuchung zur Überprüfung der Art und Weise der wertenden oder konnotativen Meinungen der Menschen, wie Wörter gebraucht werden, dar. Somit stellt sich die Frage, ob z. B. Kooperation oder Konkurrenz als gut empfunden und bezeichnet werden können. Das ist besonders wichtig bei der Bewertung oder bei der Identifikation der universellen kulturellen Patterns.

Zusammenfassend kann man feststellen, dass das Festlegen und die empirische Überprüfung von kulturellen Universalien sehr diffizil sind. Diese empirisch herauszuarbeiten und dann kulturvergleichend zu überprüfen, ist kostenaufwändig und methodisch problematisch. Dennoch ist dieses für die kulturvergleichende Forschung sehr wichtig, da die Kultur als abhängige Variable zu berücksichtigen ist, was durch das Einbeziehen von Kulturdimensionen umgesetzt werden kann

Zusammenfassung

(vgl. Kap 2 und 3). In dem vorliegenden Lehrbuch erfolgt dieses durch die Dimensionen Individualismus/Kollektivismus und durch das Konstrukt der autoritären Einstellungen.

5 Individualismus/Kollektivismus

5.1 Einleitung

Die aktuelle kulturvergleichende Forschung in der Psychologie befasst sich intensiv mit der Dimension Individualismus/Kollektivismus (Individualismus/Soziozentrismus). Diese Dimension gilt als eine der Vergleichsdimensionen eines Kulturmodells in seiner aktuellen Repräsentation sowie in seiner geschichtlichen Entwicklung. Das ist auch der Grund, weshalb diese Dimension als universelle kulturelle *Patterns* gesehen wird. In diesem Kapitel wird das Konstrukt näher beschrieben. Wegen der Fragestellung dieses Lehrbuchs wird hier verstärkt auf die kulturvergleichende Problematik eingegangen.

Warum wurde der Fokus der Forscher auf diese Dimension gelenkt und weswegen ist diese zu einem Forschungsparadigma der gegenwärtigen Kulturvergleichenden Psychologie geworden? Trotz so viel Kritik wird diese Dimension immer wieder benutzt und ist ein fester Bestandteil jedes Lehrbuchs, sei es für Kulturpsychologie oder Kulturvergleichende Psychologie.

Die Antwort auf die erste Frage ist, dass diese Dimension als eine Globaldimension gelten kann, sie also viele andere Merkmale eines Kulturmodells einschließt. Es geht nicht darum, ob ein Phänomen dazu gehört oder nicht, sondern um die Art und Weise (Modus), in der dies zum Ausdruck kommt. Ob Menschen helfen oder aggressiv sind, ob sie gern zusammenarbeiten oder nicht, ob sie sich allein oder in der Gruppe glücklicher fühlen, ist nicht die eigentliche Fragestellung. Diese Variationen gibt es in beiden Kulturmodellrepräsentationen – in der individualistischen und der soziozentristischen. Die Fragestellung ist: Warum kommt so ein Phänomen auf die eine oder andere Weise zum Ausdruck? Geholfen wird sowohl in einem individualistischen als auch in einem kollektivistischen Land, aber aus verschiedenen Gründen (Genkova, 2003).

5.2 Das Forschungskonstrukt Individualismus/Kollektivismus in der Kulturvergleichenden Psychologie. Definitionen

Die Auslegung der Begriffe „Individualismus" und „Kollektivismus" hat eine weit zurückreichende Geschichte. Alle in der Vergangenheit durchgeführten Untersuchungen des Individualismus und des Kollektivismus haben ihre Wurzeln in der Philosophie. Die heutige Formulierung des sozialpsychologischen und kulturvergleichenden Konstruktes Individualismus/Kollektivismus ist ein Ergebnis der gegenwärtigen soziologischen, anthropologischen, psychologischen und kulturellen Analysen (Lukes, 1973; Dumont, 1986; Triandis, Bontempo, Villareal, Asai & Lucca, 1988; Triandis, McCusker & Hui, 1990; Triandis, 1996; Farr, 1996 u.a., vgl. auch Genkova, 2003).

Da dieses Konstrukt für die psychologischen und empirischen Untersuchungen eher im Bereich der Kulturvergleichenden Psychologie bedeutend wurde, deren Tradition aber interdisziplinär ist, bringen die Ergebnisse das Zusammenwirken vieler verschiedener philosophischer, soziologischer, anthropologischer und psychologischer Theorien zum Ausdruck. Verschiedene philosophische Auffassungen betrachteten die eine oder andere Seite dieser Dimension. Dabei ist zu beachten, dass die Auffassungen im Kontext zu den Vorstellungen der unterschiedlichen Zeitperioden als temporal bedingt zu sehen sind (Triandis et al., 1993; Triandis, 1996; Farr, 1996; Genkova, 2003).

> **Historische Entwicklung des Individualismus/Kollektivismus**
>
> In der Renaissance wurde die Einstellung der Gesellschaft und der Person durch Betrachtung ihrer selbst bestimmt. Auf dieser Grundlage entwickelte sich der Individualismus (Farr, 1996). Die Reformation und die Industrialisierung unterstützten diesen Prozess. Der Kollektivismus wurde u.a. mit den Ideen von Rousseau, Hegel und später insbesondere mit denen von Marx verbunden. Die Dimension Individualismus/Kollektivismus wurde allerdings erst in den letzten Jahrzehnten häufiger als ein sozialpsychologisches Konstrukt gebraucht (Farr, 1996).

Im Laufe der Zeit kann eine Entwicklung der Begriffe Individualismus und Kollektivismus beobachtet werden, wobei hier allerdings nur einige der wichtigsten Merkmale herausgegriffen und näher erläutert werden (vgl. auch Genkova, 2003).

Schon Durkheim (1990) spricht von Gemeinschaften mit einer organischen Solidarität, welche von gegenseitigem Entgegenkommen und geregeltem Zusammenleben abhängig ist. Dieses Verhalten könnte schon in individualistischem Sinne ausgelegt werden. Davon unterscheidet er Gemeinschaften mit mechanischer Solidarität, in denen er die Solidarität von der Ähnlichkeit und dem Zusammenhalt (z. B. auch familiär) der Gemeinschaftsmitglieder abhängig macht. Diese Variante könnte man als kollektivistisch bezeichnen. Für ihn ist eine Differenzierung der individuellen und kollektiven Vorstellung notwendig, wobei er die Reduktionsanalyse anwendet, d. h. die Interpretation der kollektiven Phänomene findet auf der Ebene des Individuums statt (Genkova, 2003).

Tönnies (1957) differenziert ebenfalls die Begriffe Gesellschaft und Gemeinschaft, die den beiden Polen des Konstrukts entsprechen sollen. Die Gesellschaft stellt den Individualismus dar. Das Streben nach Gemeinschaft steht für den Kollektivismus (Genkova, 2003).

Für Lukes (1973) sind die Werte, die den Individualismus definieren, das Recht auf Privatsphäre *(privacy)*, Unabhängigkeit und Selbständigkeit sowie Selbstentwicklung der Person. Lukes (1973) differenziert darüber hinaus zwischen Doktrinen und Ideen für den Individualismus, auf denen politische, soziologische, religiöse und ethische Theorien und Praktiken aufgebaut wurden. Hier sind die Ideen mit den Vorstellungen über das menschliche Wesen verbunden. Für ihn ist die religiöse Orientierung eine der Hauptdoktrinen des Individualismus. Ergänzend führt Dumont (1986) die Wurzeln des Individualismus der gegenwärtigen westlichen Gesellschaft auf das Christentum zurück.

Die Forschung von Hofstede (1983) über die Arbeitswerte *(work values)* in vierzig IBM-Filialen machte den Begriff des Individualismus/Kollektivismus populär und setzte die Grundlage für eine Forschungstendenz in der Psychologie. Hofstede (1980; Hofstede & Bond, 1984) definiert bei seinen interkulturellen Vergleichen der Organisationen vier Dimensionen von Landeskultur (vgl. auch Genkova, 2003): Machtunterschiede, Weibliche vs. männliche Kultur, Vermeidung von Unsicherheit und Individualismus/Kollektivismus (sowie später Langzeit- vs. Kurzzeitorientierung)

Fünf Dimensionen der Organisationskultur

1. Machtunterschiede *(power distance):* Diese Dimension stellt das Ausmaß dar, in dem die Individuen einer Gesellschaft die Tatsache, dass die Macht

in den Institutionen und Organisationen nicht gleich verteilt ist, als legitim akzeptieren und tolerieren.
2. Weibliche vs. männliche Kultur *(masculinity – femininity):* Die männlichen Kulturen definieren zwei sehr unterschiedliche Geschlechterrollen. Dagegen haben die weiblichen Kulturen lose Vorstellungen von den Geschlechterrollen. Der männliche Typ von Kultur stellt mehr das Streben nach Leistung, Regeln und Ordnung sowie nach hohem materiellen Status dar. Die weibliche Kultur stellt hingegen die Sorge um die Schwächeren und die Gemeinschaft und deren Pflege in den Vordergrund und legt einen besonderen Akzent auf Bescheidenheit und auf hohe Lebensqualität.
3. Vermeidung der Unsicherheit *(uncertainty avoidance):* Diese Dimension stellt das Ausmaß dar, in welchem die Individuen einer Gesellschaft die Situation der Unsicherheit akzeptieren. Dabei unterstützen sie mehr oder weniger Glauben, Stereotype und Institutionen, welche die Stabilität und den Konformismus unterstützen. Kulturen mit einer starken Unsicherheitsvermeidung sind aktiv, emotional, sicherheitssuchend und intolerant. Kulturen mit einer schwachen Unsicherheitsreduktion sind nicht emotional, akzeptieren das persönliche Risiko, sind relativ tolerant, nachdenklich und nicht aggressiv.
4. Individualismus/Kollektivismus *(individualism/collectivism):* Hofstede (1983) definiert den Individualismus als Bevorzugung eines eher losen Sozialsystems, in dem die Individuen allein und für sich selbst und ihre Familien sorgen. Dies steht im Gegensatz zum Kollektivismus, in dem ein starkes Sozialsystem bevorzugt wird. Die Individuen erwarten in diesem System, dass ihre Verwandten, Bekannten oder die Gruppe für sie – als Gegenleistung für ihre Loyalität – sorgen (Hofstede, 1989).
5. Langzeit- vs. Kurzzeitorientierung: Das ist die fünfte, später dazu genommene Dimension. Bei Langzeitorientierung liegt der Fokus auf der Zukunft, so dass Werte wie z. B. Sparsamkeit gelebt werden, wohingegen der Fokus bei der Kurzzeitorientierung auf der Vergangenheit und Gegenwart liegt (Hofstede, 1980). Analog hierzu sind die monochrone und polychrone Zeitorientierung von Hall (1990).

Für Hofstede (1980) ist die Dimension Individualismus/Kollektivismus soziologisch, d. h. durch sie werden die Besonderheiten unterschiedlicher sozialer Umgebungen und Beschränkungen beschrieben, welche die Entwicklung der Individuen bestimmen. Diese Dimension ist für ihn nicht psychologisch, d. h. sie dient nicht zum Vergleich und zur Erklärung des Verhaltens verschiedener Typen von Persönlichkeiten (Kim et al., 1994).

Diese Dimension ist jedoch auch vom psychologischen Gesichtspunkt her sehr interessant, da sie die Art und Weise der Beziehungen zwischen den Individuen bewertet und verschiedene persönliche Besonderheiten im Denken und Verhalten veranschaulicht.

Aus der Forschung
Kulturvergleichende Untersuchung von Hofstede (1983)

In seiner Forschung ermittelte Hofstede (1983), dass die Einstellung in den USA und in den westeuropäischen Ländern eher individualistisch und in den Ländern Asiens, Afrikas und Lateinamerikas stärker kollektivistisch ausgeprägt ist. Allerdings sind in allen Gesellschaften individualistische und kollektivistische Werte anzutreffen. Hofstede (1980) stellt fest, dass die individualistische Orientierung mit dem gesamten Niveau der sozialwirtschaftlichen Entwicklung (z. B. Industrialisierung, Urbanisierung, soziale Mobilität, Bruttosozialprodukt) zusammenhängt.

Mit vielen interkulturellen Vergleichen tragen Triandis et al. (1986–1998) zur Erforschung der Dimension Individualismus/Soziozentrismus aus psychologischer Perspektive bei. Diese Dimension ist sowohl auf einer kulturellen und sozialen Ebene als auch auf einer individuellen Ebene als ein persönliches Konstrukt definiert (als ideozentrische und allozentrische Orientierung) (vgl. Genkova, 2003).

Obwohl sich Triandis (1985, 1990, 1996) mehrmals bemüht hat, die beiden Begriffe Idiozentrismus und Allozentrismus für die auf das Individuum bezogene persönliche Ebene der Betrachtung des Individualismus und des Kollektivismus in den allgemeinen Gebrauch der Sozialpsychologie einzuführen, werden sie zumeist nicht einzeln gebraucht (Kim et al., 1994). Triandis et al. (1985) und Markus & Kitayama (1991) schlagen die Begriffe *independent* und *interdependent* als Sichtweise bezüglich des Selbst vor. In diesem Lehrbuch wird die Benennung Individualismus und Kollektivismus beibehalten – sowohl für die soziale als auch für die persönliche Ebene der Interpretation, wobei Kollektivismus und Soziozentrismus als Synonyme zu betrachten sind.

Konstrukte Individualismus/Kollektivismus

Individualismus/Kollektivismus sind Konstrukte auf der Kulturebene, die eine Rubrik von Mustermerkmalen repräsentieren (Triandis, 1996).

Um die Zusammenhänge zwischen unterschiedlichen Ebenen von Analysen (z. B. individuellen, interpersonellen, sozialen und kulturellen) zu verstehen, muss man erst die Entwicklung von Individualismus oder Soziozentrismus innerhalb einer einzelnen Kultur verstehen (Kim et al., 1994). In diesem Zusammenhang schlagen Kim et al. (1994) folgendes Schema vor, welches als Rahmen für die Konzeptualisierung des Individualismus und des Kollektivismus dienen kann (vgl. Abbildung 5.1). Hinsichtlich des Individualismus wird die Rationalität als Grundannahme gesehen, beim Soziozentrismus die Beziehungen. In Folge dessen existieren respektive verschiedene Prinzipien und Regeln, die auf Einzigartigkeit, Durchsetzungsfähigkeit und Freiheit der Wahl, Zusammenwirken und *compliance* beruhen.

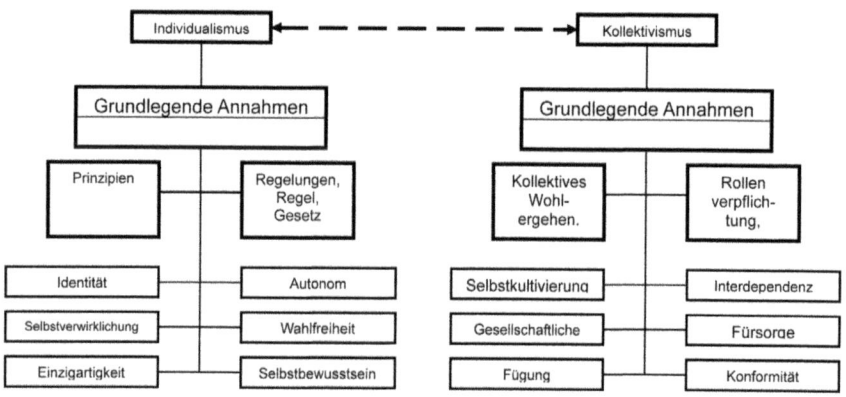

Abbildung 5.1 Individualismus und Kollektivismus: ein integrativer Rahmen (nach Kim et al., 1994)

Eines der am häufigsten diskutierten Probleme bezüglich der Untersuchungen von Triandis (1990, 1996) ist die Frage, ob der Individualismus und der Kollektivismus entgegengesetzte, sich ausschließende Pole oder nur Alternativen sind, die sich kongruent ergänzen. Zusammengefasst als eine Dichotomie stellen sich in dieser Dimension (Triandis et al., 1985) die beiden Pole nicht als diametral entgegengesetzt, sondern als alternativ und gegenseitig kongruent dar. Das Existieren von Merkmalen der beiden Pole in den verschiedenen Kulturen steht dem nicht entgegen. Es geht um das Verhältnis dieser Pole in den unterschiedlichen kulturellen Modellen. Eine eindeutige Ausprägung ist eigentlich de facto unmöglich.

Der Gebrauch von Dichotomien ist in der westlichen Welt weit verbreitet, sei es bei der psychischen Beschreibung von Individuen, z. B. Introversion vs. Extraversion. Dichotomische Kategorien werden auch bei der Charakterisierung der Nationen und Kulturen gebraucht (vgl. auch Kap. 4). Diese Charakterisierung wird verwendet, um stereotype Bilder der komplexen sozialen Realität zu produzieren (Sinha & Tripathi, 1994).

Dichotome Kategorien und Differenzenvielfalt

Wenn eine ganze Kultur der Gesellschaft in dichotomischen Kategorien beschrieben wird, sei es maskulin/feminin, aktiv/passiv, werden subtile Differenzen oder qualitative Nuancen, welche die soziale Gesellschaft vielleicht viel besser charakterisieren, einfach nicht berücksichtigt (Sinha & Tripathi, 1994).

Manchmal kommt es so weit, dass diese Bilder der komplexen Kulturen geradezu als Karikaturen dienen können (Sinha & Tripathi, 1994). Beide Orientierungen, individualistisch und kollektivistisch, existieren innerhalb von Individuen und Kulturen. Obwohl also die Kulturen oft in schwarz-weiß beschrieben werden, ist es trotzdem nicht zulässig, einen gut – schlecht Vergleich zu machen (Sinha & Tripathi, 1994).

Als zusammenfassende These ergibt sich, dass Individualismus und Kollektivismus Dimensionen bilden, die sich nicht gegenseitig ausschließen und nur bedingt als zwei Pole betrachtet werden können. Hierbei handelt es sich nicht um eine Position der Ausgrenzung, sondern des Ergänzens. Die pluralistische Gesellschaft, die beide Orientierungen in gleichem Ausmaße beinhaltet, strebt nach der Balance zwischen den verschiedenen individuellen und kollektiven Interessen.

Nach den theoretischen Grundlagen und empirischen Ergebnissen von Hofstede (1980), Schwartz & Bilsky (1990) und Triandis et al. (1987–1998) folgen verschiedene Merkmale, mit denen, die Relation Individualismus/Kollektivismus zusammenhängt.

In Bezug auf diese könnte man folgende Punkte anführen: 1.) Die Dimensionen Individualismus/Soziozentrismus beschreiben die Globalmerkmale einer Kultur. 2.) Diese Merkmale sind in jedem einzelnen Kulturmodell enthalten, und obwohl sie ein immanentes Merkmal einer Kultur sind, stellen sie ihrem Wesen und ihrer Konsistenz nach ein kulturell invariables Konstrukt dar. Die Dimensionen, die ein Kulturmodell beschreiben, werden bilateral als Selbstreflexion (die Kultur in Selbstbetrachtungsperspektive) und im Vergleich mit anderen sozialen Konstrukten erforscht, die den Dimensionen zugehörig sind. Als solche sozialen Konstrukte könnten die Werteprioritäten, die Orientierung des Verhaltens zur Prosozialität oder Aggression, Stereotype, Vorurteile und andere Phänomene gelten. 3.) Vergleicht man diese Merkmale, wird nicht der Zweck verfolgt festzustellen, ob diese Merkmale zu der Dimension Individualismus/Soziozentrismus gehören, sondern herauszufinden, wie sie unter dem Einfluss dieser kulturellen Dimension im Verhalten zum Ausdruck kommen. Das Verhalten wird dabei immer dynamisch modal (in verschiedenen Situationen), lokal (in verschiedenen Bereichen oder Gesellschaften) und temporal (unter dominierenden zeitlichen Tendenzen) bezogen auf das aktuelle Kulturmodell interpretiert. 4.) Da Individualismus und Kollektivismus als bedingte „kulturelle Merkmalskonstellationen" *(cultural syndrome)* definiert sind, schließen sie Glauben, Einstellungen, Normen, Rollen, Werte und Verhaltensmuster mit ein (Triandis et al., 1988; Triandis, 1989; Triandis, 1996, vgl. Genkova, 2003).

Aus diesem Grund gibt es viele multidimensionale Konzepte und Forschungen zu diesem Themengebiet. Individualismus und Kollektivismus sind Kombinationen von Wertevorstellungen und stellen moralische Prinzipien und Vorstellungen für die Beziehungen zwischen den Menschen und zwischen den sozialen Gemeinschaften dar.

Zum Schluss ist auch zu erwähnen, dass die Untersuchung dieses Konstruktes im letzten Jahrzehnt (1990–2000) enorm zugenommen hat. Allerdings merkt man auch ein tendenziell abnehmendes Interesse, da vielleicht zu viele replizierende Studien gemacht und nur wenig neue Aspekte eingeführt wurden. Den Anzeichen nach handelt sich dabei nur um einen Forschungstrend in der Psychologie. Im Bereich der Interkulturellen Kommunikation besteht weiterhin starkes Interesse. Dieses Interesse ist mit den politischen und sozialen Veränderungen in der Welt, der politischen Wende, dem Ende des Kalten Krieges sowie mit der Integration und Globalisierung zu erklären. Durch diese sozialen Prozesse wird auch die Bedeutung der kulturellen Unterschiede zwischen den verschiedenen Ländern stärker. Diese Unterschiede festzustellen, zu verstehen und zu tolerieren, bringt die einzelnen Gesellschaften näher und trägt zu positiven Kooperationsmöglichkeiten bei, was die angewandte Seite dieses Gebietes im Bereich des interkulturellen Managements und der Interkulturellen Kommunikation darstellt. Obwohl dieser Forschungstrend auch langsam nachlässt, hat sich die Dimension

Individualismus/Kollektivismus nichtsdestotrotz als ein fester Bestandteil der kulturvergleichenden Forschung etabliert (vgl. Genkova, 2003).

5.3 Methoden, methodische Probleme und empirische Untersuchungen

Der Prozess des Definierens des Individualismus und des Soziozentrismus als psychologisches Konstrukt verläuft gleichzeitig mit der Entwicklung und der Verbesserung der Forschungsmethoden. In vielen Untersuchungen über die Werte, darunter auch einige mit interkultureller Ausrichtung, wurde eine Faktorenstruktur festgestellt, die den Faktor Individualismus/Kollektivismus beinhaltet (z. B. Hofstede, 1980; Triandis et al., 1986; Bond, 1988, s. auch Genkova, 2003).

Hui (1988) entwickelte einen Fragebogen mit 63 Items, die die Hauptbereiche des Individualismus und des Kollektivismus untersuchen. Diese Bereiche wurden mit Hilfe der Antworten von Anthropologen und Psychologen aus verschiedenen Kulturen auf die Frage, was sie unter den Begriffen Individualismus und Kollektivismus verstehen, zusammengefasst (Hui & Triandis, 1986). Auf dieser Grundlage erarbeitete Hui die Skala Individualismus/Kollektivismus, welche sechs Subskalen beinhaltet. Diese Skalen betreffen das Verhalten des Menschen zu verschiedenen Referenzgruppen wie z. B. Eltern, Verwandten, Freunden, Kollegen und Nachbarn. Die Skaleneinteilung beruht auf der Idee, dass Individualismus und Kollektivismus auf eine besondere Art und Weise, bezogen auf Gruppen und Situationen (z. B. zu Hause, auf der Arbeit usw.), zum Ausdruck kommen.

Andere Methoden zur Erforschung des Individualismus und des Kollektivismus sind die sogenannten Szenarios. Es wird geprüft, wie die eigene Gruppe wahrgenommen wird – als homogen oder heterogen im Vergleich zu anderen Gruppen (Triandis et al., 1990). Die hier auftretenden Unterschiede – Homogenität oder Inhomogenität – wurden durch die sogenannten β-Koeffizienten der multiplen Regression bei abhängigen Variablen (das Vorhaben, eine Handlung vorzunehmen) und unabhängigen Variablen (soziale Einstellungen und Normen) festgestellt. Andere Szenarios sind die relative Bedeutsamkeit der sozialen Einstellungen und der Normen bei der Definition des eigenen Verhaltens usw. Beruhend auf den Konzepten von Fischbein & Ajzen (1975) wurden bestimmte Modelle für die Voraussage des Verhaltens benutzt (Triandis, 1996).

Eine weitere Methode ist die Inhaltsanalyse von Interviews. Bei mit Amerikanern durchgeführten Interviews (Bellah et al., 1985) offenbaren diese einen extrem ausgeprägten Individualismus.

Trafinow et al. (1991) stellen die Zusammenhänge zwischen dem sozialen Inhalt des Selbstkonzepts und der Orientierung zu sich selbst oder zu den anderen einerseits und dem Individualismus und dem Kollektivismus andererseits fest.

Die Wertvorstellungen bilden einen der besten Indikatoren zur Feststellung der individualistischen oder der kollektivistischen Orientierung. Dieser Zusammenhang wurde durch diverse Untersuchungen erarbeitet (z. B. Hofstede, 1980; Hofstede & Bond, 1984; Schwartz, 1994).

Durch die Inhaltsanalyse von Beleidigungen (Semin & Rubini, 1990), der Art der Ausarbeitung der Dokumente (Morsbach, 1980), der Fragen, der Art des Auftretens von Personen – ob in Gruppen oder einzeln (Triandis et al., 1990) wurden auch entsprechende Unterschiede festgestellt, die eine individualistische von einer kollektivistischen Orientierung unterschieden.

Als weitere Methoden wurden die Verteilung der Güter (Knight & Kagan, 1981) und das Ausmaß der Berücksichtigung der anderen angewandt. Hierbei ist festzustellen, dass eine nicht oder nur gering stattfindende Verteilung der Güter für den Individualismus und eine Verteilung der Güter an die anderen für den Kollektivismus spricht (Triandis, 1996).

Andere Forschungsmethoden sind in den eigenen Einschätzungen und Wahrnehmungen der Personen (Sinha & Verma, 1987), die auf eine bestimmte Weise handeln („Ich bin eine Person, die sich auf diese oder jene Weise verhält"), zu sehen. Diese Art und Weise des Handelns kann entweder als typisch individualistisch oder als typisch kollektivistisch beschrieben werden. Diese Methode wurde auch als Variante benutzt, das typische Verhalten eines Menschen in der eigenen Kultur zu beschreiben.

Das Rangieren von 25 Stimuli (z. B. mein Opa) nach ihrer Bedeutung für das persönliche Glück (Hui, 1988) ist eine weitere Forschungsmethode. Chan (1994) benutzt die Zusammenfassung von einigen INDKOLL-Skalen, um vorherzusagen, in welchem Ausmaß eine Versuchsperson Verhandlungen führen würde oder nicht.

Die Attributionsprozesse dienten auch als Bezugsphänomen für die Differenzierung der beiden Konstrukte (Miller, 1984).

Die Konstrukte können weiterhin durch den *etic-emic* Ansatz betrachten werden (Triandis et al., 1986–1988). Dabei erweist sich die psychosemantische Differenzierung als eine sehr geeignete Vorgehensweise (Gerganov et al., 1996). Es wird von der These ausgegangen, dass in jedem Kulturmodell verschiedene Vorstellungen über den Individualismus und den Kollektivismus existieren. Die Versuchspersonen mussten ihre Assoziationen mit diesen Begriffen angeben („wenn es Individualismus bzw. Kollektivismus gibt, gibt es auch …"). Selbständigkeit bedeutet beispielsweise in den individualistischen Kulturen Freiheit bzw. nach den eigenen Wünschen zu handeln. In kollektivistischen Kulturen bedeutet es, die Gruppe nicht zu belasten.

Triandis (1996) hat, basierend auf obigen Ansätzen, vorgeschlagen, den horizontalen und den vertikalen Aspekt des Individualismus und des Kollektivismus als Untersuchungskonstrukte zu benutzen (Singelis et al., 1995). Er bezieht auch die vielfältigen Bezugsphänome mit ein und fasst sie in der Dimension zusammen. Die durch ihn eingeführten Aspekte dienen auch als Metastruktur, welche die Kulturmodelle differenziert. Obwohl mehrere Datenerhebungen und Untersuchungen unter Einbeziehung der 32 von Triandis erstellten Items (je 8 pro Subskala) stattfanden, wurden die Aspekte des horizontalen und des vertikalen Individualismus/Kollektivismus nur selten verwendet.

Messen von Individualismus/Kollektivismus

In den letzten Jahren sind immer mehr Messinstrumente und Fragebögen geschaffen worden, welche die verschiedenen Teilbereiche der Dimension Individualismus/Kollektivismus erforschen und diese Dimension auf unterschiedlichste Art und Weise betrachten und erfassen. Es wurden auch die Korrelationen zwischen den einzelnen Messinstrumenten festgestellt (Triandis et al., 1990).

Nach Triandis (1993) gibt es eine Tendenz innerhalb eines Landes oder einer Kultur, die sich in einer kulturellen Merkmalskonstellation *(cultural syndrom)* ausdrückt. Diese Merkmalskonstellation wird durch die gemeinsame Sprache, den gleichen Raum, die gleichen Zeitverhältnisse und die sozialen Einstellungen, Normen, Rollen usw. bedingt. Das Hauptmerkmal dieser kulturellen Merkmalskonstellationen ist die differenzierte Betrachtungsweise des Individualismus und des Kollektivismus. In verschiedenen Kulturen werden durch die Art der Organisation der Information die Begriffe Individualismus und Kollektivismus unterschiedlich ausgelegt.

Methodisch betrachtet kommen einige der Untersuchungen zu dem Schluss, dass die mit dem Individualismus und dem Kollektivismus verbundenen Bereiche entgegengesetzt und sich ausschließend sind, also eine Dichotomie darstellen. Die empirischen Befunde zeigen allerdings nicht eindeutig, dass es überhaupt eine einheitliche Dimension Individualismus/Kollektivismus gibt. Es ist anzunehmen, dass die Struktur des Konstruktes vom Untersuchungskontext abhängt (Gerganov et al., 1996). Untersucht man mehrere Variablen und betrachtet das Konstrukt soziologisch, so stellt man fest, dass das Konstrukt eindimensional ist (Hofstede,

1980). Wird der Akzent allerdings auf einen bestimmten Typ von Variablen gelegt (z. B. Werte oder Beziehungen der Person zu der Binnengruppe) und das Konstrukt psychologisch betrachtet, ist die Struktur des Konstruktes multidimensional (Triandis et al., 1988). Aus diesem Grunde hält man es für angemessen, eine heteromethodologische interkulturelle Untersuchungsmethode anzuwenden, d. h. in den verschiedenen Kulturmodellen wird Forschung mit angepassten und teilweise differenzierten, auf die Kulturen abgestimmten Methoden betrieben (Triandis et al., 1990).

5.4 Strukturmodell von Individualismus/Kollektivismus

Das Konstrukt Individualismus/Kollektivismus hat sich in den letzten Jahren in verschiedene Richtungen weiterentwickelt, wobei zusätzlich viele neue Merkmale mit einbezogen wurden. Triandis (1990, 1996) selbst betont, dass eines der Korrektive die Differenzierung von vertikalen und horizontalen sozialen Beziehungen ist. Das horizontale Modell drückt die Ähnlichkeit eines jeden Menschen mit den anderen aus, das vertikale Modell hingegen betont die Hierarchie und die Unterschiede zwischen den Individuen. Darauf basierend baut Triandis (1996) zwei Subkonstrukte auf: horizontaler und vertikaler Individualismus und entsprechend dazu horizontaler und vertikaler Kollektivismus.

Subkonstrukte von Individualismus und Kollektivismus

Der *horizontale Individualismus* ist durch das Streben nach Außergewöhnlichkeit und Verhaltensfreiheit gekennzeichnet. Die Freiheit der Person steht im Vordergrund. Das Streben nach Auszeichnung und hohem Status ist hier unterentwickelt. Die soziale Isolation ist das am meisten verbreitete Problem.

Der *vertikale Individualismus* betont das Streben nach Hierarchie und die Konkurrenz. Den individuellen Fähigkeiten wird besondere Aufmerksamkeit geschenkt. Konkurrenz wird als positiver Effekt angesehen. Der erzeugte Konkurrenzdruck und der Stress können allerdings zu Selbstzerstörung führen.

Bei *horizontalem Kollektivismus* streben die Menschen danach, den anderen ähnlich zu sein. Sie verlieren die gemeinsamen Ziele nicht aus den Augen. Die gegenseitige soziale Unterstützung ist das Hauptmerkmal des horizontalen Kollektivismus. Durch den Kraftaufwand, der zur Bewahrung der Harmonie in den sozialen Beziehungen eingesetzt wird, sinkt die Produktivität.

Der *vertikale Kollektivismus* betont die Aufopferung der eigenen Ziele zur Verwirklichung der Gruppenzielsetzung. Auf einem globalen Niveau betont er die

Konkurrenz zwischen der *In*-Gruppe und den anderen *Out*-Gruppen. Das hierarchische Verhältnis ist in diesem Fall mit der Identifizierung der Person mit der eigenen Gruppe und mit der sozialen Identität verbunden. Hier wären zum Beispiel die Faschisten oder die Kommunisten zu nennen, welche die *In*-Gruppe darstellen. Die Faschisten sehen ihre eigene Rasse als den anderen überlegen an. Für die Kommunisten steht ihre Klasse über den anderen. Die anderen stehen für die *Out*-Gruppen (Gerganov et al., 1996). Der vertikale Kollektivismus betont die fortschrittliche Entwicklung einer Gruppe. Im Extremfall führt er aber zu autoritären Regimes und ethnischer Diskriminierung (Triandis, 1996).

Das Strukturmodel von Adamopoulos (1999) fasst dagegen die verschiedenen Subskalen zusammen. Dieses Modell bezieht die Subskalen von Triandis (1996) und die elementaren Formen von sozialen Beziehungen von Fiske (1992) mit ein. Diese Formen beruhen auf vier Grundtypen von Austauschbeziehungen: Übereinstimmung; Status (Ressourcenaustausch zwischen Menschen mit gleichem Status); Marktprinzip (Ressourcenaustausch beruhend auf dem Prinzip der Privilegien des hohen Status der Individuen und deren Verantwortung für die Untergeordneten) und Gemeinschaftsaustausch (Austausch zwischen den Individuen, die Ressourcen eines Gemeinschaftspools schöpfen).

Diese Aspekte sind mehr oder weniger in jedem Kulturmodell zum aktuellen temporalen Abschnitt vertreten, ohne eine exklusive Beschreibung einer Kultur zu sein. Die Betonung liegt auf den Einflüssen der Kultur auf das Verhalten. Dieses Modell unterstreicht die Dichotomie Selbst – Andere und damit auch die allgemeinen Unterschiede zwischen Individualismus und Soziozentrismus. Aus Gründen der Übersichtlichkeit werden hier die verschiedenen Subskalen von Individualismus und Kollektivismus schematisch dargestellt.

Selbsterhaltender Individualismus ist in einen Kulturkontext eingebunden, wobei die zwischenmenschlichen Beziehungen generalisiert werden. Die Person ist in erster Linie mit dem Erwerb von materiellen Gütern für sich selbst oder für andere beschäftigt. Dabei liegt der Schwerpunkt eindeutig auf dem individuellen Überleben. Dieser Individualismus ist eine Art Prototypindividualismus, weil er das individuelle Überleben und die individuelle Existenz mit nur einem kleinen Kreis der Gesellschaft verbindet. Hier wird nur auf die soziale Stratifikation und auf das organisierte Kulturmodell geachtet (Adamopoulus, 1999).

Der egozentrische Individualismus drückt folgende Aspekte aus. Die Emergenz von Kultur akzentuiert den Austausch von Symbolen und Informationen über Status und Macht. Wenn das Zielobjekt leicht zu tauschen ist, betonen diese Tauschbeziehungen ausschließlich das Selbst und zeigen weniger Verbundenheit mit und Interesse an den anderen (Adamopoulos, 1999).

Bei dem ego-defensiven Individualismus wird die Entwicklung durch realistisches *self-reliance* und durch das Selbstwertgefühl betont. So eine Entwicklung ist jedoch nur möglich durch Interaktion mit den anderen und die Berücksichtigung von Situationen und des Kontexts. Die Leistungsmotivation, die ein immanenter Bestandteil der westlichen Kulturmodelle ist, beruht eigentlich auf diesem Typ des Individualismus (Adamopoulos, 1999).

Der gewinnorientierte Individualismus ist mit den kulturellen Patterns verbunden, die die Konkurrenz betonen.

Der interpersonale Kollektivismus akzentuiert auf die Zusammenarbeit. Die Kooperation in einer *In*-Gruppe ist mit einer Umorientierung von Konkurrenz auf eine andere Gruppe verbunden. Diese Veränderungen sind notwendig für die Emergenz von persönlichen und intimen Beziehungen, die auf gegenseitiger Kooperation und Selbstöffnung beruhen. Das bedeutet nicht, dass Intimität ausschließlich ein Merkmal von kollektivistischen Kulturen ist. Sie kommt in den verschiedenen Gesellschaften auf unterschiedliche Art und Weise zum Ausdruck. Intimität wird also in einem individualistischen und in einem soziozentristischen Kulturmodell anders aufgefasst. Solche Unterschiede sind z. B. folgende: In kollektivistischen Kulturen wird Intimität mehr mit der freundschaftlichen und altruistischen Komponente verbunden, in den individualistischen hingegen mit Nutzen und Hedonismus (Adamopoulos, 1999 – Ergebnis einer vergleichenden Untersuchung zwischen den USA und Griechenland).

Referentieller Kollektivismus betont die Bedeutung der Referenz-Gruppe für das persönliche Selbstwertgefühl. Hierin besteht der Zusammenhang mit der sozialen Identität (Tajfel, 1982). Das Abwerten der eigenen Gruppe hängt mit dem Aufwerten der eigenen Person zusammen (Adamopoulos, 1999).

Idealistischer Kollektivismus ist mit einer ethnozentrischen Orientierung verbunden, die verlangt, dass eine Gruppe ihre kollektive Identität besonders stark betonen sollte. Während in kollektivistischen Kulturen die Gruppenidentität Diskriminierung und Vorurteile voraussetzt, ist dieser Faktor bei einem individualistisch orientierten Kulturmodell eher typisch für die narzisstischen Muster von zwischenmenschlichen Beziehungen. In beiden Fällen handelt es sich darum, dass das eigene Selbst in Bezug auf den anderen oder die Gruppe aufgewertet wird (Adamopoulos, 1999).

Altruistischer Kollektivismus ist eine spezifische Form, die wie der selbsterhaltende Individualismus eher in Krisenperioden eintritt, wenn das Überleben der Gruppe bedroht ist (Adamopoulos, 1999).

Adamopoulos (1999) hat das Streben dieses Strukturmodells als eine zusammengefasste Vorstellung von Individualismus und Kollektivismus dargestellt, wobei der Akzent nicht auf den Differenzen „zwischen" den beiden Orientierungen, sondern „innerhalb" dieser liegen sollte. Das Ziel dieses Strukturmodells ist, mehr potentielle Repräsentation der kulturellen Variationen von Individualismus und Soziozentrismus darzustellen und diese vergleichend zu erklären.

Pluralismus von Individualismus/Kollektivismus

Da die Dimension Individualismus/Kollektivismus keine ethische Dimension darstellt, sondern einfach die kulturelle Vielfalt, kann man keine der Subkategorien als positiv oder negativ ansehen. Jede der Subkategorien erfüllt in verschiedenen Situationen eine funktionale Rolle (Genkova, 2009).

Bei der Erforschung dieser Subkategorien wurde eine starke Korrelation zwischen dem vertikalen Kollektivismus und dem Autoritarismus (RWA – Skala von Altemeyer, 1981; Triandis & Gelfand, 1998) festgestellt. In Bezug darauf wurde auch empirisch herausgefunden, dass Individualismus sich als entgegengesetztes Phänomen zum Autoritarismus erweist (Gelfand et al., 1996). Bei einem Kulturvergleich in sieben Ländern (USA, Bulgarien, Japan, Neuseeland, Deutschland, Polen, Kanada) wurden folgende Zusammenhänge entdeckt: Der vertikale Individualismus und der vertikale Kollektivismus korrelieren mit dem Autoritarismus (Kemmelmeier et al., 2003).

Gelfand & Triandis (1996) haben anhand des MDS folgende Zusammenhänge zwischen der Individualismus/Kollektivismus-Dimension und dem Autoritarismus bewiesen: 1.) Individualismus vs. Autoritarismus; 2.) aktiver Kollektivismus vs. Austritt aus Gruppen-Eingebundenheit.

Angesichts der Globalisierung gibt es ein paar Besonderheiten in der Relation zu der Dimension Individualismus/Kollektivismus. Die Globalisierung ist ein Prozess, der den kulturellen Einfluss durch Handel, Immigration und Austausch von Informationen und Ideen immer mehr verstärkt (Arnett, 2002). Die psychologischen Funktionen der Globalisierung sind (Arnett, 2002): 1.) bikulturelle Identitäten; 2.) Diffusion von Identitäten; 3.) selbstselektierte Kulturen – die Werte der Globalkultur basieren auf dem Individualismus. Diese Werte umfassen: Freie Marktwirtschaft, Demokratie, Freiheit der Wahl, individuelle Rechte, Offenheit gegenüber Veränderungen, Toleranz gegenüber Unterschieden (Friedmann, 2000; Giddens, 2000).

Aus der Forschung
Kontextbezogenheit von Individualismus/Kollektivismus

Folgende Zusammenhänge wurden hinsichtlich dieser Werte festgestellt: Helfen ist bei der kollektivistischen Kultur Pflicht und nicht freiwillig. Bei individualistischen Kulturen ist dies abhängig von der individuellen Wahl; kollektivistische Kulturen haben eine kulturinterdependente Orientierung bei der Kommunikation: eher „wir" als „ich". Die Kollektivisten betonen eher den Kontext als den Inhalt, eher das Implizite als das Explizite, eine harmonische Synthese als Ambiguität. Die Kollektivisten stellen das stärkste Argument ans Ende. Bei Individualisten hingegen wird das stärkste Argument an den Anfang gesetzt. In kollektivistischen Kulturen werden ferner Entscheidungen verstärkt im Konsens getroffen; es gilt: „was wir vorhaben, ist wichtiger als das, was gesagt wird". Weiterhin werden immer wohlwollende Ausdrücke gebraucht und Wörter wie „vielleicht", „eventuell", „ich bin nicht sicher", „höchstwahrscheinlich" verwendet (Arnett, 2002).

Es gibt auch Untersuchungen, die als zusätzliche Dimensionen Konservatismus und Modernismus eingeführt haben (Bierbrauer et al., 1994). Diese stehen mit Kommunalismus und Paternalismus im Zusammenhang. Bei der Kommunalismus-Orientierung werden die Bedürfnisse und Ziele der Individuen wegen der Kollektiv-Interessen geopfert (Kim, 1994). Paternalismus als fundamentaler Wert des Wohlfahrtskapitalismus stellt einen Zusammenhang zwischen den Agenten in einer ökonomischen Organisation mit den Angestellten sowie zu deren Kindern her (Bennet & Iwao, 1963; Dore, 1958). In Folge dessen werden zwei Merkmale unterschieden: 1) die Hierarchie und 2.) die aktuelle Arbeitsleistung als Angestellter hat wenig mit dem Leben eines Angestellten zu tun.

Der Paternalismus hängt mit der Verpflichtung unter den Angestellten zusammen. Somit werden soziale Kontrolle und Effizienz miteinander verbunden (Kim, 1994).

Bei der Überprüfung der Hypothesen über eine Relation zwischen dem Individualismus und dem Streben nach Bestätigung der eigenen Autorität wurde anhand heterogenen Methoden und Stichproben ermittelt (Triandis et al., 1990), dass Einstellungen in verschiedener Art und Weise mit dem Individualismus und dem Kollektivismus korrelieren. Die vier Faktoren der Attitüde sind folgende: 1.) Familienintegrität, 2.) gegenseitige Abhängigkeit, 3.) Distanz von der

In-Gruppe und 4.) Selbständigkeit. Sie korrelieren mit dem Kollektivismus und mit dem Individualismus. Dennoch haben sich die verschiedenen Subbegriffe in der Forschung des Konstrukts Individualismus/Kollektivismus nicht durchgesetzt und auch keine eindeutigen empirischen Befunde hervorgebracht. Bei den Untersuchungen werden verschiedene Subskalen gebildet (je nach Stichprobe und Population), welche die diversen Aspekte der Dimension beschreiben – z. B. Familienintegrität, gegenseitige Abhängigkeit, Distanz von der *In*-Gruppe, Selbstbestimmung (Genkova, 2003), Konkurrenz und Kooperation (Knight & Kagan, 1981), psychologische Individualismus-Identität, Selbstvervollkommnung, Kontrollüberzeugungen, prinzipielles Moralverständnis (Waterman, 1984; u. a.).

Sinha & Tripathi (1994) liefern eine Modellbeschreibung, die diverse, widersprechende Elemente innerhalb einer Kultur und innerhalb einer Person als koexistierend betrachtet. Dieser Modus unterscheidet zwischen dem privaten Selbst und dem öffentlichen *(public-)* Selbst. Das öffentliche Selbst ist mit den kollektiven Werten, wie Familienloyalität, Solidarität innerhalb der *In*-Gruppe und Nationalidentität ausgestattet. Dieses Selbst koexistiert mit dem privaten Selbst, verbunden mit individualistischen Werten von Selbstbildung and persönlichem Streben.

Diesbezüglich wird in der Fachliteratur oft die *chinese culture connection* (1987, vgl. Triandis, 1996; Smith & Bond, 1998) zitiert, da dieses Konzept im Unterschied zu den gängigen westlichen Konzepten (Hofstede, Triandis) auf einer kollektivistischen Werteorientierung basiert (vgl. Tabelle 5.1). Demzufolge ist die Integration dem Kollektivismus von Hofstede zuzuordnen, die Härte der Maskulinität und die Moraldisziplin der hohen Machtdistanz. Der Konfuzianische Arbeitsstil und die Unsicherheitsvermeidung aus den Hofstedeschen Dimensionen können als einzige nicht einander zugeordnet werden.

Tabelle 5.1 Empirische Äquivalenz der Faktoren von *chinese culture connection* und von Hofstede (Smith & Bond, 1998)

Chinese culture connection	Hofstede
Integration	Kollektivismus
Menschliche Kaltherzigkeit	Maskulinität
Konfuzianischer Arbeitsstil	–
Moraldisziplin	Hohe Machtdistanz
–	Unsicherheitsvermeidung

Strukturmodelle von Individualismus/Kollektivismus

Die verschiedenen Strukturmodelle von Individualismus/Kollektivismus betonen gemeinsam die Wechselwirkungen, die zwischen Kultur und Person bestehen; somit dienen sie der kulturvergleichenden Forschung (Smith & Bond, 1998).

5.5 Individualismus/Kollektivismus – Merkmale des Forschungskonstruktes

Unabhängig davon, wie man ein Kulturmodell bezeichnet – kollektivistisch oder individualistisch, kann man nicht über reine Kategorien sprechen. Der Gebrauch solcher Kategorien bezeichnet diese nicht eindeutig, sondern hebt das Überwiegen der einen oder der anderen Eigenschaft hervor. Dabei geht es vor allem darum, die sozial und kulturell bedingten Situationen festzustellen, in denen entweder die einen oder die anderen Denk- und Verhaltensmuster stärkere Anwendung finden. Triandis (1996) fasst viele der bedeutsamsten Merkmale des Individualismus und des Kollektivismus anhand seiner und ähnlicher Untersuchungen zusammen (s. Tabelle 5.2, vgl. Genkova, 2003):

Merkmale von Individualismus/Kollektivismus

Die Merkmale des Individualismus und des Soziozentrismus sind konditional definiert und bringen die Verbindung zwischen den Voraussetzungen und den Konsequenzen dieser Konstrukte zum Ausdruck (Triandis, 1996).

5.6 Situationen, Faktoren und Konsequenzen der Dimension Individualismus/Kollektivismus

Es gibt verschiedene Situationen und Faktoren, welche die Dominanz der individualistischen oder der soziozentristischen Elemente determinieren (Triandis, 1996). Meistens kommt es durch das Zusammenwirken der situativen und kulturellen Determinanten zu individualistischem oder kollektivistischem Verhalten.

Individualismus/Kollektivismus sowie Idiozentrismus/Allozentrismus sollten in einem breiten Rahmen betrachtet werden (Triandis, 1994). In Zusammenhang mit der subjektiven Kultur, die in Kap. 7 betrachtet wird, werden vier grundlegende Dimensionen des sozialen Verhaltens genannt:

1. Assoziation vs. Dissoziation
2. Superordination vs. Subordination
3. Intimität vs. Formalität
4. Öffentlich vs. Privatsphäre (Triandis, 1994).

Auch Schwartz (1990, 1994) teilt die Wertorientierungen ähnlich ein, nämlich in Individualismus bezogene Werte (Selbstbestimmung, Stimulation, Hedonismus, Leistung) und Kollektivismus bezogene Werte (Sicherheit, restriktive Konformität, Traditionalismus, Wohlwollen), wobei Universalismus und Macht mit Deutsch's (1985) Ungleichheit-Gleichheit-Dimension korrespondiert.

Häufig ist bei äußerer Bedrohung und bei Katastrophen kollektivistisches und unterstützendes Massenverhalten vorhanden. Ebenso verhält es sich in ambivalenten Situationen. Auch hier ziehen die Menschen kollektivistische Elemente vor (z. B. Verhandeln und Mediation bei Konflikten).

Miller (1984) stellte fest, dass die Kollektivisten sensitiver auf die Umgebung und die Situation reagieren und diese stärker bewerten, die Individualisten legen jedoch das Augenmerk stärker auf den eigentlichen Inhalt. Die kollektivistischen und individualistischen Kulturen unterscheiden sich bei *In*- und *Out*-Gruppen in der Kommunikation. Bei den individualistischen Kulturen identifizieren sich die Personen schwächer mit der *In*-Gruppe als bei den kollektivistischen. Die Kommunikation innerhalb der *In*-Gruppe ist bei den kollektivistischen Kulturen stärker ausgeprägt (Gudykunst et al., 1992; vgl. auch Billing & Majors, 1989).

Wenn man den Individualismus und den Soziozentrismus auf der persönlichen Ebene betrachtet, als „Allozentrismus" und „Idiozentrismus", würde man eine noch stärker ausgeprägte Differenzierung feststellen (Hui & Triandis, 1984). Allozentrische Studenten in den USA weisen niedrige Anomie, Alienation und Einsamkeit auf. Sie unterstützen Werte wie Kooperation, Gleichheit und Ansehen. Ideozentrische Studenten dagegen legen Wert auf ein bequemes Leben, auf Konkurrenz, Vergnügen und soziale Anerkennung (Triandis et al., 1985).

Gruppenstruktur und Kollektivismus

Kleine Gemeinschaften und kulturelle Gruppen sind mit größerer Wahrscheinlichkeit kollektivistisch. Das gilt auch für homogene Gemeinschaften oder bei Übervölkerung (Triandis, 1996).

Dagegen ist die Mobilität innerhalb einer Gesellschaft stärker mit individualistischen Einstellungen verbunden. Je eher eine Person die Möglichkeit hat, zwischen

Tabelle 5.2   Merkmale des Individualismus und des Kollektivismus nach Triandis (1996) (gekürzt dargestellt)

Kollektivisten	Individualisten
Lebensbezugspunkte	
Die Gruppe als Hauptmerkmal der sozialen Wahrnehmung.	Das Individuum als Hauptmerkmal der sozialen Wahrnehmung.
Ob eine Person als Herr Smith oder als Engländer dargestellt wird, wäre ein treffendes Beispiel.	
Erklärung, die kausale Attribution	
Das Verhalten der Menschen wird durch die sozialen Normen erklärt.	Das Verhalten der Menschen wird durch die persönlichen Merkmale, Einstellungen, Eigenschaften und Dispositionen erklärt.
Der Erfolg wird durch die Unterstützung durch andere erklärt.	Der Erfolg wird durch die eigenen Fähigkeiten erklärt.
Der Misserfolg wird durch fehlende Anstrengung erklärt.	Der Misserfolg wird durch äußere Umständen wie Unglück oder die Schwierigkeit der Aufgabe erklärt.
Das „Ich" wird auf unterschiedliche Weise definiert.	
Durch die Gruppen und durch die Beziehungen.	Als ein unabhängiges Ich.
Kennt die anderen besser als sich selbst.	Kennt sich selbst besser als die anderen.
Vergleicht sich mit den Freunden.	Vergleicht seine Freunde mit sich selbst.
Die Erinnerungen sind mit der Gruppe verbunden (Leistung, Erlebnisse usw.).	Die Erinnerungen sind mit sich selbst verbunden.
Sehr seltenes Erleben kognitiver Dissonanz.	Ziemlich häufiges Erleben kognitiver Dissonanz.
Ziele	
Die Gruppenziele stimmen mit den persönlichen überein oder dominieren sie.	Die individuellen Ziele dominieren die Ziele der Gruppe.
Emotionen	
Gewöhnlich sind sie mit den anderen (Empathie) verbunden und vergehen schnell.	Sie sind mit dem eigenen „Ich" (Zorn) verbunden und dauern lange an.
Gewöhnlich mögen sie Leute, die bescheiden sind.	Gewöhnlich mögen sie Leute, die selbstsicher sind.
Kollektivisten	Individualisten
Soziale Kognition	
Es wird nach Ähnlichkeiten gesucht.	Es wird nach den Differenzen mit den anderen gesucht.
Man kennt die Gruppenbedürfnisse.	Man kennt die eigenen Bedürfnisse.

Situationen, Faktoren und Konsequenzen der Dimension Individualismus/Kollektivismus

	Kollektivisten	Individualisten
Einstellungen	Dominanz der gegenseitig abhängigen Einstellungen.	Dominanz der unabhängigen Einstellungen, schwache Identifizierung mit der Gruppe.
Normen	Dominanz der Normen, die die Gebundenheit darstellen.	Dominanz der Normen, die die Unabhängigkeit darstellen.
Werte	Sicherheit, Harmonie, Hierarchie, Verantwortung, Ordnung usw.	Vergnügen, Leistung, Konkurrenz, Freiheit, Unabhängigkeit, gleichberechtigter Tausch der Güter.
die negativen Erlebnisse	Isolation	Abhängigkeit von den anderen.
die eigenen Gruppen	Wenige, aber stabile Beziehungen, die gepflegt werden.	Viele und zufällige Beziehungen ohne Stabilität.
	Die eigene Gruppe wird einheitlicher als die fremden Gruppen wahrgenommen.	Die eigene Gruppe wird vielfältiger als die fremden Gruppen wahrgenommen.
	Akzent auf Harmonie und Einmütigkeit.	Toleranz gegenüber Diskussionen und Konflikten.
	Die eigene Gruppe wird durch äußere Merkmale definiert (Verwandtschaft, Ort usw.).	Die eigene Gruppe wird durch das Erwerben bestimmter Merkmale definiert (z. B. Beruf usw.).
Soziales Verhalten	Sehr unterschiedlich je nachdem, ob die Person der eigenen oder der fremden Gruppe angehört.	Die Unterschiede des Verhaltens zu den Zugehörigen der eigenen oder fremden Gruppe sind unerheblich.
	Schwieriges Aufbauen der sozialen Kontakte, feste und stabile Beziehungen, Unterstützung.	Leichtes, aber oberflächliches Aufbauen von Kontakten. Die Unterstützung wird durch den Gewinn determiniert.
	Das Verhalten ist durch eine gegenseitige Abhängigkeit und Gemeinsamkeit bedingt (z. B. Baden usw.).	Das Verhalten ist unabhängig. Es wird ein privater Bereich erhalten (privacy).
	Es werden Partner gewählt, die die Familiengebundenheit pflegen.	Es werden Partner gewählt, die äußerlich attraktiv und aufregende Persönlichkeiten sind.

verschiedenen Alternativen zu wählen, desto individualistischer ist sie eingestellt. Dabei spielen Faktoren wie Ausbildung, Verwandte, Bekannte, Reichtum oder auch die Kenntnis anderer Kulturen für den Individualismus eine stärkere Rolle. Finanzielle Abhängigkeit zieht ein kollektivistisches Denken nach sich. Natürlich ist diese Abhängigkeit mit dem Wunsch verbunden, ihr zu entkommen. Dies kann durch einen gewissen Wohlstand, allerdings auch durch die Einschränkung der eigenen Bedürfnisse erreicht werden.

Auch Alter, Geschlecht, Beruf, sozialer und materieller Status sind Faktoren, welche die Grundeinstellungen sehr stark in Richtung einer individualistischen oder kollektivistischen Orientierung und den damit zusammenhängenden Werten beeinflussen. Man könnte eine ähnliche Orientierung auch nach den zugehörigen Phänomenen, z. B. nach den Einstellungen sowie nach den Werten und Verhaltensmustern, analysieren. Bei diversen Untersuchungen wurden zum Beispiel keine eindeutigen Relationen zwischen dem Geschlecht und der individualistischen oder kollektivistischen Orientierung nachgewiesen (Waterman, 1984; Knight & Kagan, 1981, u. a.). Individualismus und Kollektivismus verändern sich über die Generationen. Die Personen selbst haben keine konstant gleiche Orientierung (Mishra, 1994). Hier wurden folgende Zusammenhänge empirisch ermittelt.

- Personen in der gleichen Gesellschaft vertreten beide Orientierungen, also individualistische und kollektivistische Werte.
- Personen aus der jungen Generation haben eher eine individualistische Orientierung als die ältere Generation.
- Bessere Ausbildung und größere Urbanisierung reduzieren die kollektivistische und erhöhen die individualistische Orientierung (Mishra, 1994).

Der Individualismus und der Kollektivismus sind durch die Vorstellungen und die Stereotype der eigenen Kultur in den verschiedenen Kulturmodellen unterschiedlich definiert. Diese Betrachtungsweise ist allerdings auch bei anderen Phänomenen vorauszusetzen. Gerade durch die kulturelle Relativität und Abhängigkeit dieser Dimension ist sie sehr gut für Kulturvergleiche geeignet, wobei die kulturellen Unterschiede festgestellt und herausgearbeitet werden.

Die Motivation in den kollektivistischen Kulturen ist an den Bedürfnissen der anderen orientiert; bei individualistischen ist das umgekehrt. Kollektivisten zeigen deswegen mehr kontextabhängiges Verhalten, somit ist auch die Moralität bei Kollektivisten eher kontextuell bezogen. In Bezug auf das berufliche Verhalten wird folgender Zusammenhang festgestellt: Kollektivisten evaluieren Personen eher anhand deren Loyalität und Sensibilität (Triandis, 1995), statt anhand deren Leistung, wie in den individualistischen Kulturen.

Die Verteilung von Ressourcen (Zusammenhang Individualismus/Soziozentrismus und distributive Gerechtigkeit) spiegelt die Unterschiede zwischen beiden Orientierungen wider.

Aus der Forschung
Equity und Individualismus/Kollektivismus

Hui & Triandis (1984) haben eine Untersuchung mit Studenten aus Hongkong und aus den USA durchgeführt. Die Fragestellung betraf die Art und Weise der Verteilung von Geld zwischen sich selbst und dem Partner. Die empirisch festgestellten Varianten in relevanten Studien sind *equity* (beruht auf der Qualität der Leistung), *equality* (gleiche Verteilung unter allen) und *need* (ungleiche Verteilung je nach Bedarf). Dabei ermitteln Hui & Triandis (1984), dass chinesische Studenten mehr zu *equality* tendieren und an den Anderen orientiert sind als die amerikanischen Studenten.

Die Art und Weise der Arbeitsorganisation (allein oder im Team) definiert entsprechend die individualistischen oder kollektivistischen Einstellungen. Gewöhnlich hält man den Individualismus für das adäquate Modell bei größeren Gruppen (Staaten usw.) und den Kollektivismus bei kleineren (Familie, Arbeitsgruppe usw.) (Triandis, 1996).

Die Kollektivisten kritisieren bei Auseinandersetzungen und Diskussionen meist auf der Ebene der Beziehung, die mit den persönlichen Charaktereigenschaften und mit der sozialen Interaktion und nicht mit dem eigentlichen Sachverhalt verbunden ist. Hier stehen Qualifikationen und der Status der Person und nicht die Qualität ihrer Arbeit im Mittelpunkt. Individualisten kritisieren hingegen meistens sachbezogen, selbst wenn die Kritik auf Personen gerichtet ist. Dies hängt eher mit der indirekten Kommunikation in den kollektivistischen Kulturen zusammen (Genkova, 2001).

Über den Zusammenhang zwischen Intergruppen-Beziehungen und Individualismus/Soziozentrismus gibt es mehrere Untersuchungen (vgl. Triandis, 1995). Die meisten davon basieren auf einer ähnlichen Fragestellung, nämlich auf der Differenzierung und den Unterschieden zwischen einer westlichen (individualistischen) Gesellschaft und einer nicht-westlichen, bevorzugt einer asiatischen Gesellschaft, die als kollektivistisch orientiert zu bezeichnen ist (vgl. Segall et al.,

1999). Es werden dabei ähnliche Ergebnisse reproduziert: Gudykunst & Bond (1997) führen aus, dass Personen in kollektivistischen Kulturen eher dazu veranlagt sind, der *In*-Gruppe zu helfen, als Personen in individualistisch orientierten Kulturmodellen. Gudykunst et al. (1992) stellen empirisch fest, dass Personen aus kollektivistischen Kulturen (Taiwan und Hongkong) mehr Selbstöffnung zu der *In*-Gruppe als zu der *Out*-Gruppe zeigen. Hierbei unterscheiden sich diese von den individualistischen Kulturen wie Australien, Japan und USA. Hingegen ist kein Unterschied in Bezug auf die Selbstöffnung in der *In*- und *Out*-Gruppe zwischen den australischen und nordamerikanischen Stichproben festzustellen.

In diesem Zusammenhang ist die *culture-trade-off*-Hypothese zu erläutern. Diese ist mit einer stärkeren kollektivistischen Orientierung verbunden. Sie beschreibt die Sensitivität gegenüber den Bedürfnissen der anderen und die Entwicklung von *self-linking*. Die soziale Akzeptanz folgt dem aufeinander Abstimmen der privaten Absichten mit denen des sozialen Milieus. Sich auf diese Art und Weise in einer kollektivistischen Kultur zu verhalten, ist Zeichen von sozialer Kompetenz. Die Bestätigung dieser Hypothese wurde durch die Studie von Tafarodi & Swann (1996) empirisch nachgewiesen.

Personen in unterschiedlichen Kulturen unterscheiden sich in dem Selbstverständnis von sich selbst, anderen und der Beziehung unter den Menschen (Markus & Katayama, 1991). Dies bestimmt den Grad von Separation oder Verbundenheit unter den Menschen zwischen den Kulturen. Personaler Kollektivismus bezeichnet den Unterschied zwischen öffentlichem Selbst und privatem Selbst. Es geht also darum, wie man die persönlichen Ziele in die Gruppenziele integrieren kann. Dabei stellt sich die Frage, welches Leben dann zufriedenstellender für die Personen ist. Die Integration in der Gruppe ist zwar mit psychologischer Unterstützung, aber auch mit Angst vor Ablehnung verbunden. Man spricht dann von hypothetisierten Antezedenten und von Konsequenzen des personalen Kollektivismus (Yamaguchi, 1994, vgl. auch Kashima, 1989; Munro, 1989).

Diener et al. (1993) haben z. B. festgestellt, dass die Individualisten häufiger Einsamkeit erleben, sich allerdings aber auch häufiger glücklich fühlen.

In einer interkulturell vergleichenden Studie über die Zufriedenheit mit dem Leben *(life satisfaction)* (Suh et al., 1998) werden Korrelationen mit der Dimension Individualismus/Kollektivismus festgestellt. Die Zufriedenheit mit dem Leben ist ein globales Urteil über das eigene Leben, wobei sich die Balanceeffekte auf das relative Übergewicht von angenehmen emotionalen Erfahrungen beziehen. Obwohl die Zufriedenheit mit dem Leben und die Balance zwischen den guten und schlechten Erlebnissen einen subjektiven „*well-being*"-Faktor bilden, sind sie nicht identisch (Diener, 1994; Lucas et al., 1996, Suh et al., 1998).

Wohlbefinden und Kultur

Jede Kultur spielt eine bedeutsame Rolle für die Wahrnehmung und die Definition von Zufriedenheit oder Unzufriedenheit mit dem Leben. Das gute Leben kann entweder auf positive Gefühle (innerlich) oder auf eine der Verbindungen mit anderen (relationsbedingt) zurückgeführt werden, wobei die Kultur diese beiden Seiten ausbalanciert (Diener, 1994).

Die soziale Unterstützung wird als Moderator für den Zusammenhang zwischen Allozentrismus und psychologischem Wohlbefinden (Sinha & Verma, 1994) ermittelt. Man bekommt in einer kollektivistischen Gesellschaft mehr soziale Unterstützung in der Familie als vom sozialem Umfeld, von Freunden usw. Unter der Bedingung der hohen sozialen Unterstützung korreliert Allozentrismus mit dem psychologischen Wohlfühlen (Lebenszufriedenheit) (Sinha & Verma, 1994).

Die Kollektivisten und die Individualisten formulieren auf unterschiedliche Weise ihre Zufriedenheit mit dem Leben. In der Studie wurde festgestellt, dass die Kollektivisten das Wohlbefinden mit den Normen verbinden. Sie empfinden positive Emotionen, wenn ihr Verhalten den Regeln entspricht. Die Individualisten definieren ihre Lebenszufriedenheit mit den eigenen Emotionen und dem persönlichen Glück (innerlich), die nicht unbedingt den Normen entsprechen müssen (Sinha & Verma, 1994).

Hofstede (1984) führte eine ähnliche Untersuchung durch. Er hat festgestellt, dass die Individualisten ein besseres Leben mit Leistung, Erfolg, Selbstverwirklichung und Selbstachtung verbinden. Die Kollektivisten hingegen haben variierende Vorstellungen von einem guten Leben, die mit der Familie und der Gruppe und deren Wohlergehen verbunden sind. Kollektivisten brauchen viel Zeit, um Beziehungen aufzubauen, damit sie zusammen arbeiten und leben können.

Wenn man die Dimension Individualismus/Soziozentrismus im Kontext der universellen kulturellen Prozesse betrachtet, spielt die Globalisierung dabei eine wichtige Rolle. Diese Dimension ist ein Teilbereich der Globalisierungsprozesse, die eigentlich zu einer Integration aufgrund einheitlicher Merkmale führen. Einige der dominanten Korrektive sind die Wirtschaftskraft und der Erfolg, wodurch sich beim sozialen Wandel (z. B. in Osteuropa) die individualistischen Verhaltens- und Denkmuster verändern. Man sollte aber in Betracht ziehen, dass ein ähnlicher Zusammenhang nicht allgemeingültig ist, weil es sich auch um Stereotype und kulturelle Vorbilder der verschiedenen Länder handelt (z. B. haben einige der Länder in Asien Marktwirtschaften, bei denen dennoch die kollektivistischen Stereotype stark verbreitet sind). Ob eine Gesellschaft als individualistisch oder kollektivistisch angesehen wird, hängt vom Zusammenwirken der situativen, sozialen und kulturellen Faktoren ab. Diese vielfältigen Forschungen beleuchten diverse Aspekte der Dimension Individualismus/Soziozentrismus, welche in verschiedenen Ländern mit unterschiedlichen Methoden durchgeführt wurden. Die meisten Untersuchungen stellen fest, dass die Länder in Afrika, Asien und Lateinamerika sowie die osteuropäischen Länder stärker kollektivistisch und die westeuropäischen Länder sowie einige der ethnischen Gruppen in den USA und in Kanada eher individualistisch veranlagt sind.

Werteorientierungen und Individualismus/Kollektivismus

Es gibt viele Methoden zur Untersuchung der Dimension Individualismus/Kollektivismus und ihres Wesens. Die am häufigsten gebrauchte Methode ist die Differenzierung der Wertevorstellungen (Hofstede, 1983; Hofstede et al., 1993; Hofstede & Bond, 1984; Schwartz, 1992; Schwartz & Bilsky, 1990; Rokeach, 1973, u.a.), die zum Individualismus oder zum Kollektivismus gehören.

Die Gesellschaften heutzutage charakterisieren sich durch die enormen kulturellen, politischen und wirtschaftlichen Veränderungen – Urbanisation, noch stärkere Modernisierung und professionelle Spezialisierung, die Entwicklung von Massenmedien sowie wissenschaftliche und technologische Erfindungen. Diese beeinflussen nicht nur die Veränderungen der kulturellen *Patterns,* sondern auch die individuelle Wahrnehmung von Wohlergehen und Streben nach Harmonie mit der Außenwelt. Die Suche nach universellen Wertorientierungen führt meistens über die Wertvorstellungen, die von der westlichen Sicht ausgehen. Untersuchungen weisen nach, dass z.B. in China andere nicht-westliche Wertvorstellungen vorhanden sind, die mit keinen der westlichen (hier Hofstede, 1980 – Dimensionen) Wertorientierungen korrelieren (vgl. Bond, 1986 – Vergleich von Deutschland und China mit Fragebogen von Hofstede, 1980 und mit *chinese value survey (CVS)).* Die vier CVS-Dimensionen sind Integration, *confucian work dynamism, human-heartedness* und *moral discipline.* Hofstede nennt folgend vier Dimensionen: Maskulinität/Feminität, Individualismus/Kollektivismus, Machtunterschiede und Vermeiden der Unbestimmtheit. Die Dimension *confucian work dynamism,* auch *oriental flavor* genannt, korreliert mit keinem der Hofstedeschen Konstrukten, dagegen korreliert sie in Hongkong, Japan, Südkorea und Singapur (Segall et al., 1999) mit dem Bruttosozialprodukt, was die Hypothese fördert, dass in diesen Ländern die sozialen und wirtschaftlichen Strukturen auf den konfuzianischen Wertvorstellungen und philosophischen Orientierungen beruhen.

Alle Untersuchungen stellen eine große Vielfalt einschließlich diverser Ausprägungen von Teilbereichen des Individualismus und des Kollektivismus in den verschiedenen Ländern und deren aktuellen Kulturmodellen dar. Die meisten von ihnen bestätigen die Ausgangsthesen, andere fügen neue Aspekte hinzu. Weil es um zwei polartige Ausrichtungen geht, die kongruent oder alternativ sind, konnte man zuweilen nicht von einer bestimmten Kausalität des Individualismus und des Soziozentrismus ausgehen, da die beiden Pole einem Kulturmodell oder bei Vergleichen verschiedenen Modellen angehören. Es geht bei einer Interpretationserklärung nicht um Zugehörigkeit oder um eine eindeutige Ausprägung, sondern vorwiegend um Merkmale, Denk- und Verhaltensmuster im Zusammenwirken mit Situationen und Kulturfaktoren. Auf dieser Grundlage ist man in der Lage, sowohl das Verhalten zu verstehen, zu interpretieren und zu erklären als es auch vorherzusagen. Bei Vorhersagen kann man vor allem bei den Integrationsprozessen der verschiedenen Kulturen darauf aufbauen und effektive Modelle der Zusammenarbeit und des Zusammenlebens schaffen.

5.7 Diskussion und Zusammenfassung

5.7.1 Kritik am Forschungskonstrukt Individualismus/Kollektivismus

Die Dimension Individualismus/Kollektivismus löste viele Diskussionen und Kontroversen aus. Es gibt viele Kritiker und mindestens ebenso viele Ansätze, die diese Dimension in Frage stellen. Allerdings wird die Dimension auch von vielen insbesondere zur Erforschung von kulturellen Unterschieden bevorzugt angewendet. In diesem Kapitel wird auf einige dieser Kritikpunkte eingegangen und diese werden näher erläutert (Genkova, 2003).

Die Kritik an der Methode bezieht sich schwerpunktmäßig stets auf die Frage, ob es eine Dimension Individualismus/Kollektivismus gibt oder ob die Teilbereiche entgegengesetzt und inkompatibel sind. In den verschiedenen Kulturmodellen gibt es unterschiedliche empirische Befunde darüber. Nach Gerganov et al. (1996) ist die Struktur dieses Konstruktes von der Untersuchungskondition abhängig. Wenn man viele Variablen untersucht, ist das Konstrukt eindimensional, d.h. es existieren hier keine differenzierten Pole. Untersucht man aber nur wenige Variablen, ist die Struktur des Konstruktes mehrdimensional, die Pole Individualismus und Kollektivismus sind in diesem Falle klar differenzierbar. In den verschiedenen kulturellen Modellen haben gleiche Begriffe und Teilkonstrukte einfach unterschiedliche Bedeutungen. Gerganov et al. (1996) kritisieren die universelle Seite der Dimension aus dem Blickwinkel der Semantik der Begriffe in den diversen Kulturen. Zum Beispiel bedeutet in einem individualistischen Kulturmodell der Begriff Unabhängigkeit, nach seinen eigenen Wünschen und Bedürfnissen zu handeln. In einem kollektivistischen Kulturmodell bedeutet er, den anderen nicht zu belasten. Obwohl die meisten Bemühungen in die Richtung gehen, die Dimension Individualismus/Kollektivismus als universell zu bezeichnen, hat sie in den verschiedenen Kulturmodellen unterschiedliche Inhalte und Formen, die den Sozialvorstellungen entsprechen (Moscovici, 1961,). Die anderen sozialen Phänomene, bezogen auf die Dimension Individualismus/Kollektivismus, zu erforschen, heißt nicht, ihre *In*- oder *Out*-Zugehörigkeit zu untersuchen, sondern die Art und Weise des Repräsentierens (s. Genkova, 2003).

Wiederum andere Kritiken betreffen den Gebrauch dieser Begriffe, ihre Herkunft, ihre Formulierung und ihr Wesen sowohl in ihrem gemeinsamen Gebrauch als auch in ihrer ideologischen Belastung.

Weitere Kritik ist mit dem sogenannten evolutionären Problem (vgl. Kap. 2) verbunden (Kagitcibasi, 1994). Es existiert aber die Auffassung, dass soziozentrische Kulturmodelle noch nicht zu ihrem Ziel-Stadium – eben individualistisch – entwickelt sind. Das Problem der wertenden Konnotation ist in den evolutionären Ansatz von Individualismus/Kollektivismus einbezogen. Unter Evolution wird hier die Entwicklung von komplizierteren Formen des Lebens aus früheren und einfacheren Formen verstanden. In diesem Sinne gilt, dass das, was weiter entwickelt ist und später kommt, besser ist als die weniger hoch entwickelte und ältere Form (Kagitcibasi, 1994).

Hierbei werden oft Parallelen zur Modernisierungstheorie gezogen. Ein Beispiel dafür ist das Modell der Familie: Das X-Modell oder kollektivistische Modell basiert auf Gemeinschaft (totale Interdependenz); das Z-Modell oder individualistische Modell basiert auf Vermittlung (Interdependenz); das Y-Modell ist schließlich nur die dialektische Synthese der beiden Modelle (Kagitcibasi, 1990; vgl. auch Kagitcibasi, 1989). Weiterhin kritisiert Kagitcibasi (1997) die Individualismus/Kollektivismus-Forschung, weil diese auf einem Konzept beruht, das eng mit dem Berufsleben verbunden ist. Durch die dominierende Rolle des Westens hat man das Gefühl, dass Individualismus vorherrschend ist. Eigentlich ist es jedoch so, dass der Kollektivismus durch den Buddhismus und den Islam stärker in der Welt verbreitet ist als der Individualismus.

Weiterhin ist zu betonen, dass die Instrumente zum Messen der Dimension hauptsächlich auf Englisch verfasst sind und nicht immer adäquat in anderen kulturellen Kontexten anwendbar (vgl. Kap. 2 und 3) sind. Es fehlt häufig eine direkte Antwortskala; oft wurden nur Gruppen von Studenten befragt und Ergebnisse dann als gültig für die gesamte Kultur interpretiert (Lecomte, 1998; Inglehart, 1995).

5.7.2 Kulturvergleichende Psychologie und Individualismus/Kollektivismus

Welche Stellung hat die Dimension Individualismus/Soziozentrismus in der gegenwärtigen Kulturvergleichenden *(cross-cultural)* Psychologie? Ist diese bedeutender für den *etic*- oder den *emic*-Ansatz sowie für das ökologische Modell von Berry (vgl. Berry, 1994; Berry et al., 2002)? Ist der Individualismus ein postmoderner Wert (Segall et al., 1999) oder ein anderer Name für Modernisierung (Smith & Bond, 1998)? Ist der Individualismus einfach eine Folge von Modernisierung und Verwestlichung (Smith & Bond, 1998)? Ist die Globalisierung unter dem „dominierenden westlichen Kulturmodell" eine globale Orientierung hin zu individualistischen *Patterns* (vgl. Arnett, 2002)? Hiermit werden mehrere Fragen aufgeworfen, die als Richtlinien der aktuellen Forschung dienen.

Individualismus/Kollektivismus in der Kulturvergleichenden Psychologie?

Individualismus und Kollektivismus werden als Globalmerkmale zur Beschreibung der Kultur betrachtet (Arnett, 2002).

Dabei geht es um die Analyse auf einer metakulturellen und nicht auf einer individuell-persönlichen Ebene. Diese individuell-persönliche Ebene ist mit individuellen Dispositionen wie Extraversion – Introversion, emotionaler Stabilität, kognitiven Prozessen, Intelligenz, Psychotizismus u. a. verbunden (Waterman, 1984).

Obwohl es eine große Vielfalt von Untersuchungen und Untersuchungsmethoden bezüglich der Dimension Individualismus/Kollektivismus gibt, die hier aus Platzgründen nur schematisch dargestellt wurden, haben sich die Auffassungen von Hofstede (1980), Triandis (1987–1998) und Schwartz & Bilsky (1990) als die am häufigsten gebrauchten durchgesetzt. Auch wenn diese Methoden oder Auffassungen nicht direkt nutzbar sind, werden diese z.B. bei neuen Theorien als eine Bezugsmethode zum Vergleich mit herangezogen. Ihre Eignung ist, wie schon beschrieben, besonders bei interkulturellen Vergleichen vorhanden, da sie als Vergleichsmaßstab dienen können, ohne die eine oder die andere Dominante als Ausdruck der sozialen und psychologischen Phänomene eindeutig zu bevorzugen.

Man kann in diesen Methoden schon eine Tendenz in der Erforschung des Konstruktes Individualismus/Kollektivismus erkennen, die sich in den letzten Jahrzehnten durchgesetzt hat. Da es sich um eine globale kulturelle Dimension handelt, können in eine Untersuchung nicht alle zugehörigen Phänomene mit einbezogen werden. Die Untersuchung verschiedener Phänomene kann (besonders bei Kulturvergleichen) durch die Dimension Individualismus/Kollektivismus ergänzt werden, und zwar durch Klärung der Frage, auf welche Art und Weise diese Phänomene, wie z. B. hilfreiches Verhalten, Aggression, Vorurteile, Geschlechterrollen, Lebenszufriedenheit u. a., zum Ausdruck kommen. Es wird die Motivation dieser Phänomene in Abhängigkeit vom kulturellen Kontext der handelnden Person untersucht. Durch die Erscheinungsweise dieser Phänomene können natürlich auch die Kulturmodelle differenziert oder neu definiert werden.

Die Versuche, die Bezugsphänomene zusammenzufassen, setzen eine neue Vielfalt von Subskalen und Faktoren voraus, die auf unterschiedliche Weise gebildet wurden.

Forschungsfragestellung und Individualismus/Kollektivismus

Da in jedem einzelnen Kulturmodell auch unterschiedliche Auffassungen und Vorstellungen über den Individualismus und den Kollektivismus existieren, ist es besser, diese Subskalen nach der Population und durch Datenerhebungen zu bilden. Natürlich hängt eine Subskala auch mit demographischen Merkmalen wie Alter, Ausbildung, Geschlecht, sozialem und materiellem Status, Beruf usw. zusammen.

Der Vorteil dieses Forschungskonstruktes besteht darin, dass mehrere Phänomene – Werte, interpersonelle Beziehungen usw. – als Vergleichsmaßstab für einen Kulturvergleich benutzt werden können. Der Nachteil liegt darin, dass die Auffassung des Konstruktes selbst einer dominanten Vorstellung untergeordnet ist (s. o.), die eventuell in den verschiedenen Kulturen unterschiedlich interpretiert wird.

In einem interkulturellen, sozialpsychologischen Vergleich ist es erforderlich, immer eine gleiche Bewertungsgrundlage, z. B. Fragen in einem Fragebogen, zu haben und diese angemessen in verschiedene Sprachen zu übertragen. Es ist zudem erforderlich, bei einer Untersuchung parallel mehrere Methoden zu gebrauchen und je nach Population adäquate Messinstrumente und Skalen zu bilden.

Diskussion und Zusammenfassung

Durch die Integrationsprozesse kann man feststellen, dass sich auch viele kollektivistische Werte im Westen durchsetzen und funktionieren, obwohl sich der Westen bei den Untersuchungen immer als individualistisch erwiesen hat. Solche Werte sind z. B. die Freiheit, zu kooperieren (Gemeinschaft) und Gruppeninteressen, die eine pluralistische Gesellschaft, in der gleichermaßen individualistische und kollektivistische Orientierungen enthalten sind, anstrebt zu verwirklichen. Die Bedeutung von Gemeinschaft, Teamarbeit und sozialer Identität (als kollektivistische Werte) spielt eine wichtige Rolle für die Konsolidierung und Entwicklung der Gesellschaft. Hingegen unterstützen die Werte des Individualismus die persönliche Freiheit zur Selbstentwicklung und Vervollkommnung, wenn man sie in ein kollektivistisch orientiertes Kulturmodell mit einbezieht.

Zum Schluss ist hier auch noch einmal zu betonen, dass die Begriffe Individualismus und Kollektivismus keine feste Orientierung oder Zugehörigkeit zu einer Kategorie darstellen. Es geht um Tendenzen und deren Varianzen, anstatt darum, das Repräsentieren aller Merkmale einer der beiden Orientierungen in den entsprechenden kulturellen Modellen festzustellen. Auch die Ausgangspunkte beim Wahrnehmen der sozialen Varianzen und dieser Begriffe unterscheiden sich.

Diese Begriffe wurden beibehalten und nicht durch andere (s. o.; z. B. allozentrisch und ideozentrisch, soziozentrisch und individualistisch u. a.) ersetzt. Einer der Gründe hierfür ist in der enormen begrifflichen Vielfalt zu sehen, die in Folge der unterschiedlichen Forschungen, je nach Untersuchung und je nach Vergleich, entstanden ist. Es ist hier ebenfalls zu berücksichtigen, dass sich die kulturellen Unterschiede auch auf die Betrachtungsweise der sozialen Ereignisse und deren Beurteilung beziehen. Für eine kollektivistisch orientierte Stichprobe könnte der Begriff Individualismus eher negative Tendenzen in der Assoziation aufweisen als der des Kollektivismus. Genau umgekehrt verhält es sich bei einer individualistisch orientierten Stichprobe, bei der der Begriff Kollektivismus negative Assoziationen auslösen könnte. Hier sind es genau die Ausgangspunkte der Wahrnehmung, nämlich die kulturell relevanten Unterschiede, welche es zu vergleichen und zu analysieren gilt. Diese Aspekte werden in den nachfolgenden Kapiteln eingehender betrachtet.

Die extremen Erscheinungen der beiden Orientierungen in den verschiedenen Situationen, Kulturmodellen oder zeitlichen Abschnitten wurden und werden sowohl positiv als auch negativ interpretiert. Ob eine Gesellschaft bzw. ein Kulturmodell eher eine individualistische bzw. eine kollektivistische Varianz aufweist oder aber als pluralistisch bezeichnet wird, hängt vom Zusammenwirken vieler Faktoren ab, die eine sich dynamisch und intensiv verändernde Konstellation besitzen.

6 Autoritarismus

6.1 Einleitung und begriffliche Klärung

Die zweite Dimension, die in diesem Lehrbuch zur Überprüfung der universellen kulturellen *Patterns* einbezogen wird, ist der Autoritarismus. Das Ziel dieses Kapitels ist es, dieses Konstrukt näher zu betrachten und in Bezug auf die Probleme bei Kulturvergleichen zu analysieren.

Autoritär wird oft sowohl als eine Orientierung und Anlehnung an Sicherheit bietende und Herrschaft ausübende Personen oder Institutionen, als auch die Orientierung an deren Wert- und Normsystem sowie kritikloser Gehorsam ihnen gegenüber definiert (Österreich, 1974 a; b). Dazu gehört auch die Übernahme von Autoritätsrollen gegenüber sozial Schwächeren. Autoritäres Verhalten kann belehrend, drohend, bestrafend, aber auch patriarchalisch schützend sein. Außerdem gehören Rigidität und starre Orientierung an Verhaltensmustern dazu, die einerseits zu ausreichender Bedürfnisbefriedigung führen und andererseits Angst auslösende Situationen vermeiden. Die Orientierung an solchen Deutungsmustern sozialer Wirklichkeit, die die Welt in eine klar überschaubare und kognitiv leicht handhabbare Ordnung bringen, zeichnen autoritäre Personen aus. Weiterhin äußert sich dies im Widerstand gegenüber neuen Informationen, fremdem Denken und in einem konformen Verhalten und konformer Orientierung. Der Autoritarismus wird nicht nur als Gegensatz zu autonomem Verhalten betrachtet. Er wird als bestehende Gesellschaftsordnung oder auch psychische Disposition gesehen (Österreich, 1974 a; Lederer, 1983; Samelson, 1986).

Österreich (1974 a) betont weiterhin, dass die *basic personality* einer Gesellschaft dazu neigt, die psychische Grundstruktur des Durchschnittsbürgers der Gesellschaft zu repräsentieren. Die Interaktion zwischen objektiven Lebensbedingungen und subjektiven Denk- und Verhaltensmustern führt dazu, dass eine Person als schwächer oder stärker autoritär zu bezeichnen ist. Dabei handelt es sich um eine persönliche Disposition. Der Sozialisationsprozess spielt dabei eine wichtige Rolle (Popp, 1989; Österreich, 1974 a).

Diese Konzeption, den Autoritarismus als bestehende Gesellschaftsordnung und dessen Bedingungen als eine psychische Disposition zu beschreiben, als die *basic personality* oder Modalpersönlichkeit, ist mit der früheren Autoritarismusforschung von Reich (1933) und Fromm (1936) verknüpft.

Diese Ansätze sind in der neueren Autoritarismusforschung kaum berücksichtigt, die traditionell mit den Namen von Adorno (1950) verbunden ist. Während Reich über „Charakterprozesse" spricht, bezeichnet Fromm die autoritäre Persönlichkeit als „sado-masochistischen" Charakter. Diese Studien haben eine ausgearbeitete theoretische Intention und basieren darauf, wohingegen die Adorno-Forschung eine eher empirische Ausrichtung zeigt (Österreich, 1974 a, b; Lederer, 1983). Die Frankfurter Schule betont den Zusammenhang zwischen der Persönlichkeit und der politischen und wirtschaftlichen Struktur der Gesellschaft. Dies zeigt sich im Einfluss der Gesellschaft auf überdauernde soziale bzw. kulturelle Muster (Lederer, 1983). Der Grund dieser Unterscheidung liegt darin, dass die Studie von Adorno et al. (1950) ein bestimmtes Forschungsziel hat. Sie soll auf die praktisch-politischen Fragen in den USA in den 50er Jahren, die mit den Ursachen des Faschismus verbunden sind, eine Antwort geben, diese Prozesse identifizieren und verhindern. Fromm (1936) und Reich (1933) betonen in ihren Konzepten den Zusammenhang zwischen Gesellschaft und Persönlichkeit. Anders ausgedrückt: autoritäre Personen sind gut angepasst und funktionell für bestimmte soziale, kulturelle Muster. So kritisiert man aber die gesamte gesellschaftliche Ordnung. Betrachtet man aber nur die autoritäre Persönlichkeit als „krank", stellt man keine soziale Kritik her (vgl. Österreich, 1974 a; Adorno, 1973).

Da Reich und Fromm psychoanalytische Konzepte vertreten, haben sie den Ursprung der autoritären Muster in der Kindheit und in der Familie gesehen. Das Unterwerfen unter die väterliche Autorität ist mit der Erziehung von Pflicht und Gewissen verbunden. Später entwickeln Horkheimer (1963) und Adorno (1973) diese Tendenz weiter.

Aus der Forschung
Adorno und die Autoritarismus-Forschung

Den Ausgangspunkt für die Adorno-Forschung bilden klinische Interviews und Fragebogenskalen. Während Fromm und Reich von der psychischen Normalität der autoritären Personen ausgingen, dies sogar als den Prototyp des Durchschnittsbürgers ansahen, wurde das Konzept von Adorno (1950) als pathologisch angesehen. Da es sich um klinische Studien handelt, wurden Attribute wie „sozial unangepasst", „neurotisch", „schizoid", „paranoid" usw. verwendet. Heutzutage neigt man schnell dazu, den Begriff „manisch-depressiv" zu verwenden. Obwohl viele Studien diese Konzeption durch empirische Befunde widerlegt haben, konnte man nicht von ihr abweichen und sich von der Vorstellung befreien, autoritäre Personen seien psychisch krank oder nicht normal. Daraus ergibt sich eventuell auch für den Alltag, dass man alles, was man missbilligt, auch als aus der Norm oder als aus der Reihe fallend betrachtet (Adorno, 1950).

Vielleicht ist dies auch Ausdruck des Verlangens, den Menschen als positiv orientiert wahrzunehmen und diese negative Etikettierung als pathologisch und krankhaft zu bezeichnen. Die nachfolgende psychologische Forschung von links- (Ray, 1976–1991) oder rechts- (Altemeyer, 1981; 1988) orientiertem Autoritarismus beruht auch auf einer empirischen Basis, folgt der psychoanalytischen Forschungstendenz aber nicht weiter, obwohl diese den Akzent auf die autoritäre Persönlichkeit als eine gut angepasste Durchschnittsperson legt.

6.2 Methodische Probleme und Entwicklung des Forschungskonstrukts

Zu der Forschung von Reich und Fromm gehörten keine empirischen Methoden. Die Autoren führten anhand ihrer psychoanalytischen Kenntnisse und Grundlagen soziale Analysen durch, um bestimmte Vorgehensweisen zu erklären. Diese Analysen werden oft im Bereich der Soziologie zitiert. Zu berücksichtigen ist, dass deren Analysen nicht auf klinischen, psychoanalytischen Interviews beruhen, sondern nur den theoretischen Hintergrund der Psychoanalyse nutzen. In den USA hat Adornos Werk eine Autoritarismusforschungstradition begründet. In Deutschland zählten aber die Frankfurter Schule und eher Namen wie Marx, Freud, Reich und Fromm zu den Begründern der Theorie. Hier ist auch zu berücksichtigen, dass die Versuchspersonen von Adornos Umfragen weiße, nichtjüdische, in den USA geborene Amerikaner des Mittelstandes sind, so dass es sich um keine repräsentative Studie handelt. Und doch werden die Ergebnisse als allgemeingültig angesehen (vgl. Lederer, 1983).

Adorno et al. (1950; vgl. auch Adorno, 1973) haben außer den klinischen Interviews auch die sogenannte F-Skala (Faschismus-Skala) benutzt. Einer der wesentlichen Kritikpunkte der *authoritarian personality* besteht in der herrschenden Unklarheit darüber, wie der Zusammenhang zwischen dem sogenannten Autoritarismus und der Skala gestaltet ist, die von den Forschern zur Untersuchung des von ihnen beschriebenen Einstellungssyndroms verwendet wird (Lederer, 1983).

Eigentlich wurde diese Skala im gesamten Werk der Adorno-Gruppe nie als Autoritarismus-Skala bezeichnet.

Die F-Skala von Adorno (1973)

Die Skala wird F-Skala genannt und sollte eigentlich antidemokratische Charakterzüge, in diesem Sinne implizite vorfaschistische Tendenzen, messen. Die F-Skala wurde anhand der Skalen zur Messung des Antisemitismus (A-S-Skala), Ethnozentrismus (E-Skala) und des nichtpolitisch-wirtschaftlichen Konservatismus (PEC-Skala) erstellt. Die F-Skala sollte Vorurteile messen, ohne diese sichtbar zu machen (Adorno, 1973).

Die Items beruhen auf klinischem Material, welches während der persönlichen Interviews mit den Versuchspersonen gesammelt wurde. Jedes Item weist eine positive Korrelation mit den oben aufgeführten Skalen auf. Die Items der F-Skala waren nicht explizit ideologischer Natur, sondern bezogen sich auch auf moralische und persönliche Werte wie zwischenmenschliche Beziehungen, Identität, Familienverhältnisse und Sexualität. Der Autoritarismus wird ständig mit der Politik und den Gesellschaftssystemen verbunden, obwohl es besonders in der gegenwärtigen Forschung immer wieder Versuche gibt, diese Forschungstendenzen zu meiden (Lederer, 1983, vgl. auch Altemeyer, 1988). Die Trennung der Autoritarismusforschung von der klinischen, psychopathologischen Ausrichtung ist aber mehr oder weniger vollzogen. Im Alltag werden weiterhin oft autoritäre Muster mit starker dogmatischer und dominanter Ausrichtung als krankhaft bezeichnet. Vielleicht tritt hier die Ablehnung zu Tage, solche Muster zu akzeptieren und als normal anzusehen (s. o.). Diese Tendenz ist nicht zuletzt mit der gesellschaftlichen und kulturellen Entwicklung verbunden, da diese in Richtung autonomer Denk- und Verhaltensmuster geht und somit autoritäres Verhalten missbilligt. Parallel zur psychologischen Untersuchung läuft eine Forschungstendenz der Soziologie – repräsentiert durch Dahrendorf (1965), Horkheimer (1963) usw.

Das autoritäre Syndrom nach Adorno beinhaltet folgende Variablen:

1. Konventionalismus: Starre Bindung an die konventionellen Werte des Mittelstands
2. Autoritäre Unterwürfigkeit: Unkritische Unterwerfung unter idealisierte Autoritäten der Eigengruppe
3. Autoritäre Aggression: Tendenz, nach Menschen Ausschau zu halten, die konventionelle Werte missachten, um sie verurteilen, ablehnen und bestrafen zu können

4. Anti-Intrazeption: Abwehr des Subjektiven, des Phantasievollen, des Sensiblen
5. Aberglaube und Stereotypie: Glaube an die mystische Bestimmung des eigenen Schicksals, die Disposition, in rigiden Kategorien zu denken
6. Machtdenken und „Kraftmeierei": Denken in Dimensionen wie Herrschaft – Unterwerfung, stark – schwach, Führer – Gefolgschaft; Identifizierung mit Machtgestalten, Überbetonung der konventionalisierten Attribute des Ich, übertriebene Zurschaustellung von Stärke und Robustheit
7. Destruktivität und Zynismus: Allgemeine Feindseligkeit, Differenzierung des Menschlichen
8. Projektivität: Disposition, an wüste und gefährliche Vorgänge in der Welt zu glauben, die Projektion unbewusster Triebimpulse auf die Außenwelt
9. Sexualität: übertriebene Beschäftigung mit „sexuellen Vorgängen" (Adorno, 1973)

Eine häufig benutzte Skala, die in der Autoritarismusforschungstradition eine starke Rolle gespielt hat, ist die Dogmatismusskala von Rokeach (1960).

Dogmatismus

Der Dogmatismus wird als eine Organisationsform der Einstellungen, die ein Individuum hat, betrachtet. Dabei unterscheiden sich Individuen darin, welchen Grad an Offenheit oder Geschlossenheit ihre Kognitionssysteme aufweisen (Rokeach, 1960).

Die dogmatischen, autoritären Personen haben einen niedrigen Grad an offenen Informationssystemen. Rubenowitz (1973) knüpft daran an und verbindet Autoritarismus mit Dogmatismus und Rigidität. Der Dogmatismus ist in diesem Sinne eine psychische Tendenz zu extrem selektiv rigiden und nicht flexiblen Denk- und Verhaltensmustern. Die dogmatischen Personen sind intolerant und in ihrer sozialen Wahrnehmung ziemlich begrenzt.

Diese Befreiung des Autoritarismuskonzeptes von konkreten politischen Einstellungen und von der Art und Weise der Darstellung einer Aussage, nicht aber von ihrem Inhalt, konnte nicht ohne Einwände durchgesetzt werden (Rokeach, 1960).

Die Operationalisierung der Dogmatismusskala beruht auch auf Vorurteilen, die politisch bedingt sind, wie man z. B. an folgenden Items der Dogmatismusskala sieht (vgl. auch Lederer, 1983; Österreich, 1974 a; b):

1. *Communism and catholicism have nothing in common.*

2. *The principles I have come to believe in are quite different from those believed in by most people.*
3. *While the use of force is wrong by and large it is sometimes the only way possible to aberrance a noble ideal.*
4. *Most people are failures and it is the system which is responsible for this.*
5. *Most people just don't know what is good for them.*

Alle diese Items bedeuten bei Bestätigung eine starke dogmatische Orientierung.

Durch das Eliminieren von Items der F-Skala von Adorno kommt Rokeach (1960) zur Schlussfolgerung, dass Faschisten und Kommunisten in gleichem Maße autoritär sind. Dieser Forschungstrend der 50er und 60er Jahre sinkt später, und es findet eine neue Ausrichtung der Autoritarismusforschung in der Psychologie statt.

Da die empirischen Ergebnisse eigentlich widerlegen, dass autoritäre Personen schlecht angepasste Individuen sind und mit psychopathischen Eigenschaften zu bezeichnen sind, ist fraglich, warum spätere Forscher sich weiterhin daran orientiert haben und warum eigentlich daran festgehalten wird, obwohl die Psychologie zudem empirisch ausgerichtet ist. Österreich (1974 a) betont, dass die Beschreibung des Autoritären als ein neurotisches Individuum vom Standpunkt der ideellen Norm gerechtfertigt ist. Dies widerspricht aber der statistischen Norm. Ray (1979; 1980) hat schon früh versucht nachzuweisen, dass die F-Skala von Adorno et al. (1950) Dogmatismus nicht messen kann. Es gibt zwei Wege, die beweisen, dass Adorno et al.'s (1950) Auffassung über Autoritarismus nicht zutreffend bzw. wahr ist. Erstens sind autoritäre, konservative Personen nicht psychisch krank und zweitens müssen autoritäre Attitüden nicht unbedingt im autoritären Verhalten zum Ausdruck kommen. Nach dem Erstellen der F-Skala von Adorno et al. (1950) hat es viele neue Skalen gegeben, die den einen oder anderen Aspekt der autoritären Persönlichkeit zum Ausdruck gebracht haben (Österreich, 1974a). Das methodologische Problem der sozialen Erwünschtheit hat immer eine große Rolle bei der Zusammenstellung gespielt. Gerade bei der Autoritarismusskala hatte das eine enorme Bedeutung, da die Items auch verschiedene soziale Normen oder konservative bzw. traditionelle Muster darstellen.

Soziale Erwünschtheit und Messverfahren

Zustimmung und Einverständnis sind eine sich im Antwortverhalten von Befragten mehr oder minder stark manifestierende Tendenz (Riester & Irbine, 1974, Österreich, 1974a).

Bei dieser reagieren die Versuchspersonen auf das Fragebogen-Item mit Zustimmung, unabhängig vom konkreten Aussagegehalt des Items. In diesem Sinne ist die soziale Erwünschtheit eine Art Fehler-Varianz, die eliminiert werden sollte. Diese wird durch konstruierte Fragen mit vier vorgegebenen Lösungen zu vermeiden versucht. Die Schwierigkeit dabei ist, 1.) dass kein genaues Konzept über die Wirkungsweise von sozialer Erwünschtheit existiert; 2.) dass man durch Korrekturen der Summenwerte der Versuchspersonen ein begründetes Modell bräuchte; 3.) dass man alle Versuchspersonen, die eine hohe soziale Erwünschtheit aufweisen, aussortieren müsste, da sie wie statistische Ausreißer sind. Einige der Forscher behaupten, dass Autoritarismus die soziale Erwünschtheit ist und keine Störvariable, da sie selbst zum autoritären Syndrom gehört. Die Ja-Sage-Tendenz wurde oft entweder mit negativen Items „entgegengerechnet" oder man korrelierte die Autoritarismus-Skala mit einem Test, der soziale Erwünschtheit messen sollte. Dabei ergibt sich aber, dass man durch die F-Skala keine zuverlässige Information darüber bekommt, ob eine Person autoritär ist. Durch Freiantwortentechnik wird die Ja-Sage-Tendenz hinsichtlich Autoritarismus deutlich aufgezeigt (Riester & Irbine, 1974). Somit bleibt die Forschungstradition des autoritären Verhaltens weiterhin grundsätzlich mit dem Konzept von Adorno et al. (1950, vgl. Adorno, 1973) verbunden. Dieses Konzept zeichnet sich durch eine atheoretische, gesellschaftspolitische, neutrale Haltung aus. Autoritarismus sollte man als eine Ausrichtung der Persönlichkeit betrachten, die auch eine Gesellschaft charakterisiert. Die autoritäre Persönlichkeit erscheint als Ausdruck dessen, was die Gesellschaft durch ihre Normen und erwünschte Denk- und Verhaltensmuster hergestellt hat.

Dadurch kommt man zum gegenwärtigen Konzept, dass die autoritäre Persönlichkeit ein angepasstes Individuum (ein Durchschnittstyp) ist. Dabei spielen die sozialen und kulturellen Bedingungen eine wichtige Rolle, da diese für das Individuum funktional sind. Es existiert eine Art selbstkontrollierter, leistungsorientierter, ordentlicher Typus von Persönlichkeit, welchen Österreich (1974 a) rigiden Konventionalismus nennt.

Dieses schließt aber aggressive Dispositionen, Konformität und Rigidität nicht aus. Noch in den klinischen Interviews von Adorno et al. (1950) wurde aufgezeigt, dass sich leistungsorientierte und disziplinierte Personen über die Zeit als autoritär entwickeln können. Das Beachten von Regeln und das in Kauf Nehmen von eigenen Nachteilen, um bestimmte Ziele zu erreichen, führt dazu, dass die Versuchspersonen bereit sind, Verhalten zu bestrafen, wenn es ihren Auffassungen und ihrer Lebensweise widerspricht. Der hohe Preis, den sie gezahlt haben, um Leistung zu erbringen, ist der Grund für autoritäres Verhalten, wenn jemand anders ähnliche oder gleiche Ziele erreicht, ohne Einbußen zu haben.

Der *left-wing*-Autoritarismus von Ray (1979, 1981) betont solche Tendenzen, wobei er auch nach verschiedenen Zusammenhängen mit anderen sozialen Phänomenen gesucht hat. Ein Hauptziel seiner Forschung ist nämlich eine neue Vorabdefinition des Autoritarismus, da dieser häufig mit aggressiver Dominanz assoziiert wird, aber nicht mit Durchsetzungsfähigkeit (Ray, 1981).

> **Wechselwirkungen zwischen Autoritarismus, Dogmatismus und Konservatismus**
>
> Der Autoritarismus hängt mit dem Konservatismus zusammen (Ray, 1979), welcher wiederum mit dem Dogmatismus (Rockeach, 1960) verbunden ist.

Die Ideologie von links und rechts gerichteten autoritären Personen unterscheidet sich auch konzeptuell. Bei den rechts Eingestellten werden Persönlichkeitsmerkmale wie Autoritarismus, Dogmatismus, Hartnäckigkeit, Konservatismus und Alienation untersucht. Traditionell werden bei den links Eingestellten familiäre Konflikte, Neurotizismus und Alienation erforscht. Terrorismus wird dabei eher als Folge von Ideologien, Regimen und Konflikten gesehen (Rajnarain, 1986, vgl. Stone, 1980).

Hierbei werden auch die protestantische Ethik und die konservativen Einstellungen in Zusammenhang gebracht.

Die protestantische Ethik als psychologisches Konstrukt und der Konservatismus korrelieren positiv, aber nur bei kulturellen Gruppen, die im Sinne der protestantischen Ethik sozialisiert wurden (Gonsalves & Bernard, 1985). Werte wie Konservatismus und Fatalismus sowie autoritäre Muster und die Gemeinschaftsorientierung hängen im Allgemeinen zusammen (Solanke, 1986).

Ein weiteres verwandtes Konstrukt ist der Ethnozentrismus.

> **Ethnozentrismus**
>
> Das Konzept vom Ethnozentrismus ist von Sumner (1906) entwickelt worden und als: *„the view of things in which one's own group is the centre of everything, and all others are scaled and rated with reference to it"* definiert.

LeVine & Campell (1972) sehen darin *„favouritism of one's in-group and rejection of the out-group"*. Nach Süllwold (1988) wird Ethnophilie als eine individuelle Tendenz definiert, die eigene ethnische Gruppe grundsätzlich positiv und in Bezug auf verschiedene Eigenschaften günstiger als ethnische Fremdgruppen zu beurteilen. Der Zusammenhang zwischen Autoritarismus und Ethnozentrismus in autoritären Kulturen ist schwächer empirisch nachweisbar als in nicht-autoritären Kulturen (Thomas, 1974). Triandis (1994) identifiziert vier Generalisierungen dieser universellen Tendenz in Bezug auf den Ethnozentrismus:

1. *What goes on in our culture is seen as ‚natural' and ‚correct', and what goes on in other cultures is perceived as ‚unnatural' and ‚incorrect'.*
2. *We perceive our own in-group customs as universally valid.*
3. *We unquestionably think that in-group norms, roles, and values are correct.*
4. *We believe that it is natural to help and cooperate with members of our in-group, to favour our in-group, to feel proud of our in-group, and to be distrustful of and even hostile towards out-groups.*

Es ist zu berücksichtigen, dass verschiedene Zugangsmodelle zum Ethnozentrismus vorhanden sind: Sie sind soziologisch oder auch psychologisch orientiert (Scheepers, Felling & Peters, 1992). Während bei den psychologischen Autoritarismusmodellen die Ursache für autoritäre Einstellungen Anomie ist und diese zu den positiven Einstellungen gegenüber der Eigengruppe und negativen Einstellungen gegenüber der fremden Gruppen führt. Beim soziologischen Modell werden stärker die Kontextvariablen wie sozialer Status, Ausbildung, Statusbesorgnis und sozioökonomische Frustration betont, die zur Anomie führen, welche sich wiederum auf den Autoritarismus auswirkt und positive Einstellungen zur Eigengruppe und negative zur Fremdgruppe zur Folge hat. Die empirischen Befunde bestätigen diese Zusammenhänge in dem jeweiligen Modell und fügen zusätzliche hinzu, die Wechselwirkungen zwischen den Kontextvariablen darstellen (s. Abbildung 6.1 und 6.2).

Wechselwirkungen zwischen Anomie, Autoritarismus und Ethnozentrismus

Die Anomie und/oder der Autoritarismus sagen den Ethnozentrismus voraus, wobei anomische Persönlichkeiten zum Ethnozentrismus neigen. Diese Effekte werden aber vom Autoritarismus als Mediatorvariable aufgefasst (Scheepers, Felling & Peters, 1992).

Der Machiavellismus ist ein weiteres zum Autoritarismus verwandtes Konstrukt. Nach Christie und Geis (1970) ist Machiavellismus eine individuelle Disposition, die eigenen Interessen zu maximieren, sei es durch Manipulation oder Täuschung.

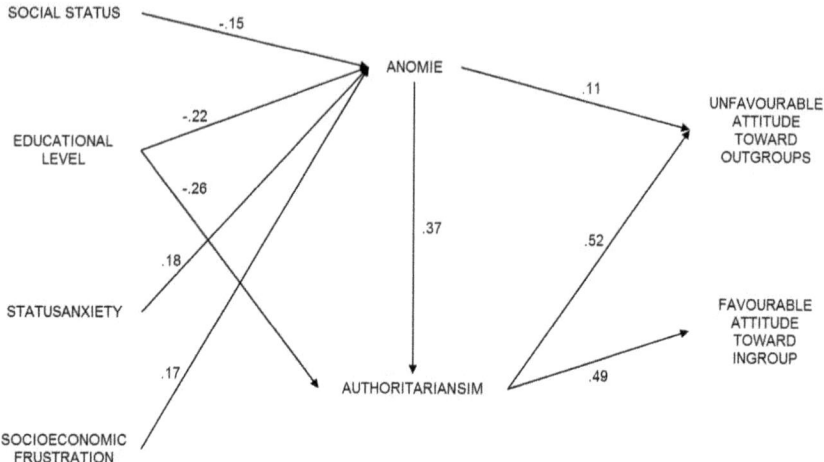

Abbildung 6.1 Empirische Befunde in einem soziologischen Modell
(nach Scheepers, Felling & Peters, 1992)

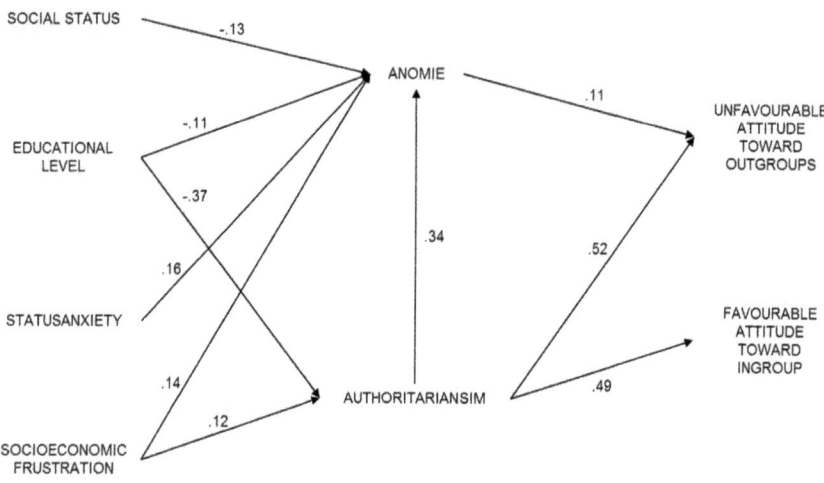

Abbildung 6.2 Empirische Befunde in einem psychologischen Modell
(nach Scheepers, Felling & Peters, 1992)

Personen mit hohen Werten im Machiavellismus werden mit dem sogenannten *cool syndrome* beschrieben. Umgekehrt werden die Personen mit niedrigen Werten im Machiavellismus mit *soft touch* beschrieben. *Cool syndrome* heißt resistent gegenüber sozialen Einflüssen, Orientierung an aufgabenorientierten Kognitionen („Der Zweck heiligt die Mittel") zu sein, statt eine emotionale oder moralische Einbindung mit anderen und eine starke Tendenz zu Kontrollinteraktionen mit den anderen aufzuweisen. Dieses ist tatsächlich ein deutliches Syndrom beim Verstehen vom Verhalten machiavellistischer Personen. Einige der autoritären Muster sind den machiavellistischen entgegengesetzt, z. B. Unterwürfigkeit, Glaube an die Weisheit der Vergangenheit, Unterstützen von Kontrolle.

Machiavellismus

Machiavellistische Personen, die gegenüber anderen Personen manipulativ eingestellt sind, wollen ihre eigenen Interessen möglichst gut durchsetzen und haben eine starke Kontrolle über ihr nonverbales Verhalten (Waldert-Lauth & Scherer, 1983).

Die Skalen, die Machiavellismus messen sollten, sind z. B. die Machiavellismus-Skala (1970) von Christie und Geis, die Konservatismus-Skala von Wilson & Patterson (1970) mit den Subskalen für Ethnozentrismus, Antihedonismus und Militarismus, die balancierte Dogmatismus-Skala (Ray, 1974) und Kohns (1972) balancierte F-Skala. Empirische Ergebnisse weisen bei der Überprüfung mit 16 PF (Persönlichkeitsfaktoren) der Persönlichkeitsstruktur nach, dass Machiavellismus und Autoritarismus trotzdem unabhängig voneinander sind (Kline, 1983).

Nach Duckitt (1989) ist Autoritarismus ein Konzept in Bezug auf kollektives Verhalten, wird aber ständig reduktionistisch behandelt und als Persönlichkeitsdisposition betrachtet, die an erster Stelle für das interpersonale Verhalten wichtig ist. Die Folge davon ist, dass die gesamte Autoritarismus-Forschung mit der Suche nach Korrelationen zwischen intra- und interpersonalen Phänomenen beschäftigt ist. Duckitt (1989) schlägt eine alternative Konzeption von Autoritarismus vor, welche die Voraussetzung für die Gruppenidentifikation darstellt und auch das Konzept von Altemeyer (1988) beeinflusst (s. u.). Die Notwendigkeit einer neuen Konzeption begründet er mit den konzeptionellen und empirischen Problemen des Forschungskonstruktes Autoritarismus in der Psychologie. Das Konstrukt von Adorno et al. (1950) wurde als Antwort auf sehr spezifische Fragestellungen entwickelt. Es beschreibt die individuelle Aufnahmefähigkeit zu der rechts orien-

tierten faschistischen Ideologie, Ethnozentrismus und Vorurteile im Allgemeinen sowie Antisemitismus im Speziellen.
Diese Theorie bezieht sich auf Phänomene auf vier Niveaus: 1.) die strenge Sozialisation durch 2.) dominante Eltern, wodurch die Person gezwungen ist, der Autorität zu gehorchen. All diese psychodynamischen Entwicklungen kommen in dem sogenannten autoritären Syndrom zum Ausdruck (Merkmalskonstellation). Diese Konstellation äußert sich 3.) in Intergruppen, 4.) in politischen Einstellungen und im Verhalten (Duckitt, 1989).

Im Unterschied zum klassischen Konzept des Autoritarismus (als Persönlichkeitsdisposition) formuliert Duckitt (1989) seinen Ansatz eher situationsbedingt. Er kann nur innerhalb des Kontextes einer spezifischen Gruppe oder Gruppenidentifikation repräsentiert werden. Im Ergebnis kann es passieren, dass ein Individuum in einem Kontext als hoch-autoritär und als nicht-autoritär in einem anderen (Gruppen-)Kontext erscheint.

Trotzdem ist Autoritarismus durch Individuen repräsentiert und nicht fixiert oder fluid als eine Art Funktion des variierenden Gruppenkontextes eines Individuums und der Ausprägung seiner Gruppenidentifikation. Das heißt nicht, dass man in einer Gruppensituation mit schon formierten Annahmen über die Art und Weise der Beziehungen, die zwischen der Gruppe und den Individuen existieren, nicht von stabilen Unterschieden des Autoritarismus sprechen kann. Bei gleichen Situationsfaktoren können systemisch individuelle Unterschiede differenziert werden (Duckitt, 1989).

Das ist die Perspektive der Initiation, betrachtet als eine Art Strategie, wenn eine Person mit autoritären Glaubenssystemen den Autoritarismus einer Gruppe steigern kann.

Betrachtet man den Autoritarismus als eine Gruppenorientierung, kann man ihn konzeptuell und praktisch vom Konservatismus unterscheiden. Die Unterscheidung zwischen Nationalismus und Konservatismus als politische Ideologien in den Begriffen der Orientierung ist anhand sozialer Veränderungen und Tradition getroffen worden. Autoritarismus soll als ein Phänomen verstanden werden, welches die Individuen oder Gruppenunterschiede in kollektiven und Intergruppenverhaltensmustern und Phänomenen erklärt. Weiterhin betont Duckitt (1989) auch die Relevanz von Autoritarismus bei Kulturvergleichen, z. B. haben bei Hofstedes Dimensionen Machtunterschiede und Individualismus Relevanz für den Autoritarismus (vgl. Kap.5).

In Bezug darauf kritisiert Tajfel (1981) die Dominanz als reduktionistischen Ansatz der Sozialpsychologie, durch welchen kollektive Phänomene und kollekti-

ves Verhalten auf interpersonelle Analogien und entsprechend durch Mittelwerte von individuellen Konstrukten erklärt werden.
So ähnlich wird auch der Autoritarismus betrachtet. Zunächst wurde dieses Konzept entwickelt, um soziale Phänomene zu erklären, wie z. B. Ethnozentrismus, Vorurteile, Intergruppenhostilität, chauvinistischen Patriotismus und Einbindung in antidemokratische politische Aktivitäten. Dies sind eindeutig kollektive, soziale Verhaltens-, Inter- und Intragruppenphänomene. Trotzdem wurde das Konstrukt nicht direkt für die Gruppenzugehörigkeit oder Identifikation von Individuen formuliert.

Autoritarismus und Liberalismus

Dieses Konzept sollte man als eine Variation entlang der Dimension zwischen zwei Extremen betrachten. An einem Pol sind die rein persönlichen Bedürfnisse: Hier sollten Neigungen und Werte der Gruppenmitglieder der Gruppenkohäsion untergeordnet werden. Am anderen Pol sollte die Gruppenkohäsion der Autonomie und der Selbstregulation des individuellen Mitgliedes untergeordnet werden. Diese zwei extremen Positionen sind Autoritarismus und Liberalismus (Duckitt, 1989).

Die konzeptuellen Implikationen sind folgende: Der Autoritarismus ist klar definiert und beide Pole der Dimension sind konzeptuell fest verankert. Als Ergebnis der äußerst präzisen Kriterien könnte man sowohl bewerten als auch adäquat balancierte Messinstrumente entwickeln. Diese Reduktion des Autoritarismus als ein auf ein Individuum bezogenes Konstrukt definiert außerdem seine Relevanz und sein Erklärungspotential für kollektives Verhalten und für Intra- und Inter-Gruppen Phänomene (Duckitt, 1989).

Die etwas „unglückliche" Entwicklung des Forschungskonstrukts Autoritarismus sollte nicht als Erklärungsbegrenzung dieses Konzeptes dienen oder den Reduktionismus dafür verantwortlich machen. Eines der gegenwärtigen Instrumente, das oft benutzt wird und das auch Duckitt (1989) einbezieht, beruht auf der empirischen Arbeit von Altemeyer (1988, vgl. auch Altemeyer & Hunsberger, 1992) und dessen mehrfachen Datenerhebungen. Dies wird in dieser Arbeit als kulturvergleichende Dimension benutzt und eingehend betrachtet.

Diese Aspekte hat schon Altemeyer (1988) mehrmals betont. Deshalb versucht er, ein psychometrisch adäquates und valides Konstrukt zu erstellen. Er testet jahrelang sein Konstrukt *right-wing*-Autoritarismus (RWA-Skala) empirisch, wobei er einige Aspekte des klassischen Adorno-Konzeptes übernimmt. Diese Skala wird auch in der vorliegenden Untersuchung benutzt.

Dadurch, dass er RWA als „Kovariation der drei Cluster" (autoritäre Unterwürfigkeit, autoritäre Aggression und Konventionalismus) definiert, gelingt es Altemeyer (1988) ein Konstrukt zu entwickeln, welches den fundamentalen, normativen Glauben über Werte und Normen (was die Menschen müssen und nicht, was sie denken oder wie sie sich verhalten) beinhaltet. Methodisch kritisch an der Kovariation ist, dass diese drei Komponenten in eine einheitliche und kohärente Dimension einbezogen werden. Diese drei Konstrukte betreffen aber die Gruppenidentifikation eines Individuums, sei es als Intention oder auch als emotionale Identifikation.

Die enthaltenen Einstellungsmuster hängen mit dem Verhalten zusammen.

Aus der Forschung
Milgram-Experiment

Übliches Beispiel in der sozialpsychologischen Literatur ist das Milgram-Experiment, bei dem sehr viele Versuchspersonen unter Befehl einer Autoritätsperson bereit waren, eine andere Person weiter mit Elektroschocks zu bestrafen (vgl. auch Smith & Bond, 1998, Segall et al., 1999). Somit soll der *right-wing-authoritarianism* als eine individuelle Variable verstanden werden. Das Konzept beruht auf der Annahme, dass einige Personen ohne Widerstand Autoritäten gehorchen, andere Personen dagegen einen größeren Druck brauchen, um das zu tun (Milgram, 1974).

Daher wird RWA als ein Komplex von kovariaten Attitüden ermittelt. Unter *right-wing-authoritarianism* versteht man drei Einstellungsmuster (s. o.).

- Autoritäre Unterwürfigkeit *(submission)* – Gehorsam gegenüber Autoritäten in der Gesellschaft, in der man lebt
- Autoritäre Aggression *(authoritarian aggression)* – Aggressivität gegenüber verschiedenen Personen, welche von den Autoritäten gebilligt werden
- Konventionalismus *(conventionalism)* – Akzeptieren der sozialen Konventionen, die von der Gesellschaft und ihren Autoritäten gebilligt werden

Die Annahme beruht darauf, dass in den westlichen Ländern (im Falle Altemeyer's Forschung – in den USA und Kanada) eine große Akzeptanz in Bezug auf den rechten Autoritarismus herrscht.

Die autoritäre Unterwürfigkeit ist damit ein wichtiger Punkt dieser Orientierung. Dabei besteht die Gefahr, dass so eine Autorität Macht besitzt und auch nicht unbedingt demokratische Einstellungen verbreiten kann. Trotzdem akzeptieren die Menschen sie und gehorchen ihr. Zu den Autoritätspersonen zählen diejenigen (Altemeyer, 1988; vgl. auch Altemeyer & Hunsberger, 1992), die eine legitime oder moralische Macht über das Verhalten der anderen besitzen. Dazu gehören Eltern, Pfarrer, Polizei, Richter, Regierung oder Vorgesetzte.

Autoritäre Unterwürfigkeit

Die autoritäre Unterwürfigkeit ist nicht „blind", sie betont die Wahrscheinlichkeit, dass eine autoritäre Person eher den Autoritäten gehorchen wird als eine nicht autoritäre Persönlichkeit (Altemeyer, 1988).

Unter autoritärer Aggressivität versteht Altemeyer (1988, auch Altemeyer & Hunsberger, 1992), dass andere Personen oder Personengruppen bewusst Schaden zugefügt wird. Die autoritäre Aggressivität zeichnet sich dadurch aus, dass die Autoritäten in der Gesellschaft diese billigen oder durch diese Aggressivität der Status gewährt wird. Die Prädisposition zu dieser Aggression bedeutet aber nicht, dass man unbedingt aggressiv handeln wird, da viele gesetzliche und soziale Verbote dagegen sprechen oder aber auch die Angst vor Rache. Hier ist die Wahrnehmung der autoritären Sanktion wichtig. Die rechtsautoritären Personen können das Verhalten der anderen durch Strafen kontrollieren. Sie verteidigen die physische Strafe in der Kindheit. Demnach ist auch die Toleranz im Gericht oder liberales Verhalten für sie „Gift" für die Gesellschaft, da sie Grausamkeit gegenüber Menschen billigen. Verschiedenste Menschen können sehr plötzlich Ziel dieser Aggressivität werden. In erster Linie trifft dies aber nicht die „konventionellen" Gruppen, sondern die „sozial Devianten" und Minderheiten, wie z.B. Homosexuelle. Deshalb wird erwartet, dass das RWA mit anderen Vorurteilen korreliert, da Vorurteile als Entlassen von autoritären Impulsen angesehen werden. Das heißt aber nicht, dass alle Vorurteile mit RWA korrelieren werden.

Konventionalismus

Unter Konventionalismus *(adherence to social conventions)* versteht man das Akzeptieren von und die Verbundenheit mit den traditionellen sozialen Normen der jeweiligen Gesellschaft (Altemeyer, 1988).

Die autoritären Personen verneinen die Idee, dass die Menschen eigene Vorstellungen darüber haben, was moralisch und nicht moralisch sei, wenn die Autoritäten das bestimmten. Die Frauen sollen den Männern unterlegen sein, die Familie soll ihre traditionelle Struktur behalten. Wenn eine Frau sich falsch verhält, ist das als besonders schlimm zu bewerten. Die Einstellung zum Sexualverhalten ist bei den autoritären Personen auch sehr davon beeinflusst, was richtig und falsch ist. Dabei wird vieles als pervers und falsch angesehen. Das autoritäre Verhalten ist im Konzept des Konventionalismus mit der Vorstellung verbunden, dass „unsere" Werte, Traditionen und sogar scheinbar beliebige Gewohnheiten nicht zufällig, sondern die bestmöglichen sind. Der Konventionalismus des rechten Autoritarismus ist normativ, d. h. er schreibt vor, wie sich die Menschen verhalten bzw. benehmen sollen. Dabei beschreibt er nicht, wie sich die meisten Personen wirklich verhalten, sondern wie sie sich verhalten müssen.

Soziale Veränderungen und Autoritarismus

So haben z. B. die meisten Erwachsenen heutzutage sexuelle Beziehungen vor der Ehe oder benutzen Verhütungsmittel – in diesem Zusammenhang als Schutz gegen ansteckende Krankheiten. Trotzdem soll man dies als falsch ansehen, weil früher eine andere Tradition vorhanden war. Im Allgemeinen heißt dies, dass das Verhalten der autoritären Personen eher ablehnend gegenüber Veränderung ist (Altemeyer & Hunsberger, 1992).

Andere Autoren verneinen das Konstrukt von Altemeyer (1988, vgl. auch Altemeyer & Hunsberger, 1992). Eysenck (1982) sieht z. B. den rechten Autoritarismus als weniger wichtig an als den linken Autoritarismus. Ray (1985) meint, dass RWA eher eine Konservatismusskala darstellt. Rays Skala ist dagegen eher auf die Führungsposition in den autoritären Systemen ausgerichtet und drückt somit ein direktives Verhalten aus. Diese Perspektive zeigt, wer „Diktator" in verschiedenen Gruppen werden kann. Das ist nicht die übliche Perspektive, die in der Psychologie der autoritären Persönlichkeit herrscht (vgl. Adorno et al., 1950). Die Perspektive von Altemeyer (1988, vgl. auch Altemeyer & Hunsberger, 1992) ist mit der Vorstellung verbunden, dass autoritäre Persönlichkeiten den Führungspositionen folgen, aber nicht selbst Führung übernehmen wollen.

Dieses Konzept wurde ausschließlich empirisch überprüft. Anhand mehrerer Stichproben stellte man fest, dass die RWA-Skala mit anderen Konstrukten verifizierbar zusammenhängt. Dazu gehören nicht nur ein vorurteilbehaftetes Denken und Verhalten. Die autoritären Personen im RWA-Sinne neigen auch dazu, nicht gesetzmäßige und/oder frustrationserzeugende Handlungen der Regierenden zu akzeptieren und gut zu heißen. Dazu gehören z. B. das Abhören von Opponenten und das Verbot von Demonstrationen und Streiks.

Aus der Forschung
Autoritarismus und Moral

Um das Akzeptieren des Gesetzes als Moralgrund zu überprüfen, hat man z. B. Studierenden die Aufgabe gegeben, Serien von Moraldilemmata zu lösen. Sie sollten auch die Prinzipien, die sie zur Entscheidung benutzt haben, erklären. Die meisten Versuchspersonen konnten keiner Gruppe zugeordnet werden. Aber die hohe RWA-Wert-Gruppe hat folgende Erklärungen gegeben: Die Gesetze sind wichtig und sollen auf jeden Fall beachtet werden. Es sollen keine persönlichen Entscheidungen getroffen werden. In Bezug auf die Strafe für Verstöße gegen das Gesetz haben autoritäre Personen längere Strafen für Verbrecher gefordert, besonders wenn sie die Angeklagten als unsympathisch empfanden. Ähnlich verhielt sich auch der Zusammenhang im Falle der Strafe in Lernsituationen: Beim Experiment wollten die autoritären Personen die Fehler stärker bestrafen. In Zusammenhang mit der Religion stellt man eine starke Zustimmung zu den Doktrinen der eigenen Religion fest. Bei der politischen Affiliation wurde keine bestimmte Korrelation festgestellt. In Bezug auf demographische Charakteristiken korreliert der RWA nur schwach mit dem niedrigen Ausbildungsniveau und dem sozial-ökonomischen Status. Es sind nicht eindeutig bestimmte geschlechtsbezogene Unterschiede festzustellen (Altemeyer, 1988; vgl. auch Altemeyer & Hunsberger, 1992).

Altemeyer (1988) hat die Originalversion von RWA mit der California-F-Skala (1950), der Dogmatismus-Skala von Rockeach (1960), der Skala von Wilson und Patterson (1968); der balancierten F-Skala von Lee & Warr (1969) und der Autoritarismus-Rebellion Skala von Kohn (1972) korreliert und positive Zusammenhänge ermittelt. Die RWA-Skala hat sich bei mehreren Untersuchungen als sehr reliabel und eindimensional erwiesen (Altemeyer, 1988, vgl. auch Altemeyer & Hunsberger, 1992). RWA korreliert mit der Konformitätsskala bei .59 und mit der Konservatismus-Skala bei .57 (Tarr & Lorr, 1991). Die Konstruktvalidität der RWA-Skala wurde mit vier konstruktrelevanten Messinstrumenten überprüft (Schneider, 1997), z. B. mit der Ambiguitätstoleranz-Skala von Lind (1987), mit der Konservatismus-Skala von Cloetta (1972), mit der Ethnozentrismus-Skala von Liebhart & Liebhart (1971) und mit der Dogmatismus-Skala von Roghmann (1966). Dabei wurde – wie theoretisch erwartet – festgestellt, dass die RWA-Skala mit der Ambiguitätstoleranz-Skala negativ und mit allen anderen positiv korreliert.

Die Auffassung bzgl. der Dimensionalität der RWA-Skala hängt von der konkreten Fragestellung ab (Funke, 2003). Altemeyer berücksichtigt in seiner Skala die drei Dimensionen. Häufig wird allerdings auch von einem eindimensionalen Konstrukt ausgegangen. Autoritarismus ist demzufolge nur deshalb eine Kombination dieser drei Attribute (Dimensionen), da sie kovariieren. Viele der Items erfassen nicht nur eine der drei Dimensionen Altemeyer's, sondern es sind meist zwei oder gar drei Facetten konfundiert. Altemeyer selbst sieht dieses nicht als Problem, sondern als Konsequenz des Wesens seiner Konstruktdefinition (vgl. auch Funke, 2003). Das hier thematisierte Problem steht im Widerspruch zwischen mehrdimensionaler Konzeptualisierung und dem häufig angewendeten eindimensionalen Operationalisieren des Autoritarismus (Funke, 2003). Deswegen ist auch das getrennte Messen der drei Skalen erforderlich. In dieser Arbeit wurde dieser Weg ebenfalls beschritten (vgl. Kap. 13).

Wie wird man eine autoritäre Persönlichkeit?

Während die Auffassungen von Adorno und Kollegen psychodynamisch basiert sind, hält Altemeyer (1988) das soziale Lernen und die Normen eher für die Ursache für die Entstehung einer autoritären Persönlichkeit. Zeichnet sich das Verhalten der Eltern der autoritären Personen durch Drohungen und Verbote aus, bestätigt dies den Elternstatus. Das Kind hat die Feindlichkeit gegenüber den Eltern unterdrückt und mit unterwürfigem Verhalten darauf reagiert. Diese unterdrückte Aggressivität wurde verdrängt und auf verschiedene Gruppen projiziert. Deshalb sind hier Autoritarismus und Ethnozentrismus Ausdruck dieses Verhaltens. Da diese Erklärung psychodynamisch ist, kann sie nicht gemessen werden. Ebenso verhält es sich mit Breuers Auffassung (Breuer, 1992), die besagt, dass Autoritarismus und Narzissmus eng zusammenhängen.

Auf das soziale Lernen bezieht Altemeyer (1988) die drei Einstellungscluster: Autoritäre Unterwürfigkeit, autoritäre Aggression und Konventionalismus, ihre Formierung und Konsistenz. Wir erwerben unsere sozialen Einstellungen 1.) durch Lernen von anderen Menschen oder Modellen oder 2.) durch unsere Lebenserfahrung mit diesen Einstellungen. Also werden viele Einstellungen durch Erziehung und Tradition weitergegeben. Weiterhin spielen dabei die Denk- und Verhaltensmuster der Bezugspersonen eine wichtige Rolle. Der Unterschied zur psychodynamischen Erklärung der Adorno-Gruppe besteht darin, dass hier nicht die Eltern, sondern die Person selbst und ihre eigenen Erfahrungen eine wichtige Rolle spielen.

Weitere Studien streben danach festzustellen, ob autoritäre Einstellungen (verstanden als Einstellungen zu Autorität) wirklich autoritäres Verhalten voraussetzen (Rigby, 1985, s. Tabelle 6.1).

Tabelle 6.1 Verhaltensvalidierungsprozeduren für Skalen in Bezug auf die Einstellung zu Autorität und verwandten Konstrukten (Rigby, 1985)

Ein-Komponenten Kriterien			Mehrere-Komponenten Kriterien			
Direkt beobachtbares Verhalten	Beschriebenes Verhalten		Direkt beobachtbares Verhalten	Beschriebenes Verhalten		
	Selbst	Andere		Selbst	Andere	
Elms & Milgram (1966)	Rigby & Rump (1979)	Titus (1968)	Nichts	Ray & Jones (1983)	Nichts	
Ray (1976)		Ray (1971)		Rigsby (1984)		
Izzett (1971)		Jones & Ray (1984)				
Geller & Howard (1972)		Rigby (1984)				

Die Einstellungen zu Autoritäten, seien es institutionelle oder nicht, weisen auf eine Prädisposition von pro-autoritärem und anti-autoritärem Verhalten hin. Skalen wie das *authority behavior inventory* (ABI) (24 Items) beschreiben autoritätsrelevantes Verhalten und *Rater's authority behavior inventory* (RABI 24 Items, z. B. Selbstberichte) versuchen diese Prädisposition festzustellen. Die *authority behavior inventory scale* von Rigby (1987) beinhaltet 24 Items wie z. B. „*Do you follow doctor's orders?*" und „*Do you criticize people, who are rude to their superiors?*" (vgl. auch Ahmed, Boyce & Ready, 1991).

Die Ergebnisse zeigen, dass tatsächlich autoritäre Einstellungen mit einem autoritären Verhalten korrelieren. Rigby (1985) konnte aber kein Verhalten aufgrund einer autoritären Einstellung voraussagen. Er konnte auch nicht herausfinden, ob die Einstellung die Folge des Verhaltens ist oder umgekehrt.

Nach Zick (1997) neigen verunsicherte Personen dazu, autoritäre Einstellungen und eine Orientierung zur Aufrechterhaltung der Dominanz zu generieren. Folgt man der *social dominance theory* von Sidanius & Pratto (1999, s. auch Sidanius, 1993), dann bezieht sich diese Dominanzorientierung vor allem auf die Überlegenheit der eigenen Referenzgruppe (*In*-Gruppe). Vor allem in Situationen, in denen Menschen erleben, dass ihr Status gefährdet ist, versuchen sie, die Dominanz der *In*-Gruppe aufrechtzuerhalten und zu stabilisieren. Soziale Vorurteile, individualistische Werte der Leistungsgesellschaft und konservative Einstellungen unterstützen eine ähnliche Perspektive (Swim et al., 1995; Zick, 1997). Die Theorie der sozialen Dominanz (Sidanius & Pratto, 1999) betont drei zusammenhängende Systeme der Gruppenhierarchie. Diese Systeme sind mit Alter, Geschlecht und *arbitrary sets* verbunden. Solche *sets* sind mit ethnischer Herkunft, Bürgerschaft, sozialer Klasse, Rasse, Ethnizität, Region usw. verknüpft. Je nach Status verhalten sich die Mitglieder der verschiedenen Gruppen auf unterschiedliche Art und Weise zueinander. Diese Zusammenhänge sind auch empirisch voraussagbar. Die Gruppe mit hohem Status betont dabei die *social dominance orientation* (SDO). Man unterstützt sozusagen ein Set von Glaubensgrundsätzen, um die eigene Dominanz zu legitimieren. Dieses dient aber nur dazu, um die eigene Gruppe zu schützen. Umgekehrt unterstützen die Personen in den Gruppen mit niedrigem Status, die eine soziale dominante Orientierung zeigen, nicht die Mitglieder der eigenen Gruppe, da diese Mitglieder die sozial dominante Orientierung nicht teilen, sondern die dominante Gruppe. Dies hängt auch mit der Minderheitsgruppen-Attribution zusammen: die Akzeptanz des Minderheitsgruppenstatus und der unangenehmen Attribution dieses Status (z. B. Milner, 1975).

Soziale Dominanzorientierung und Geschlechterrollen

So wird zum Beispiel als sozialer Stereotyp den Frauen vorgeworfen, sie halten nicht zusammen, sondern versuchen, mit den Männern zu kooperieren. Die Erklärung dafür ist, dass es als Prestige angesehen wird, von der dominanten Gruppe der Männer akzeptiert zu werden, da diese Dominanz als legitim angesehen wird (Genkova, 2010).

6.3 Zusammenhangsvariablen und Kulturvergleichende Untersuchungen in Bezug auf den Autoritarismus

6.3.1 Zusammenhangsvariablen des Autoritarismus

Hier wird auf einige der klassischen und empirisch nachgewiesenen Zusammenhänge zwischen Autoritarismus und anderen sozialen Phänomenen und ihre Aspekte eingegangen. Es werden nur diejenigen herausgegriffen, die eine Forschungstradition in der Autoritarismusforschung darstellen. Da die Fragestellung dieses Lehrbuchs sich nicht auf die Persönlichkeitsunterschiede bezieht, sondern auf die sozialen Zusammenhangsvariablen, werden die Persönlichkeitsunterschiede nicht betrachtet.

Ein Schwerpunkt der Autoritarismusforschung ist der Zusammenhang mit der Führungspersönlichkeit. Besonders in früheren Untersuchungen wurde Führung oft mit Bevorzugung von autoritärem Verhalten und Druck gleichgesetzt (Sweney et al., 1975). So neigen Personen, die eine leitende Funktion haben, z. B. Sporttrainer, oft dazu, eine autoritäre Tendenz im Verhalten zu entwickeln (Aresu et al., 1979; vgl. auch Williams & Kremer, 1974). Oft werden einer autoritären Persönlichkeit mehr Führungseigenschaften zugeschrieben, obwohl in der Psychologie andere Erkenntnisse vorhanden sind (Steiner, 1987; Levy, 1982; Rastogi & Pandey, 1987). Das autoritäre Verhalten, insbesondere autoritäre Unterwürfigkeit, beeinflusst die Kreativität in einer Gruppe negativ (Hlavsa & Podrabsky, 1973), somit wird dieser Zusammenhang in neueren Führungskonzepten verworfen.

In einer Studie geben House & Howell (1992) einen eingehenden Überblick, welche Persönlichkeitsdispositionen eine charismatische Führungspersönlichkeit von einer nicht-charismatischen unterscheiden. Dabei spielen autoritäre Einstellungen eine wichtige Rolle. Ausgehend von dem Konzept, dass sich ein personalisierter und sozialisierter *leader* unterscheiden, fassen House & Howell (1992) folgende Konstrukte zusammen. Der personalisierte charismatische *leader* ist nicht-egalitär bzw. ungerecht und explorativ. Der sozialisierte charismatische *leader* ist kollektivistisch orientiert, egalitär und nicht ausbeuterisch. Somit können Persönlichkeitsdispositionen wie Machtbedürfnis, Machtinhibition, Machiavellismus, Autoritarismus, Narzissmus, Selbstwert und Kontrollüberzeugungen diese beiden Dispositionen – den personalisierten und den sozialisierten charismatischen *leader* – voneinander unterscheiden (vgl. auch Sanford, 1973). Die Berufswahl und autoritäre Einstellungen unterliegen auch Wechselwirkungen. Oft wird in der psychologischen Literatur die Skala von Christie & Geis (1970) für den Machiavellismus benutzt, um berufstätige Psychologen durch diese Persönlichkeitsdisposition zu kennzeichnen. Sie betrachten Machiavellismus hier als ein positives Phänomen. *„Never tell anyone the real reason you did something unless it's useful to do so."* Die Studenten der klinischen Psychologie haben z. B. niedrigere Ausprägungen im Bereich Machiavellismus als die experimentelle Gruppe. Die beiden Gruppen unterscheiden sich aber nicht im Hinblick auf die Dominanz, was ein Hinweis dafür ist, dass es sich dabei um zwei getrennte Dimensionen handelt (Zook & Sipps, 1987). Personen mit hohen Werten auf der Autoritarismus-Skala bevorzugten technische Berufe und Personen mit niedrigen autoritären Werten eher geisteswissenschaftliche Fächer und Berufe (Weller & Nader, 1975). Die Wahl eines Berufes entspricht immer den psychischen Bedürfnissen einer Person und dies gilt wohl auch für Personen, die zu autoritärem Verhalten neigen. Für die Letzteren gelten Prämissen, die nicht permanent in Frage gestellt werden. Bei den Naturwissenschaften existieren nicht gleichzeitig mehrere Varianten eines Konzeptes, die als genauso richtig oder falsch gelten können (Weller & Nader, 1975).

Mit wachsendem Alter steigt der Autoritarismus bei Heranwachsenden, wobei eine positive Korrelation zwischen Stress und Autoritarismus besteht (Abrawal, 1986). In ähnlicher Weise stellen auch Wilderom & Cryns (1985) fest, dass das höhere Alter auch mit rigiden und autoritären Einstellungen zusammenhängt.

Eine steigende Bedrohung fördert z. B. auch autoritäre Werte. Anhand von Archiv-Daten hat Sales (1973) erarbeitet, dass autoritäre Muster enorm steigen, wenn die soziale Umwelt instabil ist, wie z. B. durch Bedrohungen wie Versorgungsmangel und Krieg (Sales, 1973).

Autoritarismus hängt negativ mit prosozialen Einstellungen zusammen. Ehrenamtlich tätige Personen tendieren zu weniger ethnozentrischen Einstellungen und auch zu weniger autoritärem Verhalten (Rosenthal, 1963). Personen, die an fortschrittlichen Bewegungen teilhaben, z. B. an feministischen Organisationen, weisen ein niedriges autoritäres Niveau und eine hohe Ambiguitätstoleranz auf (Pawlicki & Almquist, 1973).

Bei all diesen Untersuchungen stellt sich die Frage, ob Personen selbst eine bestimmte soziale Situation wählen, je nachdem welche Persönlichkeitsvariablen sie haben, oder ob bestimmte Situationen die Charakter-Persönlichkeitsdispositionen-Konstellationen zum Ausdruck bringen.

Der Zusammenhang soziale Schicht und Erziehung und das Bilden von autoritären Einstellungen ist Objekt mehrerer Untersuchungen. Dass die Sozialisierungsmuster und Erziehung dazu führen können, dass eine autoritäre Persönlichkeit geformt wird, ist schon in den Anfängen der Autoritarismus-Forschung erkannt worden. Empirische Befunde über mehrere Jahre hinweg weisen ähnliche Zusammenhänge auf. Die Erziehungspraktiken spielen eine wichtige Rolle bei der Entwicklung des Konservatismus oder des Autoritarismus (Thomas, 1975).

**Aus der Forschung
Konservatismus**

Schon in frühen Untersuchungen hat Thomas (1972) die Konservatismus-Skala mit Erziehung in Verbindung gebracht. Die Versuchspersonen waren Mütter aus Australien, deren Kinder zwischen 4 und 6 Jahren alt waren, wobei deren sozioökonomischer Status festgehalten wurde. Eine der Skalen, der Kinderziehungsdaten, die durch Faktorenanalyse extrahiert wurden, ist die des Autoritarismus, welche mit Verboten, besonders bezogen auf sexuelles Verhalten und Gehorsam und mit besonderer Betonung der Geschlechterrollen, belegt war.

Weiterhin hat man festgestellt, dass der Konservatismus stark mit dem Autoritarismus der Erziehungspraktiken korreliert.

**Aus der Forschung
Sozialisation und Autoritarismus**

Bei einer Stichprobe von Jugendlichen aus den USA hat Browning (1987) erarbeitet, dass Ausbildung, sozialer Status der Eltern und Geschlecht Prädiktoren für die Entwicklung von autoritären Einstellungen darstellen. Weiterhin hat man festgestellt, dass die männliche Geschlechterrolle mit autoritären Mustern, Ordnungen und Rechten verbunden ist (autoritäre Aggression).
Bei einer Studie von Jugendlichen und Erwachsenen haben Hoffmeister und Sill (1992) versucht, einen Zusammenhang zwischen Lebensumfeld, Sozialisierungsprozess und autoritären Einstellungen zu finden. Dabei hat sich herausgestellt, dass die Personen mit hohen autoritären Werten nicht unbedingt aus sozial schwachen Kreisen kommen. Viele von ihnen haben Eltern mit guter Ausbildung, die zur gehobenen Mittelschicht gehören. Der Leistungsdruck wird von ihnen als autoritärer Druck wahrgenommen. Als Methoden wurden die I-Skala (Instabilitätsskala – Erleben von perspektivloser Gegenwart mit ausgeprägten Abhängigkeitsstrukturen; entweder Fehlen von Orientierungsmustern oder Existenz flexibler Deutungsmuster) und die A-Skala (Autoritarismus-

> Skala – Akzeptanz von Denk- und Verhaltensmustern, die mit Führerorientierung, Ablehnung von Andersartigen, Akzeptanzbereitschaft und Gefolgschaft, Antikommunismus und Antikollektivismus einhergehen) angewendet. Dies gilt auch für Erziehungsstile (Devi & Mythili, 1986; Sharma & Singh, 1972; Hoy & Rees, 1974; Jernryd, 1973).

Lange Zeit wurde in Verbindung mit der Autoritarismusforschung und unter dem Einfluss von Adornos Konzept ein enger Zusammenhang zwischen der sozialen Schicht und autoritären Einstellungen gesehen. Die Untersuchungen wurden mit der F-Skala von Adorno et al. (1950), der Dogmatismus-Skala von Rokeach (1960) oder mit den Skalen vom *left-wing-authoritarianism* von Ray (1974) und *right-wing-authoritarianism* von Altemeyer (1980) durchgeführt.

Lipset (1959) hat anhand mehrerer Studien herausgefunden, dass die Arbeiterklasse *(working-class)* eher zu autoritären Einstellungen neigt. Dieses hängt mit der niedrigeren Ausbildung zusammen. Die Studien bilden die sogenannte „*working-class*"-Hypothese. Diese verbindet man mit der soziologischen Forschungstendenz des Autoritarismus (vgl. Horkheimer, 1963). Lipsets (1959) betont anhand des Konzepts von Adorno, dass die niedrige soziale Schicht (Arbeiterklasse-Autoritarismus) mehr zu totalitären politischen Systemen und autoritären Einstellungen neigt (vgl. auch Dekker & Ester, 1950). All das wird mit weniger Zuneigung in der Kindheit, begrenzter Information über öffentliche Ereignisse, ökonomischer und psychologischer Unsicherheit und niedrigerer Beteiligung an politischen Parteien erläutert. Das alles sind Meinungen der Mittelschicht. Diese Faktoren betonen, dass die soziale Schicht nicht unbedingt mit der Ausbildung zusammenhängt und Ausbildung einen wichtigen Indikator bildet, um dem Autoritarismus entgegenzuwirken.

> **Aus der Forschung**
> **Ausbildung und Autoritarismus**
>
> Ausbildung und soziale Schicht sind zwar wichtige Faktoren für autoritäres Verhalten, aber erstens kann die soziale Schicht nicht richtig als Einstellungs- und Verhaltensmuster gemessen werden und zweitens ist die Arbeiterklasse empirisch bestätigt stärker autoritär (Dekker & Ester, 1987; Ray, 1987; Duckitt, 1985).
> Eigentlich hat man in neueren Untersuchungen festgestellt, dass der Zusammenhang mit Autoritarismus bei einem niedrigeren Ausbildungsniveau

weit verbreitet ist, aber bei einem hohen Ausbildungsniveau substantiell stärker bedeutsam wird (Schuman, Bobo & Krysan, 1992). Dies kann eventuell auch mit der Theorie der sozialen Dominanz erklärt werden (vgl. Sidanius & Prato, 1999).

Ein weiteres Forschungsproblem der Autoritarismusforschung stellt der Zusammenhang zwischen Vorurteilen und Autoritarismus dar. Der traditionelle Ansatz konnte bisweilen die Konsistenz einer positiven Korrelation zwischen Autoritarismus und Vorurteilen nicht durchgehend bestätigen. Eigentlich konnte man empirisch gesehen auch nur eine kausale Ausrichtung nachweisen: Autoritarismus sagt Vorurteile voraus und nicht umgekehrt. Der Ansatz von Duckitt (1989) deckt sich weitgehend mit der Theorie der sozialen Identität der Vorurteile von Tajfel & Turner (1979) und Sumners Theorie des Ethnozentrismus (LeVine & Campbell, 1972). Zwar definieren diese Theorien unterschiedliche Ebenen der Analyse, sie setzen aber einen direkten kausalen Zusammenhang zwischen *ingroup*-Orientierung und *outgroup*-Attitüden voraus.

Tajfels Theorie betont die individuelle Identifikation mit den sozialen Gruppen als wichtigen Hinweis für Einstellungsmuster und Verhaltensweisen zu relevanten Out-Gruppen.

Sumners Theorie ist eher soziologisch und anthropologisch ausgelegt und bezieht sich auf die Ebene der sozialen Gruppen, Prozesse, auf Gruppenkohäsion usw. Hier ist die Kausalität reziprok: Hostilität gegenüber Out-Gruppen ist für die Gruppenkohäsion und Solidarität sehr wichtig (vgl. auch Kap.6.2).

In diesem Sinne „unterstützt" die (In-Gruppen-)Identifikation die Out-Gruppen-Vorurteile. Berry (1984) betont dies durch die Aussage über fast universelle Gültigkeit dieser typisch negativen ethnozentrischen *Patterns*. Er schlägt eine kritische Unterscheidung zwischen zwei unterschiedlichen Modi der *In*-Gruppen-Orientierung oder Identifikation vor, welche unterschiedliche Implikationen für *Out*-Gruppen-Einstellungen zur Folge hat.

Also könnte hier von einer multikulturellen Konzeption gesprochen werden. Es konnte aber nicht empirisch nachgewiesen werden, ob Bedrohung oder Unsicherheit als intrapsychische Phänomene in Zusammenhang mit diesem Persönlichkeitssyndrom stehen. Als Weiterverfolgung dieser Annahme wurden mehrmals Autoritarismus und Selbstwert, Ängstlichkeit und Neurotizismus korreliert; es konnten aber keine signifikanten Zusammenhänge festgestellt werden (z. B. Ray, 1981). In Bezug auf den Gegensatz zu ethnozentrischen Studien besteht Toleranz (Berry & Kalin, 1995). Die toleranten Personen sehen wenige Unterschiede zwischen den Gruppen. Intolerante Individuen zeigen eine erhöhte Präferenz für die bereits favorisierten Gruppen in der Population und wenig Bevorzugung bereits benachteiligter Gruppen.

Dagegen hängt der religiöse Fundamentalismus positiv mit autoritären Einstellungen zusammen, sowie mit vielen Vorurteilen gegenüber breiten Gruppen von Personen. Dieses ist noch verstärkt, da traditionell religiöse Personen für starke Persönlichkeiten gehalten werden. In mehreren Studien stellen die beiden Autoren dies empirisch fest (Altemeyer & Hunsberger, 1992; vgl. auch Wylie & Forest, 1992).

Zu den Vorurteilen werden auch die Geschlechtsvorurteile und Diskriminierung gezählt. Diese werden klassisch als Hostilität gegenüber Frauen aufgefasst, somit wurde oft empirisch belegt, dass autoritäre Personen verstärkt zu Geschlechtsdiskriminierung neigen.

Positive Einstellungen beispielsweise zu weiblichen Professoren korrelieren negativ mit autoritären Einstellungen (konkret gemessen in der USA-Studie mit Rockeachs D-Skala, Brant, 1978). Autoritäre Personen unterstützen signifikant stärker die traditionellen Geschlechterrollen, wobei bei den Männern dieser Zusammenhang stärker ausgeprägt ist (Yonge & Regan, 1978).

6.3.2 Kulturvergleichende Autoritarismusforschung

Ein ernsthaftes Problem des traditionellen Ansatzes besteht darin, dass sich die Arbeit über die autoritäre Persönlichkeit komplett von den Arbeiten über den Autoritarismus als Gruppenphänomen, welches die kulturvergleichende Forschung vom Autoritarismus einbezieht, unterscheidet. Überdies entwickelt sich der gesamte psychologische Forschungsstrang zur autoritären Persönlichkeit unabhängig von der Forschung zu autoritären Organisationen und Gruppen. Beispiele für Letzteres sind autoritäre versus demokratische Führung und die soziologischen Arbeiten über soziale Kontrolle (vgl. Duckitt, 1989; Lederer, 1983).

Die Autoritarismus-Forschung zu Gruppen, Institutionen und Kulturen ist weniger erarbeitet. Die Rebellion wird z. B. oft als Antwort von nicht autoritären Personen auf die autoritären Strukturen aufgefasst, so wie autoritäre Führer oft bei Bedrohung, sozioökonomischem und politischem Stress auch als Retter wahrgenommen und gefeiert werden (vgl. Lederer, 1983).

Als methodische Probleme bei Kulturvergleichen in Bezug auf Autoritarismus führt Lederer (1983) folgende Aspekte an:

1. Die hohe Differenziertheit des Autoritarismus-Syndroms;
2. Schwierigkeiten beim Auffinden vergleichbarer Erhebungen, die zu verschiedenen Zeitpunkten in den beiden Ländern durchgeführt worden waren und zu einer Trendanalyse herangezogen wurden;
3. Probleme der Herstellung vergleichbarer Fragebögen, die in verschiedenen Kulturen gleichermaßen sinnvoll und zum internationalen Vergleich geeignet sein sollten.

Dies alles wird auch aus mehreren vergleichenden Studien ersichtlich.

Die Ausprägung verschiedener kultureller Muster setzt auch voraus, dass in einer Kultur die ethnozentrische Ausprägung höher oder niedriger ist. Denn Ethnozentrismus hängt mit der Vorstellung zusammen, dass die eigene Kultur die richtige und natürliche sei und die anderen Kulturen „unnatürlich" und „nicht richtig und korrekt" sind. Dies wird durch das Konzept verstärkt, dass die *in-group*-Normen, -Rollen und -Werte als verpflichtend richtig angesehen werden (Campbell, 1968), deshalb können nicht immer alle Skalen in den verschiedenen Kulturen angewendet werden. Die meisten Ergebnisse sind kulturspezifisch und hängen von aktuellen sozialen Prozessen ab.

Im Vergleich mit anderen autoritären Skalen weist die RWA-Skala in mehreren Ländern eine hohe Reliabilität auf (Altemeyer, 1988): Zwillenberg (1983) in den USA, Schneider (1984) in der BRD, Duckitt (1984) in Südafrika, Heaven (1984) in Australien und Ray (1985) in Australien).

Aus der Forschung
McGranahan-Studie

Die McGranahon-Studie ist z. B. „ein Vergleich gesellschaftlicher Einstellungen amerikanischer und deutscher Jugendlicher" (McGranahan, 1946). Dabei geht es um die Haltung zu Staat, Familie und Freundesgruppen. Bei dieser Studie wurden die kulturbedingten Unterschiede explizit in vier sozialen Normen, die sich auf die Ziel-Variable Autoritarismus auswirken, überprüft:

1. Staatstreue
2. Respekt und Loyalität gegenüber der Familie
3. Respekt vor Autorität im Allgemeinen
4. Autoritäre Familienstruktur

Anhand dieser Studie hat Kagitcibasi (1967) einen interkulturellen Vergleich zwischen amerikanischen und türkischen Jugendlichen durchgeführt. Er hat zu diesem Zweck eine kulturunabhängige Skala des Autoritarismus entwickelt, die sogenannte Ethnozentrismus-Skala (Ausländer-Ablehnungs-Skala). Die festgestellten Korrelationen bestätigen das Autoritärsyndrom in den USA. In der Türkei ist die Korrelation schwächer, da kulturelle Normen anders ausgeprägt sind (Verstärkung des Autoritarismus, aber Abschwächung des Autoritarismus-Syndroms).

Anhand der Waldman-EMNID-Studie (repräsentative Stichprobe im Jahre 1983), welche die Einstellungen der deutschen Zivilbevölkerung zur Demokratie überprüft, führt Lederer (1983) einen Kulturvergleich zwischen Deutschland und den USA durch. In den beiden Kulturen beruhen die autoritären Einstellungen auf verschiedenen Persönlichkeitsstrukturen, was auf eine kulturell bedingte Autoritarismus-Ausrichtung einer Gesellschaft hinweist. Insgesamt wurde der Trend festgestellt, dass Autoritarismus im Vergleich zu früheren Studien abgenommen hat.

„Ja"-Sage Tendenz und kulturelle Variation von autoritären Einstellungen

Ob eine Person als Durchschnittsperson autoritäre Muster aufweist oder nicht, hängt mit den erwünschten sozialen Mustern zusammen. Deshalb kann man auch nicht von allgemein gültigen oder universellen Tendenzen beim autoritären Verhalten sprechen. Dies variiert in den verschiedenen Kulturmodellen, da sie selbst ein spezifisches Produkt des Kulturmodells sind (Peabody, 1961).

Bei einem Vergleich (USA und England) stellte Peabody (1961) fest, dass die englische Stichprobe höhere Werte für Konservatismus hat, wobei eine „Ja"-Tendenz (beim Beantworten von Einstellungsfragebögen) bei der USA-Stichprobe höher ist.

Larsen et al. (1989) haben eine kulturvergleichende Untersuchung durchgeführt, in der amerikanische, japanische und andere asiatische Studenten nach ihren Einstellungen zu AIDS-Opfern befragt wurden. Der Autoritarismus selbst wurde durch die verkürzte F-Skala, Konservatismus-Skala und Dogmatismus-Skala untersucht. Es wurden in den drei Stichproben Korrelationen zwischen Dogmatismus, Autoritarismus und negativen Einstellungen zu AIDS-Opfern festgestellt.

In einer interkulturellen Studie mit den Ländern Sudan, Libanon, Syrien, Jordanien, Marokko, Pakistan, Bangladesh, Afghanistan und Zypern wurden Stichproben aus Studenten der Erziehungswissenschaften befragt. Das Untersuchungsziel bestand darin festzustellen, wie Einstellungen von Lehrern mit Autoritarismus zusammenhängen. Die Ergebnisse zeigen, dass autoritäre Einstellungen negativ mit positiven Lehrereinstellungen zusammenhängen, was auch konform mit Untersuchungen in Indien und den USA ist (Maracco & Develtian, 1978).

In Indien, Australien und Südafrika hat Heaven (1986) den Zusammenhang zwischen Autoritarismus, Durchsetzungsvermögen und dem Selbstwertgefühl überprüft. Im Unterschied zu traditionellen Befunden, dass Selbstwert nicht mit Autoritarismus und dominanten Einstellungen zusammenhängt (Adorno et al., 1950), stellt der Autor eine starke positive Korrelation fest, die auch bei einer Neukonzeption von Autoritarismus-Skalen mehrfach repliziert wird. Heaven (1986) hat mehrere universelle Korrelate zu autoritären Einstellungen festgestellt: z. B. niedrigster Level an Ausbildung und Konformität. Beim Zusammenhang Selbstwert und Patriotismus konnte man nicht so viele Korrelate herausarbeiten, die kulturübergreifend waren. Autoritäre Persönlichkeiten zeigen auch höhere Werte beim Dominanzbedürfnis und bei der Leistungsmotivation (Heaven, 1987).

Beim interkulturellen Vergleich zwischen Australien und Italien wurde kulturübergreifend ermittelt, dass autoritäre Persönlichkeiten Werten wie Höflichkeit und Reinlichkeit gegenüber positiver gestimmt sind (Rump, 1985).

Autoritarismus hängt mit der Ideologie der einzelnen Person in den Niederlanden (Middendorp, 1993) zusammen. Die politische Entwicklung in Westeuropa (Großbritannien, Frankreich, Deutschland und Italien) führt dazu, dass viele der Bürger meinen, dass sich das Verhalten der Regierung negativ auf die Wirtschaft der Länder auswirkt und dass die Demokratie in den Ländern nicht gut funktioniert, sondern eher autoritäre Muster aufweist (Lockerbie, 1993).

Gleich nach der Wende und dem Mauerfall war Autoritarismus in der Sowjetunion (Russland) stark ausgeprägt. Im Einklang mit der Theorie, dass Konventionalismus ein Zentralattribut von Autoritarismus ist, setzt der russische Autoritarismus Equalitarismus voraus. Er ist auch dem *laisser-faire*-Individualismus (McFarland, Agaev & Abalakina-Paap, 1992) entgegengesetzt. In einer Vergleichsstichprobe in den USA hat sich das Verhältnis zwischen den Konstrukten umgekehrt verhalten zu z. B. Studien in nicht-westlichen Ländern, wie Japan (Iwata, 1977), Südafrika (Duckitt, 1988) und Indien (Hassan, 1987). *Rightwing*-Autoritarismus hängt in Kanada und z. B. in der Dritten Welt negativ mit Menschenrechtsunterstützung zusammen im Unterschied zu Ländern wie der Sowjetunion (frühere Studien). Dies drücken die kulturellen und politischen Besonderheiten aus (Moghaddam & Vuksanovic, 1990).

Bei den Untersuchungen zum Konzept des konservativen Autoritarismus in Polen und in den USA haben Miller, Slomczynski und Schoenberg (1981) einen *emic-etic*-Rahmen benutzt. Es existierte kulturübergreifend das Einverständnis darüber, dass traditionelle Autoritäten, wie Eltern und Experten, die Akzeptanz konventioneller Moral (z. B. keinen vorehelichen Sex) unterstützen. Dies nennt man konservativen Autoritarismus. Weiterhin korreliert bei einem Kulturvergleich zwischen USA und Australien der religiöse Fundamentalismus mit rassistischen Vorurteilen, Neurotizismus, Dogmatismus und Autoritarismus. Ähnliche Ergebnisse haben sich auch in Indien ergeben (Wadhwa, 1987).

Einen interessanten Kulturvergleich zwischen Deutschland und Spanien hat Dalbert (1992 a) durchgeführt. Es wurden Autoritarismus und Ambiguitätstoleranz im Hinblick auf den Glauben an eine gerechte Welt untersucht. Autoritarismus und Glaube an eine gerechte Welt korrelieren positiv und beide korrelieren negativ mit der Ambiguititätstoleranz. Je besser eine Person Ambiguitäten tolerieren kann, desto förderlicher ist der Gerechte-Welt-Glauben für ihre Stimmung. Die Gerechte-Welt-Hypothese ist ambiguitätstoleranten stärker als ambiguitätsintoleranten Personen zuzuschreiben. Durch den Glauben, dass jemand das bekommt, was er verdient, gehen die Menschen stabiler und geordneter mit ihrer Umwelt um. Somit erfüllt der Gerechte-Welt-Glaube adaptive Funktionen, und die Menschen versuchen diese Überzeugungen zu schätzen, wenn sie mit gegenteiligen Evidenzen konfrontiert werden. Können sie die Gerechtigkeit nicht real wiederherstellen oder die Opfer ungerechter Gegebenheiten entschädigen, werden sie psychische Gerechtigkeit herstellen, indem sie z. B. das Opfer abwerten und so das negative Schicksal als verdient – da selbstverschuldet – ausweisen (z. B. Lerner & Simmons, 1966).

Beiden Konzepten – Autoritarismus und Gerechte-Welt-Glauben – ist die Tendenz zur Bewunderung der Machtvollen und Erfolgreichen und zur Abwertung der Schwachen und der Opfer gemeinsam.

In autoritären Kulturen wird ständig sozialer Druck auf Menschen ausgeübt, sei es durch Regeln, Normen oder Gesetze. Das Ergebnis davon ist, dass die Personen keine Bewältigungsstrategien entwickeln, wie sie selbst Verantwortung übernehmen können. Dies führt dann dazu, dass ohne diesen Druck von außen keine Entscheidungen getroffen werden.

Autoritarismus und Soziale Interaktion

Da autoritäre Verhaltensmuster mit Strenge verbunden sind, kommt es dazu, dass die Personen bei offenem netten Verhalten selbst die autoritären Muster realisieren und diese nicht schätzen oder auch permanent zur Behauptung der eigenen Person den Anweisungen der Gruppen entgegenhalten (vgl. auch Genkova, 2005).

6.4 Zusammenfassung

Zusammenfassend kann man festhalten, dass autoritäre Denk- und Verhaltensmuster nicht nur in Bezug auf die Persönlichkeit, sondern auch in Bezug auf die Gesellschaft und auf die Kultur analysiert und interpretiert werden können. Inwieweit autoritäre Persönlichkeiten ein Produkt einer Gesellschaft oder einer Kultur sind, da sie funktionell zu ihr sozialisiert sind und deshalb dementsprechend denken und sich verhalten, hängt auch von der Art und Weise des Internalisierens der kulturellen Normen durch das Individuum selbst ab, ebenso wie von den sozialen Regeln und deren Inhalt. Diese Ansätze haben sich als Forschungstendenz in der Psychologie durchgesetzt. Insgesamt verläuft die psychologische Forschung aber über verschiedene Phasen und wechselt zwischen thematischen Schwerpunkten, die wiederum nicht aufeinander aufbauen: Von der theoretischen psychoanalytischen Orientierung (Fromm, Reich) über die atheoretischen, dennoch nicht empirisch verifizierbaren Thesen von Adorno et al. (1950) zu den verschiedenen Forschungsaspekten von links- und rechtsorientiertem Autoritarismus. Von den pathologischen (Adorno et al., 1950) zu den ideologischen Auffassungen wurde das Konstrukt mehrmals je nach Zeitauffassungen gebildet und hat somit unter den ideologischen Auffassungen wissenschaftlich gelitten. Somit wurde als Hauptforschungsgegenstand in der Sozialpsychologie das Individuum und seine autoritären oder nicht-autoritären Denk- und Verhaltensmuster betrachtet. Kulturvergleichend gesehen sollten diese Muster ermittelbar sein, umso mehr, als Autoritarismus sowohl auf personenbezogener als auch auf sozialer und kultureller Ebene mit mehreren Konstrukten zusammenhängt (z. B. Dimensionen von Hofstede oder Kollektivismus, vgl. Kap. 5). Insgesamt tendiert die Forschung über Autoritarismus dazu, dass er negativ konnotiert wird. In den Fragebögen oder in anderen experimentellen Kontexten wird jedoch die positive Akzeptanz oder Unterstützung von Autoritäten überprüft. Die Legitimität von Autoritäten oder Regeln wird somit generell nicht in Frage gestellt, sondern das „blinde" Vertrauen ihnen gegenüber und das Festhalten an Normen und Regeln, sowie Abwehr, Verleugnung und Angst vor Veränderungen. Die Akzeptanz von Autoritäten scheint Sicherheit und Stabilität der sozialen Ordnung zu bieten. Der Autoritarismus wurde stärker vor der Wende erforscht, dennoch bleibt er zwar nicht als Forschungstrend bestehen, aber als Forschungstendenz vorhanden. Im Kontext von Integration und Globalisierung werden vorherrschende kulturelle Muster bestimmt. Sie drücken Ambiguitätstoleranz, Toleranz und Vielfalt aus und wirken dem sozialen Druck und der sozialen Dominanz verschiedener Gruppen entgegen. Um in dem sozialen Kontext auch den fundamentalistischen Handlungsmustern entgegenzuwirken, wird die Autoritarismusforschung wieder relevant, auch kulturvergleichend. Das drückt sich besonders in den Tendenzen aus, inwieweit eine Kultur den Autoritarismus als akzeptabel ansieht oder nicht (vgl. Kap. 2 und 5) und ob die Akzeptanz von der Person selbst (individualistische Orientierung) oder von der Gruppe (kollektivistische Orientierung, vgl. Kap. 5) abhängt. Anstatt die Sicherheit durch Autoritäten vorauszusetzen, seien es institutionelle oder nicht, sollte die Sicherheit aus sich selbst, aus der eigenen Überzeugung, Leistung und aus dem eigenen Urteilsvermögen sowie aus den Bewältigungsstrategien wachsen. Das stellt kulturvergleichend eine Herausforderung dar und ist implizit über die Zeit gesehen ein gemeinsames Merkmal der Forschungsansätze über den Autoritarismus. Im Laufe der Zeit wurde das Konstrukt von ideologischen und klinischen Mustern befreit, somit kann es auch als eine soziale und kulturelle Vergleichsdimension dienen.

7 Subjektive Kultur

Im Unterschied zu den vorangegangenen Kapiteln wird hier das Konstrukt „Kultur" als *subjektive Kultur* aufgefasst.

Subjektive Kultur
Die subjektive Kultur ist ausschließlich ein psychologisches Konstrukt und betrifft die Art und Weise, wie die Person die Kultur in sich internalisiert und/oder wahrnimmt (Triandis, 1994).

Dieses Konstrukt wird hier in Zusammenhang mit subjektivem Wohlbefinden und Kultur gebracht. Dabei handelt es sich darum, wie man sich in der eigenen Kultur fühlt und wie das Wohlbefinden davon abhängt.

Das Messen des Subjektiven als Gegenstand des Objektiven in der menschlichen Erfahrung war mehr als 20 Jahre lang durch Osgood (1964) und seine Mitarbeiter geprägt. Das Kennzeichen dieses Ansatzes schließt den Gebrauch des semantischen Differentials, der Faktorenanalyse und viele Untersuchungen in mehreren Ländern ein. Osgood als erster Vertreter in diesem semantischen Raum hat eine Datenbank erstellt, welche die pankulturelle Allgemeingültigkeit von affektiven Meinungssystemen, die als Überlebenswerte der Menschen gelten können, erfasst. Die Varianz der affektiven Meinungen sind wichtiger Bestandteil dieser Arbeit: Evaluation (z. B. gut – böse); Potenz (z. B. stark – schwach), Aktivität (z. B. schnell – langsam) oder kurz E-P-A genannt. Diese wurden in mehr als 25 Sprachen und Kulturgemeinschaften überprüft. Dabei werden 100 *„culture-common"*-Konzepte und auf Adjektive bezogene Konstrukte angewandt. Osgood meint, dass die affektive Meinung im tierischen emotionalen Reaktionssystem liegt. Osgood (1964) selbst sagt : *„The denotative or referential uses of terms – the way the lexicon carves up the world – appear largely arbitrary and unique to particular languages until the ethnolinguist discovers a framework of semantic components that can be imposed comparably on these phenomena. In closely analogous fashion, our own researches over the past few years provide evidence for a universal framework underlying certain affective or connotative aspects of language. These findings enliven the possibility of constructing instruments for measuring these aspects* of „subjective culture" comparably in diverse societies – in effect, circumventing the language barrier." Die Studie von Osgood (1964) begann mit dem Gebrauch von 100 Substantiven. Dabei wurde nach den Kriterien ausgesucht, wie oft (Frequenz) und wie vielfältig diese Substantive gebraucht wurden. Es wurden Gegensatzpaare gebildet und Skalen konstruiert, die auf die neuen Stichproben angewendet wurden. Durch die Faktorenanalyse wurden die Skalen präzisiert und auf ein neues Set von Objekten angewendet. Deshalb spricht man bei den universellen E-P-As von Universalien der subjektiven Meinung. Diese gelten als biologisch funktionell. Das Untersuchungsdesign wird kritisiert, weil die Stichproben ausschließlich aus *Collegestudenten* bestanden, die sprachlich besser als andere Versuchspersonen ausgebildet sind.

Ansätze über subjektive Kultur

Bei der Betrachtung der subjektiven Kultur wird von zwei Ansätzen ausgegangen. Der horizontale Ansatz ist mit den affektiven Auffassungen über Kulturen verbunden und der vertikale Ansatz mit den affektiven Auffassungen innerhalb einer Kultur (Traindls, 1994).

Beim horizontalen Ansatz hat sich das Konzept von Triandis über die subjektive Kultur durchgesetzt. Laut ihm ist die subjektive Kultur „*the way people in different cultures perceive their social environment*" (Triandis, 1994). Weiterhin sucht Adamopoulos (1984) durch die Verwendung mehrerer Methoden nach kognitiven Strukturen in unterschiedlichen kulturellen Gruppen, sowie nach der Hierarchie der psychologischen Gesetze für zwischenmenschliches Verhalten. Dieser Ansatz ist nicht nur deskriptiv, sondern auch analytisch (s. Abb. 7.1). Er verbindet die Verhaltensmuster Intimität, Unterordnung, Formalität und Güteraustausch, die den beiden Ressourcentypen abstrakt und konkret angehören, die ihrerseits wiederum zur partikularistischen und universellen interpersonalen Orientierung gehören und den zwei Facettenmodi „geben" und „ablehnen" unterzuordnen sind.

Die subjektive Kultur manifestiert sich in den Individuen auch in Form von Merkmalen des sozialen Systems (Triandis, 1994). Dieser Ansatz wird viel häufiger als Osgoods Konstrukt benutzt, da er auch Kategorisierung, Evaluation, Assoziation, Glauben, Einstellungen, Stereotype, Normen, Rollen und Werte einbezieht. Dabei spricht man vom Rollen-Differential (Triandis, 1994). So ist z. B. Vater – Sohn ein vergleichbarer Status der Partner, der systematisch variiert wird: *In*-Gruppe, *Out*-Gruppe, Konfliktrollen. Die Muster von Rollenzusammenhängen sind dabei „kooperiert" oder „nicht kooperiert". Damit meint Triandis, dass

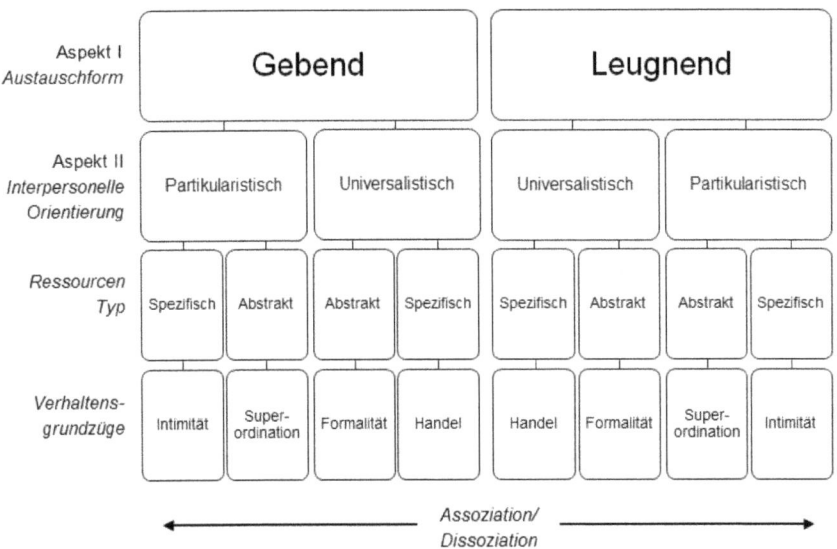

Abbildung 7.1 Modell der zwischenmenschlichen Beziehungen nach Adamopoulos (1984)

Solidarität und Intimität Faktoren sind, die kulturell unabhängig sind. Am wichtigsten ist der Zusammenhang zwischen der subjektiven Kultur und dem Verhalten (Triandis, 1972, Jaccard, Litardo & Wan, 1999; vgl. auch Adamopoulos & Kashima, 1999).

Kultur und subjektive Kultur

Bei der subjektiven Kultur ist zu bedenken, dass die Ideen, die Theorien, die politischen, religiösen, wissenschaftlichen, ästhetischen und sozialen Standards für die Beurteilung von Ereignissen in der Umwelt verantwortlich sind. Sie sind durch Menschen bedingt und betonen die Art und Weise, wie die Menschen ihre Umwelt wahrnehmen (Triandis, 1994).

Die subjektive Kultur zeigt auf, wie die Menschen die Erfahrung kategorisieren, die Vorstellungen über korrektes Verhalten, fremde Gruppen betrachten und wie die Werte in deren Umwelt eindringen.

Das Kategorisieren wird durch die Sprache ausgedrückt, daher spielt die Kultur hier eine große Rolle. Jede Kategorie ist in einer Kultur mit bestimmten Assoziationen verbunden. Die Verknüpfungen aber zwischen den Glaubenskategorien sind individuell und geben somit die subjektive Kultur wider. Weitere Merkmale sind Evaluationen (Bewertungen), die wir für die Ereignisse und Gegenstände haben. Diese werden z. B. beim semantischen Differential erforscht. Die sogenannten konnotativen Meinungen kommen auf diese Weise zum Ausdruck, wie z. B. „die _____ Mutter. Die Mutter ist _____" (vgl. Osgood et al., 1975). Die Definition und Konnotation z. B. von „heiß" (heißes Wetter) hängt von der Definition von „kalt" und „warm" ab (Triandis, 1994). Dieses Beispiel von Triandis wird immer wieder bei Reisen von Personen aus nördlichen Ländern in den Süden ersichtlich.

Normen und subjektive Kultur

Die Erwartungen und Normen stellen somit weitere Aspekte der subjektiven Kultur dar (Triandis, 1994).

Unsere Erwartungen reflektieren unsere frühere Erfahrung. Die Kulturen und die Gesellschaften setzen auch unterschiedliche Erwartungen der Personen voraus. Diese Erwartungen beginnen sogar mit den finanziellen Umständen, welche die Personen haben. Weitere Merkmale sind die Normen (vgl. Kap. 2) als Vorstellungen über das korrekte Verhalten der Mitglieder einer Gruppe.

Die *Equity*- (nach Leistung) und *Equality*-Norm (nach Bedürfnissen und Gleichheit) spielen eine große Rolle bei der kulturellen Differenzierung. Die sozialen Rollen werden auch als eine spezifische Art von Normen wahrgenommen (vgl. auch Kap. 2 und 5), da es bestimmte Vorstellungen davon gibt, wie eine soziale Rolle auszuüben ist. Die sozialen Regeln, Selbstdefinitionen, Stereotype und Werte, sowie die Vorstellungen über die eigene Gruppe beschreiben auch die subjektive Kultur einer Person.

In der Sozialpsychologie wird der Zusammenhang zwischen der subjektiven Kultur und dem sozialen Verhalten einer der wichtigsten Schwerpunkte. Wenn wir wissen, wie Personen das Kategorisieren vollziehen, wie die Assoziationen zwischen den Kategorien funktionieren und welche Normen, Rollen und Werte existieren, dann können wir die Einstellungen und ein bestimmtes Verhalten voraussagen, wobei natürlich vergangenes Verhalten stärker als Einstellungen das Zukünftige voraussagen kann Triandis (1972, 1980, 1994, s. Abb. 7.2).

Dabei werden Situationen und frühere Erfahrungen im Licht der individuellen, subjektiven Kultur interpretiert. Diese Prozesse aktivieren mehrere psychologische Prozesse und eine Person reagiert mit einem bestimmten Verhalten.

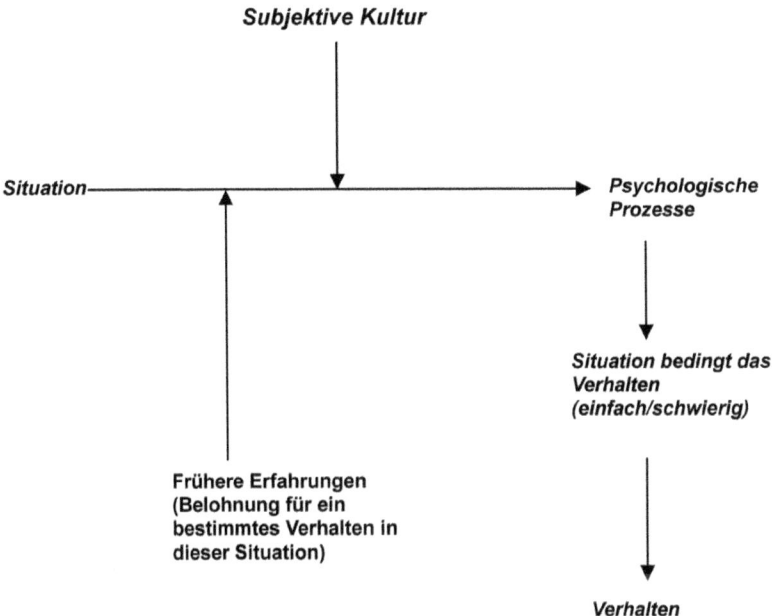

Abbildung 7.2 Subjektive Kultur und soziales Verhalten

Als interessante Elemente und Unterschiede zwischen den Verhaltensmustern kann man bei der subjektiven Kultur die Saphir-Whorf-Hypothese oder die Geschlechtsgleichheit (Geschlechterrollen) in den verschiedenen Gesellschaften ansprechen.

Die Sapir-Whorf-Hypothese

Die Sapir-Whorf-Hypothese besagt, dass die Sprache die Art und Weise des Denkens beeinflusst und dass die Weltanschauung von der Struktur der Sprache abhängig ist. Ob man Englisch oder Französisch als Muttersprache spricht, beeinflusst die Weltanschauung, so wie z. B. beim Ausdruck in slawischen Sprachen mehr auf den Kontext als auf den genauen semantischen Gebrauch der Wörter geachtet wird. Die Geschlechtsbeziehungen und die Vorstellungen davon, wie diese funktionieren können, unterscheiden sich sehr in der subjektiven Wahrnehmung der Personen. Die Kulturen arbeiten unterschiedlich in Bezug auf Zeit: So wird z. B. Pünktlichkeit unterschiedlich wahrgenommen (Triandis, 1994).

In diesem Zusammenhang finden hier die elementaren Formen der sozialen Interaktion Anwendung. Fiske (1990, 1992) benutzt folgende Benennung für die elementaren Formen: *Communal sharing, autority ranking, equality matching* und *market principle*:

1. *Communal sharing* (CS): Diese Art von Sozialverhalten ist in Familien vorhanden. Es ist üblich, Ressourcen in der Familie zu teilen, wenn diese vorhanden sind. Dabei wird berücksichtigt, wer was braucht.
2. *Autority ranking* (AR): In dieser elementaren Form achten Menschen sehr auf Status und Rang. Dieses kann sich auch nach Alter (der Ältere) oder Geschlecht (der Vater) richten.
3. *Equality matching* (EM): Hier wird die Reziprozität betont – *tit for tat*-Regel. Personen, die nicht nach Bedürfnissen oder nach dem Status teilen, „betreiben" *equality*.
4. *Market principle* (MP): Bei diesem Verhalten bekommt man das, was man will, im Austausch mit dem, was man gibt. Im Tausch gegen Geld kann man andere Ressourcen erhalten, wie Liebe, Status, Information, Güter, Service oder Zeit. Die Regel lautet, je mehr man gibt, desto mehr gewinnt man proportional.

In jeder Kultur werden diese vier sozialen Orientierungen gleichermaßen genutzt, jedoch je nach der vorliegenden Situation bevorzugt.

In Bezug auf die subjektive Kultur spielt das sogenannte *cultural syndrome* nach Triandis (1993, 1996) eine wichtige Rolle. Es gibt eine Tendenz innerhalb eines Landes oder einer Kultur wieder, die sich in einer „kulturellen Merkmalskonstellation" *(cultural syndrome)* ausdrückt (vgl. Kap. 5). Diese Merkmalskonstellation wird durch die gemeinsame Sprache, den gleichen Raum, die gleichen Zeitverhältnisse und die sozialen Einstellungen, Normen, Rollen, usw. bedingt. Das Hauptmerkmal dieser kulturellen Merkmalskonstellationen ist die differenzierte Betrachtungsweise z. B. des Individualismus und des Kollektivismus. In verschiedenen Kulturen werden die Begriffe Individualismus und Kollektivismus durch die Art der Organisation der Information unterschiedlich ausgelegt.

Zu den *cultural syndromes* zählen nicht nur die Hofstedeschen Dimensionen (vgl. Kap. 5) und Individualismus/Soziozentrismus (vgl. Kap. 5), sondern ebenfalls solche wie *tight-* vs. *loose-* (strenge vs. lockere, freie) Kulturen, Simplizität und Komplexität (Triandis, 1994). Dabei existiert z. B. Individualismus am ehesten in komplexen, *loosen* Gesellschaften und Kollektivismus in simplen, *tight*-Gesellschaften (Triandis, 2000, vgl. Kap. 4).

Die gesamte Evolution ist von steigender Komplexität gekennzeichnet. Die Komplexität äußert sich in mehreren Aspekten.

Aus der Forschung
Simple und Komplexe Kulturen

In einer Zusammenfassung von relevanten holistischen Studien, die Kultur als Einheit der Analyse benutzen, haben Ember und Levinson (1991) festgestellt, dass der Unterschied zwischen „simplen" und „komplexeren" Kulturen einer der wichtigsten Faktoren für die kulturelle Variation des Sozialverhaltens ist. Somit wird die Unterscheidung zwischen *tight*- und *loose*-Kulturen vorgenommen. Die *tight*-Kulturen weisen klare Normen auf. Geringe Abweichungen von den Normen werden toleriert, bei größeren werden Sanktionen eingesetzt. Die *loose*-Kulturen haben unklare Normen und tolerieren Abweichungen. In heterogenen, pluralistischen Kulturen ist es schwierig, spezifische Normen zu identifizieren und Sanktionen durchzusetzen. Die geographische Mobilität der Personen stimuliert eine offene Gemeinschaft. Hier werden auch Zusammenhänge mit dem Klima (ökokultureller Ansatz, vgl. Kap. 2) festgestellt: Sehr warmes Klima setzt mehr *looseness* voraus, während Kulturen mit kaltem Klima *tight* sind. Dies wird damit in Verbindung gebracht, dass in kaltem Klima mehr Kontrolle über Ressourcenverteilung ausgeübt wird.

Zusammenfassend ist festzuhalten, dass die subjektive Kultur die Art und Weise darstellt, wie die Menschen ihre Kultur wahrnehmen und wie dadurch die Denk- und Verhaltensmuster einer Person beeinflusst werden. Die subjektive Kultur äußert sich auch in der Wahrnehmung und Bewertung der eigenen Persönlichkeit, des eigenen Lebens und der Lebenszufriedenheit. Es handelt sich dabei um eine relativ neue sozialpsychologische mit kulturvergleichendem Schwerpunkt ausgerichtete Forschung. Das ist im Gegensatz zur Kultur ein rein psychologisches Konstrukt, da es eng mit den Denk- und Verhaltensmustern der einzelnen Person zusammenhängt.

Literatur

Abrawal, R. (1986) Authoritarianism and stress: some findings on indian adolescents, *Psychological Studies*, 31 (2), 161–164.
Ahmed, S. M. S., Boyce, A. & Ready, N. (1991) Factor analysis of authority behaviour inventory, *Psychological Reports*, 69, 168–170.
Allesch, C. G. (1990) Thesen zum Selbstverständnis von Kulturpsychologie. In: C. G. Allesch & E. Billmann-Mahecha (Hrsg.): Perspektiven der Kulturpsychologie. Heidelberg: Roland Asanger, 14–27.
Allesch, C. G. (2002) Kultur als Gegenstand der Psychologie. In: M. Hildebrand-Nilshon, C. W. Kim & D. Papadopoulos (Hrsg.) *Kultur (in) der Psychologie. Über das Abenteuer des Kulturbegriffs in der psychologischen Theorienbildung*. Heidelberg, Kröning: Asanger Verlag, 7–32.
Adamopoulos, J. (1984) The differentiation of socaila behavior. *Journal of Cross-Cultural Psychology*, 15, 487–508.
Adamopoulos, J. (1999) The emergence of cultural patterns of interpersonal behavior. In: J. Adamopoulos & Y. Kashima (Eds.) *Social psychology and cultural context*. Thousand Oaks, CA: Sage Publications, 63–76.
Adamopoulos, J. & Kashima, Y. (Eds.) (1999) *Social psychology and cultural context*. Thousand Oaks, CA: Sage Publications.
Adamopoulos, J. & Kashima, Y. (1999) Introduction: Subjective culture as a research tradition. In: J. Adamopoulos & Y. Kashima (Eds.) *Social psychology and cultural context*. Thousand Oaks, CA: Sage Publications, 1–6.
Adler, L. L. & Gielen, U. P. (Eds.) (2001) *Cross-Cultural Topics in Psychology*. Westport, Connecticut: Praeger Publishers.
Adorno, T. W. (1973) *Studien zum autoritärem Charakter*. Frankfurt/Main: Suhrkamp Verlag.
Adorno, T. W., Frenkel-Brunswick, E., Levinson, D. J. & Sanford, R. N. (1950) *The Authoritarian Personality*. New York: Harper & Row.
Allesch, C. G. (2002) Kultur als Gegenstand der Psychologie. In: M. Hildebrand-Nilshon, C. W. Kim & D. Papadopoulos (Hrsg.) *Kultur (in) der Psychologie. Über das Abenteuer des Kulturbegriffs in der psychologischen Theorienbildung*. Heidelberg, Kröning: Asanger Verlag, 7–32.
Allport, G. W., Vernon, P. E. & Lindsey, G. (1951) *Study of Values*. Boston: Houghton Mifflin.
Altemeyer, B. (1981) *Right Wing Authoritarianism*. The University of Manitoba Press.
Altemeyer, B. (1988) *Enemies of Freedom. Understanding Right-Wing Authoritarianism*. San Francisco, London: Jossey-Bass Publishers.
Altemeyer, B. & B. Hunsberger (1992) Authoritarianism, Religious Fundamentalism, Quest, and Predjuce, *The International Journal for the Psychology of Religion*, 2 (2), 113–133.

Anderson, R. B. W. (1973) On the comparability of meaningful stimuli in cross-cultural research. In: D. P. Warwick, & S. Osherson (Eds.) *Comparative research methods*. Englewood Cliffs, N. J.: Prentice-Hall, 149–162.
Aresu, M., Bucarelli, A. & Marongui, P. (1979) A preminary investigation of the authoritarian tendencies in a group af sport referees, *International Journal of Sport Psychology*, 10, 42–51.
Arnett, J. J. (2002) The Psychology of Globalization, *American Psychologist*, 57 (10), 774–783.
Barnlund, D. & Araki, S. (1985) Intercultural encounters: The management of compliments by Japanese and Americans, *Journal of Cross-Cultural Psychology*, 16, 9–26.
Beatty, J. (2001) Language and Communication. In: L. L. Adler & U. P. Gielen (Eds.) *Cross-Cultural Topics in Psychology*. Westport, Connecticut: Praeger Publishers, 47–62.
Bellah, R. N., Madsen, R., Sullivan, W. M., Swidler, A. & Tipton, S. M. (1985) *Habits of the heart: individualism and commitment in American life*, University of California Press, Berkeley.
Benedict, R. (1990) Patterns of Culture. In: *Personality Sociology*, Sofia, Narodna prosveta, 121–130 (in bulgarisch).
Bennet, R. W. & Iwao, M. (1963) *Paternalism in the Japanese economy*. Minneapolis: University of Minnesota Press.
Berry, J. W. (1969) On cross-cultural comparability, *International Journal of Psychology*, 4, 199–128.
Berry, J. W. (1980) Ecological Analyses for cross-cultural Psychology. In: N. Warren (Ed.) *Studies in Cross-cultural Psychology* (Vol. 2). London: Academic Press.
Berry, J. W. (1980) Introduction in Methodology. In: H. C. Triandis & J. W. Berry (Eds.) *Handbook of Cross-Cultural Psychology. Methodology* (Vol. 2). Boston: Allyn and Bacon, 1–28.
Berry, J. W., Poortinga, Y. H., Segall, M. H. & Dasen, P. R. (1992) *Cross-Cultural Psychology. Research and Applications*. (1nd ed.) Cambridge: University Press.
Berry, J. W. (1994) Ecology of Individualism and Collectivism. In: U. Kim, H. C. Triandis, C. Kagitcibasi, S.-C. Choi & G. Yoon (Eds.) *Individualism and Collectivism. Theory, Method, and Applications*. Thousand Oaks: Sage Publications, 77–84.
Berry, J. W. (1999) On the Unity of the field of culture and psychology. In: J. Adamopoulos & Y. Kashima (Eds.) *Social psychology and cultural context*. Thousand Oaks, CA: Sage Publications, 7–15.
Berry, J. W. & Kalin, R. (1995) Multicultural and ethnic attitudes in Canada: An overview of the 1991 national survey, *Canadian Journal of Behavioural Science*, 27, 301–320.
Berry, J. W., Poortinga, Y. H. & Pandey, J. (Eds.) (1997) *Handbook of Cross-Cultural Psychology (Vol. 1). Theory and Method*. Boston: Allyn and Bacon.
Berry, J. W., Poortinga, Y. H., Segall, M. H. & Dasen, P. R. (2002) *Cross-Cultural Psychology. Research and Applications*. (2nd ed.) Cambridge: University Press.
Bierbrauer, G., Meyer, H. & Wolfradt, U. (1994) Measurement of Normative and Evaluative Aspects in Individualistic and Collectivistic Orientations: The Cultural Orientation Scale (COS). In: U. Kim, H. C. Triandis, C. Kagitcibasi, S.-C. Choi & G. Yoon (Eds.) *Individualism and Collectivism. Theory, Method, and Applications*. Thousand Oaks: Sage Publications, 189–199.

Billings, D. K. & Majors, F. (1989) Individualism and Group-orientation: Contrasting Personalities in Constrasting Melanesian Cultures. In: D. M. Keats, D. Munro & L. Mann (Eds.) *Heterogeneity in Cross-Cultural Psychology*. Amsterdam/Lisse: Swets & Zeitlinger B. V., 92–103.
Boas, F. (1990) Ansätze beim Erforschen der Kulturstrukturen. In: D. Stefanov & D. Ginev (Hrsg.) *Ideen für die Kulturwissenschaft* (Vol. 1), Sofia: Universitätsverlag St. Kliment Ohridsky, 375–377 (in bulgarisch).
Bochner, S. (1980) Unobtrusive Methods in Cross-Cultural Experimentation. In: H. C. Triandis & J. W. Berry (Eds.) *Handbook of Cross-Cultural Psychology. Methodology* (Vol. 2). Boston: Allyn and Bacon, 319–388.
Bochner, S. (1986) Observational Methods. In: W. J. Lonner & J. W. Berry (Eds.) *Field Methods in Cross-Cultural Research*. Beverly Hills: Sage Publications, 165–202.
Bode, C. (1988) *Ästhetik der Ambiguität: Zu Funktion und Bedeutung von Mehrdeutigkeit in der Literatur der Moderne*. Tübingen: Max Niemeyer Verlag.
Boesch, E. (2002) Genese der subjektiven Kultur. In: K. C. W. Hildebrand-Nilshon & D. Papadopoulos (Hrsg.) *Kultur (in) der Psychologie*, Heidelberg: Asanger Verlag, Kröning, 67–97.
Bond, M. H. (1986) (Ed.) *The psychology of the chinese people*. Hong Kong: Oxford University Press.
Bond, M. H. (1988a) Finding universal dimensions of individual variation in multi-cultural studies of values: The Rokeach and Chinese value surveys, *Journal of Personality and Social Psychology*, 55, 1009–1015.
Bond, M. H. (Ed.) (1988b) *The Cross-Cultural Challenge to Social Psychology*. Newbury Park: Sage Publications.
Brant, W. D. (1978) Attitudes toward female professors: a scale with some date on its reliability and validity, *Psychological Reports*, 43, 211–214.
Breuer, S. (1992) Sozialpsychologische Implikationen der Narzissmustheorie, *Psyche*, 46(1), 1–31.
Brewer, M. & Campbell, D. T. (1976) *Ethnocentrism and intergroup attitudes: East African ecidence*. New York: Halsted/Wiley.
Brislin, R. H. (1970) Back-translation for cross-cultural research, *Journal of Cross-Cultural Psychology*, 1, 185–216.
Brislin, R. H. (1980) Translation and Content Analysis of Oral and Written Material. In: H. C. Triandis & J. W. Berry (Eds.) *Handbook of Cross-Cultural Psychology. Methodology* (Vol. 2). Boston: Allyn and Bacon, 389–444.
Brislin, R. W. (1986) The Wording and Translation of Research Instruments. In: W. J. Lonner & J. W. Berry (Eds.) *Field Methods in Cross-Cultural Research*. Beverly Hills: Sage Publications, 137–164.
Brislin, R. W. (1990) Applied cross-cultural psychology: an introduction. In: R. W. Brislin (Ed.) *Applied cross-cultural psychology*. Newbury Park: Sage Publications, 9–33.
Brislin, R. W. & Hughes-Wiener, G. (1989) Collaborative Research: The Anticipation of Potential Difficulties. In: D. M. Keats, D. Munro & L. Mann (Eds.) *Heterogeneity in Cross-Cultural Psychology*. Amsterdam/Lisse: Swets & Zeitlinger B. V., 104–122.
Brislin, R., Lonner, W. & Thorndike, R. M. (1973) *Cross-cultural Research Methods*, New York: Wiley.

Brown, D. E. (1990) The counter revolution of our time. Industrial Relations, 29, 1–15.
Brown, E. D. & Sechrest, L. (1980) Experiments in Cross-Cultural Research. In: H. C. Triandis & J. W. Berry (Eds.) *Handbook of Cross-Cultural Psychology. Methodology* (Vol. 2). Boston: Allyn and Bacon, 297–318.
Browning, D. (1987) Ego Development, Authoritarianism, and Social Status: An Investigation of the Incremental Validity of Loevinger's Sentence Completion Test (Short Form), *Journal of Personality and Social Psychology*, 53 (1), 113–118.
Buss, D. M. (2004) *Evolutionäre Psychologie*. München: Pearson Studium.
Byrne, B. M. & Campbell, T. L. (1999) Cross-cultural comparisons and the persumption of equivalent measurement and theoretical structure: A look beneath the surface, *Journal of Cross-Cultural Psychology*, 30, 555–574.
Campbell, D. T. (1964) Distinguishing differences in perception from failures of communication in cross-cultural studies. In: F. S. C. Northrup & Livingston (Eds.) *Crosscultural understanding: Epistemology in anthropology*. New York: Harper & Row, 308–336.
Campbell, A. (1981) *The sense of well-being in America: Recent patterns and trends*. New York: McGraw-Hill.
Campbell, D. T. (1968) A cooperative multinational opinion sample exchange, *Journal of Social Issues*, 24, 245–258.
Campbell, D. T. & Fiske, D. W. (1959) Convergent and discriminant validation by the multitrait-multimethod matrix, *Psychological Bulletin*, 56, 81–105.
Campbell, D. T. & Narrol, R. (1972) The mutual methological relevance of anthropology und psychology. In: F. L. K. Hsu (Ed.) *Psychological anthropology*. Camebridge, MA: Schenkman, 435–463.
Campbell, D. T. & Stanley, J. C. (1966) *Expermental and quasi-experimental designs for research*. Chicago: Rand McNally.
Casagrande, J. (1954) The ends of translation, *International Journal of American Linguistics*, 20, 335–340.
Cattell, R. B. (1949) *An introduction to personality study*. London: Hutchinson.
Chan, D. K.-S. (1994) COLINDEX: A Refinement of Three Collectivism Measures. In: U. Kim, H. C. Triandis, C. Kagitcibasi, S.-C. Choi & G. Yoon (Eds.) *Individualism and Collectivism. Theory, Method, and Applications*. Thousand Oaks: Sage Publications, 200–212.
Chapanis, A. (1965) *Man-machine engineering*. Belmont, Calif.: Wadsworth.
Christie, R. & Geis, F. (1970) *Studies in Machiavellianism*. New York: Academic Press.
Ciborowski, T. (1980) The Role of Context, Skill, and Transfer in Cross-Cultural Experimentation. In: H. C. Triandis & J. W. Berry (Eds.) *Handbook of Cross-Cultural Psychology. Methodology* (Vol. 2). Boston: Allyn and Bacon, 279–296.
Cloetta, B. (1972) *MK: Fragebogen zur Erfassung von Machiavellismus und Konservatismus*. Arbeitsbericht 6 des Sonderforschungsbereiches 23, University of Konstanz.
Cole, M., Gay, J., Glick, J. A. & D. W. Sharp (1971) *The cultural context of learning and thinking: An exploration in experimental anthropology*. New York: Basic Books.
Cole, M. & Scribner, S. (1974) *Culture and thought*. New York: Wiley.
Cole, M. (1996) *Cultural Psychology*, Cambridge, MA: Harvard University Press.

Cook, T. D. & Campbell, D. T. (1979) *Quasi-Experimentation: Design & Analysis Issues for Field Settings.* Boston, MA: Houghton Mifflin Company.
Cronbach, L. (1975) Beyond the two disciplines of scientific psychology, *American Psychologist,* 30, 116–127.
Cronbach, L. & Meehl, P. (1955) Construct validation in psychological tests, *Psychological Bulletin,* 52, 281–302.
Dalbert, C. (1992) Der Glaube an die gerechte Welt: Differenzierung und Validierung eines Konstrukts, *Zeitschrift für Sozialpsychologie,* 23 (4), 268–276.
Dekker, P. & Ester, P. (1987) Working-Class authoritarianism: are-examination of the Lipset thesis, *European Journal of Political Research,* 15, 395–415.
Deutsch, M. (1985) *Distributive justice, a social psychological perspective.* New Haven: Yale University Press.
Deutscher, I. (1973) Asking questions cross-culturally: some problems of linguistic comparability. In: D. P. Warwick & S. Osherson (Eds.) *Comparative research methods.* Englewood Cliffs, N. J.: Prentice-Hall, 163–203.
Devi, P. N. & Mythili, S. P. (1986) Influence of Authoritarianism, Rigidity and their Interaction on Verbal Paired Associate Learning, *Journal of Indian Psychology,* 5 (2), 63–75.
Diener, E. (1994) Assessing subjective well-being: Progress and opportunities, *Social Indicators Research,* 31, 103–157.
Diener, E. & Diener, M. (1993) *Self-esteem, financial satisfaction, and family satisfaction as predictors of life satisfaction across 31 countries.* Mimeo.
Dilthey, W. (1990) Die gegenwärtige Kultur und die Philosophie. In: D. Stefanov & D. Ginev (Hrsg.) *Ideen für die Kulturwissenschaft* (Vol. 1). Sofia: Universitätsverlag St. Kliment Ohridsky, 73–94 (in bulgarisch).
Dore, R. P. (1958) *City life in Japan.* Berkeley: University of California Press.
Draguns, J. G. (1990) Applications of cross-cultural psychology in the field of mental health. In: R. W. Brislin (Ed.) *Applied cross-cultural psychology.* Newbury Park: Sage Publications, 302–324.
Duckitt, J. (1985) Social Class and F Scale Authoritarianism: A Reconsideration, *High School Journal,* 68, 279–286.
Duckitt, J. (1988) Normative conformity and racial prejudice in South Africa, *Genetic, Social, and General Psychology Monographs,* 114, 413–437.
Duckitt, J. (1989) Authoritarianism and Group Identification: A New View of an Old Construct, *Political Psychology,* 10 (1), 63–85.
Dumont, L. (1996) *Essays on individualism.* University of Chicago Press. Chicago.
Durkheim, E. (1924) *Soziologie und Philosophie.* Frankfurt a. M.: Suhrkamp.
Durkheim, E. (1990) Dualism of human Nature and their social conditions. In: *Personality Sociology,* Sofia, Narodna prosveta, 55–68 (in bulgarisch).
Eckensberger, L. H. (1972) The necessity of a theory for applied cross-cultural research. In: L. H. Cronbach & P. J. D. Drenth (Eds.) *Mental tests and cultural adaptation.* The Hague: Mouton, 99–107.
Eckensberger, L. H. (1993) Moralische Urteile als handlungsleitende normative Regelsysteme im Spiegel der kulturvergleichenden Forschung. In: A. Thomas (Hrsg.) *Kulturvergleichende Psychologie. Eine Einführung.* Göttingen: Hogrefe, 259–296.

Edgerton, R. (1971) *The individual in cultural adaption: A study of four East African peoples.* Los Angeles: University of California Press.
Enriquez, V. G. (1993) Developing a Filipino psychology. In U. Kim & J. W. Berry (eds), *Indigenous psychologies: research and experience in cultural context*, Newbury Park, CA: Sage, 152–169.
Eysenck, H. J. (1982) Review of Right-Wing Authoritarianism, *Personality and Individual Differences*, 3, 352–353.
Farr, R. (1996) Individualism and Solidarity as rival Sets of Cultural Values: A Social Psychological Perspektive on the Late Cold War, *Sociological Problems*, Sofia, 1, 84–93 (in bulgarisch).
Festinger, L. (1957) *A theory of cognitive dissonance.* Stanford, CA: Stanford University Press.
Fishbein, M. & Ajzen, I. (1975) *Belief, attitude, intentions, and behavior: An introduction to theory and research.* Reading, MA: Addison-Wesley.
Fiske, A. P.(1990) *Stuctures of social life: the four elementary forms of human relations.* New York: Free Press.
Fiske, A. P. (1992) The four elementary forms of sociality: A framework for unified theory of human relations, *Psychological Review*, 99, 689–723.
Foa, U. G. & Foa, E. B. (1976) Resource theory of social exchange. In: J. W. Thibaut, J. T. Spence & R. C. Carson (Eds.) *Contemporary topics in social psychology.* Morristown, N. J.: General Learning Press.
Fower, B. J. & Richardson, F. C. (1996) *Why is multiculturalism good?*, American Psychologist, 51(6), 609–621.
Frey, F. (1970) Cross-cultural survey research in political science. In: R. Holt & J. Turner (Eds.) *The methodology of comparative research.* New York: Free Press, 173–264.
Friedman, T. L. (2000) *The Lexus and the olive tree: Understanding globalization.* New York: Anchor.
Funke, F. (2003) Die dimensionale Strktur von Autoritarismus, eletronische Dissertation http://deposit.ddb.de/cgi-bin/dokserv?idn=974497509 (Zugriff Juli 2007)
Geertz, C. (1990) Interpretation der Kulturen. In: D. Stefanov & D. Ginev (Hrsg.) *Ideen für die Kulturwissenschaft* (Vol. 1). Sofia: Universitätsverlag St. Kliment Ohridsky, 526–558 (in bulgarisch).
Gelfand, M. J., Triandis, H. C. & Chan, D. K.-S. (1996) Individualism versus collectivism or versus authoritarianism?, *European Journal of Social Psychology*, 26, 397–410.
Genkova, P. (2001) *Identity and Prosocial behavior.* Sofia.
Genkova, P. (2003) *Individualismus/Kollektivismus und hilfreiches Verhalten.* Frankfurt am Main: Peter Lang.
Genkova, P. (2009) *„Nicht nur die Liebe zählt..." Lebenszufriedenheit und kultureller Kontext.* Lengerich: Pabst Publishers.
Genkova, P. (2010) Frau sein – eine Herausforderung? – Gender Mainstream und Politische Psychologie. In: G. Steins (Hrsg.) *Handbuch Psychologie und Geschlechterforschung.* Wiesbaden: VS Verlag, 289–305.
Georgas, J. (1989) Family values in Greece: From collectivist to individualist, *Journal of Cross-Cultural Psychology*, 20, 80–91.

George, J. M. & Jones, G. R. (1997) Experiencing Work: Value, Attitudes, and Moods, *Human Relations*, 50, 393–416.
Gerganov, E., Dilova, M., Petkova, K. & Paspalanova, E. (1996) Culture-specific approach to the study of individualism/collectivism, *European Journal of Social Psychology*, Vol 26(2): 277–297.
Gerganov, E., Petkova, K., Dilova, M. & E. Paspalanova (1996) Psychosemantic Method of the Study of Individualism/Collectivism, *Sociological problems*, Sofia, 1, 19–34 (in bulgarisch).
Giddens, A. (2000) *Runaway world: How globalization is reshaping our lives*. New York: Routledge.
Gonsalves, S. V. & Bernard, G. A. (1985) The Protestant Ethic and Conservatism Scales: Correlation and Validation Among Different Ethnic Groups, *High School Journal*, 68, 247–253.
Greenfield, P. M. (1997a) Culture as Process: Empirical Methods for Cultural Psychology. In: J. W. Berry, Y. H. Poortinga & J. Pandey (Eds.) *Handbook of Cross-Cultural Psychology (Vol. 1), Theory and Method*. Boston: Allyn and Bacon, 301–346.
Greenfield, P. M. (1997b) You can't take it with you: Why ability assessments don't cross cultures, *American Psychologist*, 52, 1115–1124.
Großmann, K. E. (1993) Geist und Kultur: Biologische Ansätze. In: A. Thomas (Hrsg.) *Kulturvergleichende Psychologie. Eine Einführung*. Göttingen: Hogrefe, 59–64.
Gudykunst, W. B. & Bond, M. H. (1997) Intergroup relations across cultures. In: J. W. Berry, M. H. Segall & C. Kagitcibasi (Eds.) *Handbook of cross-cultural psychology (Vol. 3), Social behavior and applications*. Boston, MA: Allyn & Bacon, 119–161.
Gudykunst, W. B., Gao, G., Schmidt, K. L., Nishida, T., Bond, M. H., Leung, K., Wang, G. & Barraclough, R. A. (1992) The influence of individualism-collectivism on communication in ingroup and outgroup relationships, *Journal of Cross-Cultural Psychology*, 23, 196–213.
Guthrie, G. M. & Lonner, W. J. (1986) Assessment of Personality and Psychopathology. In: W. J. Lonner & J. W. Berry (Eds.) *Field Methods in Cross-Cultural Research*. Beverly Hills: Sage Publications, 231–264.
Hambleton, R. K., Swaminathan, H. & Rogers, H. J. (1991) *Fundamentals of item response theory*. Newbury Park, CA: Sage.
Hassan, M. K. (1987) Parental behavior, authoritarianism, and prejudice, *Manas*, 34 (1-2), 41–50.
Heaven, P. C. L.(1984a) *Construction and validation of a new measure of authoritarianism*. Paper presented to the Int. Conf. on Authoritarianism and Dogmatism, State University of New York, Potsdam, N. Y. 12–13 Oct.
Heaven, P. C. L. (1984b) Factor structure of the Lorr and More assertiveness inventory, *Personal Individual Differences*, 5, 741–742.
Heaven, P. C. L. (1986) Authoritarianism, directiveness and self-esteem revisited: a cross-cultural analysis, *Personality and Individual Differences*, 7 (2), 225–228.
Heaven, P. C. L. (1987) Authoritarianism, Dominance, and Need for Achievement, *Australian Journal of Psychology*, 39 (3), 331–337.
Helfrich, H. (1993) Die Ziele der kulturvergleichenden Psychologie. In: A. Thomas (Hrsg.) *Kulturvergleichende Psychologie. Eine Einführung*. Göttingen: Hogrefe, 81.

Hermans, H. J. M. & Kempen, H. J. G. (1998) Moving Cultures: The Perilous Problems of Cultural Dichotomies in a Globalizing Society, *American Psychologist*, 53, 1111–1120.
Heß, W. (1987) *Methodische Probleme und Perspektiven*. Berlin: Verlag für Wissenschaftspublikation.
Hlavsa, J. & Podrabsky, J. (1973) The influence of dominace and submissiveness of Creative productivity in dyads, *Studia Psychological*, 4, 321–327.
Ho, D. Y.-F. & Wu, M. (2001) Introduction to Cross-Cultural Psychology. In: L. L. Adler & U. P. Gielen (Eds.) *Cross-Cultural Topics in Psychology*. Westport, Connecticut: Praeger Publishers, 3–14.
Hoffmeister, D. & Sill, O. (1992) *Zwischen Aufstieg und Ausstieg. Autoritäre Einstellungsmuster bei Jugendlichen/jungen Erwachsenen*. Leske und Budrich, Opladen.
Hofstaetter, P. R. (1951) A Factorial Study of Culture. Patterns in the U. S., *Journal of Psychology*, 32, 99–113.
Hofstede, G. (1980) *Culture's consequences: International differences in work related values*. Beverly Hills, CA: Sage.
Hofstede, G. (1983) National Cultures in Four Dimensions, *International Studies of Managment and Organization*, Spring-Summer, 68.
Hofstede, G. (1989) Cultural predictors of national negotiation styles. In: F. Mauter-Markhof (Ed.) *Processes of international negotiations*. Boulder, CO: Westview Press, 193–202.
Hofstede, G. (1991a) *Cultures and organizations: Software in the mind*. London: McGraw-Hill.
Hofstede, G. (1991b) *Lokales Denken, globales Handeln. Interkulturelle Zusammenarbeit und globales Management*. München Beck-Wirtschaftsberater im Deutschen Taschenbuch Verlag.
Hofstede, G. & Bond, M. H. (1984) Hofstede's cultural dimensions. An independent validation using Rokeach 's Value Survey, *Journal of Cross-Cultural Psychology*, 15, 417–433.
Hofstede, G., Bond, M. H. & Luk, C. (1993) Individual Perceptions of Organizational Cultures: A Methodological Teratise on Leves of Analysis, *Organization Studies*, 14, 483–503.
Hogan, J. D. & Sussner, B. D. (2001) Cross-Cultural Psychology in Historical Perspective. In: L. L. Adler & U. P. Gielen (Eds.) *Cross-Cultural Topics in Psychology*. Westport, Connecticut: Praeger Publishers, 15–28.
Holland, P. W. & Wainer, H. (Eds.) (1993) *Differential item functioning*. Hillsdale, NJ: Erlbaum.
Holtzman, W. H. (1980) Projective Techniques. In: H. C. Triandis & J. W. Berry (Eds.) *Handbook of Cross-Cultural Psychology. Methodology* (Vol. 2). Boston: Allyn and Bacon, 245–278.
House, R. J. & Howell, J. M. (1992) Personality and Charismatic Leadership, *Leadership Quarterly*, 3 (2), 81–108.
Hoy, W. K. & Rees, R. (1974) Subordinate Loyalty to Immediate Superior: A Neglected Concept in the Study of Educational Administration, *Sociology of Education*, 47, 268–286.

Hsu, T. C. (1945) Cytological studies on HeLa. I. Observations on mitosis and chromosomes. *Tex. Rep. Biol. Med*, 12, 833–846.
Hui, C. H. (1988) Measurement of individualism-collectivism, *Journal of research in Personality*, 22, 17–36.
Hui, C. H. & Triandis, H. C. (1984) *What Does Individualism-Collectivism Mean: A Study of Social Scientists*. Unpublished Manuscript: University of Illinois Department of Psychology.
Hui, C. H. & Triandis, H. C. (1986) Individualism-collectivism: A study of cross-cultural researchers, *Journal of cross-cultural Psychology*, 17, 225–248.
Hui, C. H. & Triandis, H. C. (1989) Effects of culture and response format on extreme response style, *Journal of Cross-Cultural Psychology*, 20, 296–309.
Husserl, E. (1990) Über die Stufen der Intersubjektivität. In: D. Stefanov & D. Ginev (Hrsg.) *Ideen für die Kulturwissenschaft* (Vol. 1). Sofia: Universitätsverlag St. Kliment Ohridsky, 142–160 (in bulgarisch).
Ilola, L. M. (1990) Culture and health. In: R. W. Brislin (Ed.) *Applied cross-cultural psychology*. Newbury Park: Sage Publications, 278–301.
Inglehart, R. (1995) Changing values, economic development and political change, *International Social Science Journal*, 47, 349–403.
Irvine, S. H. (1968) *Human behavior in Africa: some research problems noted while compiling source materials*. Paper presented to the East Africa Instiute of Social Research Workshop in Social Psychology in Africa. New York City.
Irvine, S. H. & Carroll, W. K. (1980) Testing and Assessment across Cultures: Issues in Methodology and Theory. In: H. C. Triandis & J. W. Berry (Eds.) *Handbook of Cross-Cultural Psychology. Methodology* (Vol. 2). Boston: Allyn and Bacon, 181–244.
Iwata, O. (1977) Some attitudinal determinants of environmental concerns, *Journal of Social Psychology*, 103, 321–322.
Jaccard, J., Litardo, H. A., Wan, C. K. (1999) Subjective culture and social behavior. In: J. Adamopoulos & Y. Kashima (Eds.) *Social psychology and cultural context*. Thousand Oaks, CA: Sage Publications, 95–106.
Jahoda, G. (1979) A cross-cultural perspective on experimental social psychology, *Personality and Social Psychology Bulletin*, 5, 142–148.
Jahoda, G. (1980) Theoretical and Systematic Approaches in Cross-Cultural Psychology. In: H. C. Triandis & W. W. Lambert (Eds.) *Handbook of Cross-Cultural Psychology-Perspectives (Vol.1)*. Boston: Allyn and Bacon.
Jahoda, G. (2002) Models of mind and concepts of culture. In: K. C. W. Hildebrand-Nilshon & D. Papadopoulos (Hrsg.) *Kultur (in) der Psychologie*. Heidelberg: Asanger Verlag, Kröning, 33–47.
Jahoda, G. & Krewer, B. (1997) History of Cross-Cultural and Cultural Psychology. In: J. W. Berry, Y. H. Poortinga & J. Pandey (Eds.) *Handbook of Cross-Cultural Psychology (Vol. 1), Theory and Method*. Boston: Allyn and Bacon, 1–42.
Jernryd, E. (1973) Optimal resistance to authority and propaganda: Measuring instruments, age developments, and educational influences, *Didakometry and Sociometry*, 5, 27–53.
Kagitcibasi, C. (1967) *Social norms and authoritarianism: A comparison of Turkish and American adolescents*. Doctoral dissertation, University of California, Berkeley.

Kagitcibasi, C. (1989) Why Individualism/Collectivism? In: D.M. Keats, D. Munro & L. Mann (Eds.) *Heterogeneity in Cross-Cultural Psychology*. Amsterdam/Lisse: Swets & Zeitlinger B. V., 66–74.
Kagitcibasi, C. (1990) Family and home-based intervention. In: R.W. Brislin (Ed.) *Applied cross-cultural psychology*. Newbury Park: Sage Publications, 121–141.
Kagitcibasi, C. (1994) A Critical Appraisal of Individualism and Collectivism: Toward a New Formulation. In: U. Kim, H.C. Triandis, C. Kagitcibasi, S.-C. Choi & G. Yoon (Eds.) *Individualism and Collectivism. Theory, Method, and Applications*. Thousand Oaks: Sage Publications, 52–65.
Kagitcibasi, C. (1997) Individualism and collectivism. In: J.W. Berry, M.H. Segall & C. Kagitcibasi (Eds.) *Handbook of cross-cultural psychology (Vol. 3), Social behaviour and applications*. Boston, MA: Allyn & Bacon, 1–49.
Kashima, Y. (1989) Cultural Conceptions of the Person and Individualism-Collectivism: A Semiotic Framework. In: D.M. Keats, D. Munro & L. Mann (Eds.) *Heterogeneity in Cross-Cultural Psychology*. Amsterdam/Lisse: Swets & Zeitlinger B. V., 75–81.
Keller, H. (1997) Evolutionary Approaches. In: J.W. Berry, Y.H. Poortinga & J. Pandey (Eds.) *Handbook of Cross-Cultural Psychology (Vol. 1), Theory and Method*. Boston: Allyn and Bacon, 215–256.
Kemmelmeier, M., Burnstein, E., Krumov, K., Genkova, P., Kanagawa, C., Hirshberg, M.S., Erb, H.-P., Wieczorkowska, G. & Noels, K.A. (2003) Individualism, Collectivism, and Authoritarianism in seven societies, *Journal of Cross-Cultural Psychology*, 34, 304–322.
Kim, U. (1990) Indigenous psychology: science and applications. In: R.W. Brislin (Ed.) *Applied cross-cultural psychology*. Newbury Park: Sage Publications, 142–160.
Kim, U. & Berry, J.W. (1993) Indigenous psychologies. Newbury Park, CA: Sage.
Kim, U., Triandis, H.C., Kagitcibasi, C., Choi, S.-C. & Yoon, G. (Eds.) (1994) *Individualism and Collectivism. Theory, Method, and Applications*. Thousand Oaks: Sage Publications.
Kim, U., Triandis, H.C., Kagitcibasi, C., Choi, S.-C. & Yoon, G. (1994) Introduction. In: U. Kim, H.C. Triandis, C. Kagitcibasi, S.-C. Choi & G. Yoon (Eds.) *Individualism and Collectivism. Theory, Method, and Applications*. Thousand Oaks: Sage Publications, 1–18.
Kline, P. (1983) Maciavelism and Authoritarianism, *Personality Study and Group Behavior*, 3 (1), 6–11.
Klineberg, Otto (1980) Historical Perspectives: Cross-Cultural Psychology before 1960. In: H.C. Triandis & W.W. Lambert (Eds.) *Handbook of Cross-Cultural Psychology – Perspectives (Vol.1)*. Boston: Allyn and Bacon.
Kluckhohn, C. (1954) Culture and behaviour. In G. Lindzey (Ed.), *Handbook of social psychology*, Cambridge, Mass.: Addison- Wesley (Vol. 2), pp. 921–976.
Kluckhohn, C. & Strodtbeck, F.L. (1961) Variations in values orientation, Evanston, Row, Peterson, 10.
Knight, G.P. & Kagan, S. (1981) Apparent sex differences in cooperation-competition: a function of individualism, *Developmental psychology*, 17, 783–790.
Köbben, A.J.F. (1967) Why exceptions? The logic of cross-cultural analysis, *Current Anthropology*, 8, 3–19.

Kohn, M. L. (1987) *Cross-national research as an analytic strategy*. Presidential Address to American Sociological Association.
Kohns, P. M. (1972) The Authoritarianism-Rebellion Scale: A Balanced F Scale with Left-Wing Reversals, *Sociometry*, 35, 176–189.
Kroeber, A. & Kluckhohn, K. (1990) Geschichte und Herkunft des Kulturbegriffs. In: D. Stefanov & D. Ginev (Hrsg.) *Ideen für die Kulturwissenschaft* (Vol. 1). Sofia: Universitätsverlag St. Kliment Ohridsky, 451–511 (in bulgarisch).
Kroeber, A. & Kluckhohn, K. (1952) Culture: A critical review of concepts and definitions (Vol. 147, Nr.1), Cambridge, MA: Peabody Museum.
Kukla, A. (1988) Cross-Cultural Psychology in a Post-Empiricist Era. In: M. H. Bond (Ed.) *The Cross-Cultural Challenge to Social Psychology*. Newbury Park: Sage Publications, 141–152.
Kumar, K. (1979) Indigenization and transnational cooperation in social sciences. In: K. Kumar (Ed.) *Bonds without knowledge*. Honolulu: East-West Cultural Learning Institute.
Lambert, W. W. (1980) Introduction to Perspectives. In: H. C. Triandis & W. W. Lambert (Eds.) *Handbook of Cross-Cultural Psychology - Perspectives (Vol.1)*. Boston: Allyn and Bacon.
Larsen, K. S., Elder, R., Bader, M, & Dougard, C. (1989) Autoritarianism and Attitudes Toward AIDS Victims, *The Journal of Social Psychology*, 130 (1), 77–80.
Leary, T. F. (1957) *Interpersonal diagnosis of personality*. New York: Ronald Press
Lecomte, J. (1998) Raisons de vivre, raisons d'agir, *Sciences Humaines*, 79, 30–33.
Lederer, G. (1983) *Jugend und Autorität. Über Einstellungswandel zum Autoritarismus in der Bundesrepublik Deutschland und den USA*. Westdeutscher Verlag GmbH, Opladen.
Lee, Y.-T., McCauley, C. R. & Draguns, J. G. (1999) Why study personality in culture? In: Y.-T.Lee, C. R. McCauley & J. G. Draguns (Ed.), *Personality and person perception across cultures*. Mahwah, New Jersey: Lawrence Erlbaum Associates, Publishers, 23–41.
Lerner, M. J. & Simmons, C. H. (1966) The observer's reaction to the „innocent victim": Compassion or rejection?, *Journal of Personality and Social Psychology*, 4, 203–210.
Levine, R. A. & Campbell, D. T. (1972) *Ethnocentrism: Theories of conflict, ethnic attitudes and group behavior*. New York: Wiley.
Levinsion, D. (1989) *Family violence in cross-cultiral perspective*. Newbury Park, CA: Sage
Levi-Strauss, C. (1990) Über M. Mauss und seine Werke. In: D. Stefanov & D. Ginev (Hrsg.) *Ideen für die Kulturwissenschaft* (Vol. 1). Sofia: Universitätsverlag St. Kliment Ohridsky, 511–517 (in bulgarisch).
Levy, S. G. (1982) Perceptions of Leadrer Authoritarianism, *Academic Psychology Bulletin*, 4, 431–439.
Liebhart, E. H. & Liebhart, G. (1971) Entwicklung einer deutschen Ethnozentrismus-Skala und Ansätze zu ihrer Validierung, *Zeitschrift für experimentelle und angewandte Psychologie*, 18, 447–471.
Lind, G. (1987) Soziale Aspekte des Lernens: Ambiguitätstoleranz. In: B. Dippelhofer-Stiem & G. Lind (Hrsg.) *Studentisches Lernen im Kulturvergleich: Ergebnisse einer international vergleichenden Längsschnittstudie zur Hochschulsozialisation*. Weinheim: Deutscher Studien Verlag, 71–87.

Lipset, S. M. (1959) Democracy and working class authoritarianism, *American Sociological Review*, 24, 482-502.
Lockerbie, B. (1993) Economic dissatisfaction and political alienation in Western Europe, *European Journal of Political Research*, 23, 281-293.
Longabaugh, R. (1980) The Systematic Observation of Behavior in Naturalistic Settings. In: H. C. Triandis & J. W. Berry (Eds.) *Handbook of Cross-Cultural Psychology. Methodology* (Vol. 2). Boston: Allyn and Bacon, 57-126.
Lonner, W. J. (1980) The Search for Psychological Universals. In: H. C. Triandis & W. W. Lambert (Eds.) *Handbook of Cross-Cultural Psychology – Perspectives (Vol.1)*. Boston: Allyn and Bacon.
Lonner, W. J. & Berry, J. W. (Eds.) (1986) *Field Methods in Cross-Cultural Research*. Beverly Hills: Sage Publications.
Lonner, W. J. & Berry, J. W. (1986) Sampling and Surveying. In: W. J. Lonner & J. W. Berry (Eds.) *Field Methods in Cross-Cultural Research*. Beverly Hills: Sage Publications, 85-110.
Lonner, W. J. & Adamopoulos, J. (1997) Culture as Antecedent to Behavior. In: J. W. Berry, Y. H. Poortinga & J. Pandey (Eds.) *Handbook of Cross-Cultural Psychology (Vol. 1), Theory and Method*. Boston: Allyn and Bacon, 43-84.
Lord, F. M. (1980) *Applications of item response theory to practical testing problems*. Hillsdale: Lawrence Erlbaum Associates.
Lucas, R. E., Diener, E., & Suh, E. (1996) Discriminant validity of well-being measures, *Journal of Personality and Social Psychology*, 71, 616-628.
Lukes, S (1973) *Individualism*. Oxford: Basil Blackwell.
Malinowski, B. (1990) Was ist eigentlich Kultur?. In: D. Stefanov & D. Ginev (Hrsg.) *Ideen für die Kulturwissenschaft* (Vol. 1). Sofia: Universitätsverlag St. Kliment Ohridsky, 392-404 (in bulgarisch).
Malpass, R. S. (1977) Theory and method in cross-cultural psychology, *American Psychologist*, 32, 1069-1079.
Malpass, R. S. (1999) Subjective culture and the law. In: J. Adamopoulos & Y. Kashima (Eds.) *Social psychology and cultural context*. Thousand Oaks, CA: Sage Publications, 151-160.
Malpass, R. S. & Poortinga, Y. H. (1986) Strategies for Design and Analysis. In: W. J. Lonner & J. W. Berry (Eds.) *Field Methods in Cross-Cultural Research*. Beverly Hills: Sage Publications, 47-84.
Markus, H. & Kitayama, S. (1991) Culture and self: Implications for cognition, emotion, and motivation, *Psychological Review*, 98, 224-253.
Marsh, H. W. & Byrne, B. M. (1993) Confirmatory factor analysis of multigroup-multimethod self-concept data: Between-group and within-group invariance constraints, *Multivariate Behavioral Research*, 28, 313-349.
Mauss, M. (1990) Elemente und Formen der Zivilisation. In: D. Stefanov & D. Ginev (Hrsg.) *Ideen für die Kulturwissenschaft* (Vol. 1). Sofia: Universitätsverlag St. Kliment Ohridsky, 353-374 (in bulgarisch).
McClelland, D. (1961) *The achieving society*. Princeton, N. J.: Van Nostrand.
McFarland, S. G., Agaev, V. S. & Abalakina-Paap, M. A. (1992) Authoritarianism in the Former Soviet Union, *Journal of Personality and Social Psychology*, 63 (6), 1004-1010.

McGranahan, D. V. (1946) A comparison of social attitudes among American and German youth, *Journal of Abnormal Social Psychology*, 41, 245-257.
Mead, M. (1990) National Charakter. In: D. Stefanov & D. Ginev (Hrsg.) *Ideen für die Kulturwissenschaft* (Vol. 1). Sofia: Universitätsverlag St. Kliment Ohridsky, 388-392 (in bulgarisch).
Messick, D. M. (1988) On the limitations of cross-cultural research in social psychology. In: M. H. Bond (Ed.) *The cross-cultural challenge to social psychology*. Newbury Park: Sage Publications, 41-47.
Middendorp, G. P. (1993) Authoritarianism: Personality and Ideoloy, *European Journal of Political Research*, 24, 211-228.
Milgram, S. (1974) *Obedience to authority*. New York: Harper.
Miller, C. (1984) Culture and the develoment of everyday social explanation, *Journal of Personality and Social Psychology*,46, 961-978.
Miller, J. G. (1997) Theoretical Issues in Cultural Psychology. In: J. W. Berry, Y. H. Poortinga & J. Pandey (Eds.) *Handbook of Cross-Cultural Psychology (Vol. 1), Theory and Method*. Boston: Allyn and Bacon, 85-128.
Miller, J., Slomczynski, K. & Schoenberg, R. (1981) Assessing comparability of measurement in cross-national research: authoritarianism-conservatism in different sociocultural settings, *Social Psychology Q.*, 44, 178-191.
Mishra, R. C. (1994) Individualist and Collectivist Orientations Across Generations. In: U. Kim, H. C. Triandis, C. Kagitcibasi, S.-C. Choi & G. Yoon (Eds.) *Individualism and Collectivism. Theory, Method, and Applications*. Thousand Oaks: Sage Publications, 225-238.
Möbus, C. (1978) Zur Fairness psychologischer Intelligenztests: Ein unlösbares Trilemma zwischen den Zielen von Gruppen, Individuen und Institutionen?, *Diagnostica*, 24, 191-234.
Moghaddam, F. M. & Vuksanovic, V. (1990) Attitudes and behaviour toward human rights across different cointens: the role of right-wing authoritarianism, political ideology, and religiosity, *International Journal of Psychology*, 25, 455-474.
Moscovici, S. (1961). *La Psychoanalyse, son Image et son Public*. Paris: Presse Universitaire de France.
Munro, D. (1989) Individualism and Collectivism as Consequences of the Social Process of Self-categorisation. In: D. M. Keats, D. Munro & L. Mann (Eds.) *Heterogeneity in Cross-Cultural Psychology*. Amsterdam/Lisse: Swets & Zeitlinger B. V., 82-91.
Morsbach, H. (1980) Major Psychological Factors influencing Japanese Interpersonal Relations. In: N. Warren (Ed.) *Studies in Cross-cultural Psychology* (Vol. 2). London: Academic Press.
Munroe, R. L. & Munroe, R. H. (1980) Perspectives Suggested by Anthropological Data. In: H. C. Triandis & W. W. Lambert (Eds.) *Handbook of Cross-Cultural Psychology - Perspectives (Vol.1)*. Boston: Allyn and Bacon.
Munroe, R. L. & Munroe, R. H. (1997) A Comparative Anthropological Perspective. In: J. W. Berry, Y. H. Poortinga & J. Pandey (Eds.) *Handbook of Cross-Cultural Psychology (Vol. 1), Theory and Method*. Boston: Allyn and Bacon, 171-214.
Murdock, G. P. (1949) *Social Structure*. New York: Macmillan.

Naroll, R. (1970) Galton's problem. In: R. Naroll & R. Cohen (Eds.) *Handbook of method in cultural anthropology*. New York: Natural History Press, 974–989.
Naroll, R. (1983) *The moral order*. Beverly Hills: CA: Sage.
Naroll, R., Michik, G. L. & Naroll, F. (1980) Holocultural Research Methods. In: H. C. Triandis & J. W. Berry (Eds.) *Handbook of Cross-Cultural Psychology. Methodology* (Vol. 2). Boston: Allyn and Bacon, 479–522.
Österreich, D. (1974a) *Autoritarismus und Autonomie: Untersuchungen über berufliche Werdegänge, soziale Einstellungen, Sozialisationsbedingungen und Persönlichkeitsmerkmale ehemaliger Industrielehrlinge*, Band II, Ernst Klett Verlag Stuttgart.
Österreich, D. (1974b) Die Messung und Korrektur von acquiescence response set bei Autoritarismus- Skalen, *Zeitschrift für experimentelle und angewandte Psychologie*, 21 (3), 394–408.
Olson, J. M. & Zanna, M. P. (1993) Attitudes and attitude change, *Annual Review of Psychology*, 44.
Osgood, C. E. (1964) Semantic differential technique in the comparative study of cultures, *American Anthropologist*, 66, 171–200.
Osgood, C. E., May, W. & Miron, M. (1975) *Cross-cultural universals of affective meaning*. Urbana: University of Illinios Press.
Paranjpe, A. C. (1989) Toward a Pluralist Approach to Psychology: A Metatheoretical Critique of the Unity of Science Model. In: D. M. Keats, D. Munro & L. Mann (Eds.) *Heterogeneity in Cross-Cultural Psychology*. Amsterdam/Lisse: Swets & Zeitlinger B. V., 41–53.
Pareek, U. & Rao, T. V. (1980) Cross-Cultural Surveys and Interviewing. In: H. C. Triandis & J. W. Berry (Eds.) *Handbook of Cross-Cultural Psychology. Methodology* (Vol. 2). Boston: Allyn and Bacon, 127–180.
Parson, T. & Shils, E. A. (1951) *Toward a general theory of action*. Cambridge, Mass.: Harvard University Press.
Pawlicki, R. E. & Almquist, C. (1973) Authoritarianism, locus of control, and Tolerance of Ambiguity as reflected in membership and nonmembership in a women's liberation group, *Psychological Reports*, 32, 1331–1337.
Peabody, D. (1985) *National Characteristics*, Cambridge: Cambridge University Press.
Peabody, D. (1999) Nationality characteristics: dimensions for comparison. In: Y.-T. Lee, C. R. McCauley & J. G. Draguns (Ed.) *Personality and person perception across cultures*. Mahwah, New Jersey: Lawrence Erlbaum Associates, Publishers, 65–84.
Pike, K. L. (1967) *Language in relation to a unified theory of the structure of human behaviour*. The Hague: Mouton.
Poortinga, Y. H. (1985) *How and why cultural or ethnic groups are suposed to be different: A classification of inferences*. Paper presented at IACCP Conference, Malmö, June 1985.
Poortinga, Y. H. (1997) Towards Convergence? In: J. W. Berry, Y. H. Poortinga & J. Pandey (Eds.) *Handbook of Cross-Cultural Psychology (Vol. 1), Theory and Method*. Boston: Allyn and Bacon, 347–388.
Poortinga, Y. H. & Malpass, R. S. (1986) Making Differences from Cross-Cultural Data. In: W. J. Lonner & J. W. Berry (Eds.) *Field Methods in Cross-Cultural Research*. Beverly Hills: Sage Publications, 17–46.

Poortinga, Y.H. & Van de Vijver, F.J.R. (1987) Explaining cross-cultural differences: Bias analysis and beyond, *Journal of Cross-Cultural Psychology*, 18, 259-282.
Popp, U. (1989) Mythen und Motive autoritären Handelns: Ein kulturpsychologischer Beitrag zur Autoritarismusforschung. Frankfurt/New York: Campus Verlag.
Prothro, E.T. (1954) Cross-cultural patterns of national stereotypes, *Journal of Social Psychology*, 40, 53-59.
Przeworski, A. & Teune, H. (1970) *The logic of comparative social inquiry*. New York: Wiley-Interscience.
Radkliff- Brown, A. (1990) Die soziale Struktur. In: D. Stefanov & D. Ginev (Hrsg.) *Ideen für die Kulturwissenschaft* (Vol. 1). Sofia: Universitätsverlag St. Kliment Ohridsky, 404-422 (in bulgarisch).
Rajnarain (1986) Psycholgy of Right and Left, *Indian Journal of Current Psychological Research*, 1 (1), 1-16.
Rastogi, R. & Pandey, J. (1987) The Effect of Organizational Structure and Personality Characteristic on Perceived Need-Satisfaction, *Indidan Psychological Review*, 32 (2), 13-18.
Ratner, C. (1997) *Cultural psychology and qualitative methodology: Theoretical and empirical considerations*. New York: Plenum.
Ray, J.J. (1976) Do Authoritarians Hold Authoritarian Attitudes?, *Human Relations*, 29 (4), 307-325.
Ray, J.J. (1979) Does Authoritarianism of personality go with conservatism?, *Australian Journal of Psychology*, 31 (1), 9-14.
Ray, J.J. (1980) Libertarians and the Authoritarian Personality, *The Journal of Liberatarian Studies*, 4 (1), 39-43.
Ray, J.J. (1981) Authoritarianism, Dominance and Asssertiveness, *Journal of Personality Assessment*, 45 (4), 390-397.
Ray, J.J. (1984) Authoritarianism, conservatism and racism, *Ethnic and Racial Studies*, 7 (3), 406-412.
Ray, J.J. (1985) The Psychopathology of the political Left, *High School Journal*, 68, 415-423.
Ray, J.J. (1991) The workers are not authoritarian, *European Journal of Political Research*, 20, 209-212.
Riester, R.W. & Irbine, L.V.F. (1974) A methodological inquiry into the F Scale, *The Journal of Social Psychology*, 94, 287-288.
Rigby, K. (1985) Are there behavioural Implications for Attitudes to Authority?, *High School Journal*, 68, 365-373.
Rigby, K. (1987) An authority behavior inventory, *Journal of Personality Assessment*, 51, 615-625.
Roghmann, K. (1966) Dogmatismus und Autoritarismus. In: *Kölner Beiträge zur Sozialforschung und angewandten Soziologie* (Vol. 1). Meisenheim am Glan: Verlag Anton Hain.
Rokeach, M. (1960) *The open and closed mind*. New York: Basic Books.
Rokkan, S. (1970) Cross-cultural, cross-societal and cross-national research. In: *Main trends in the social and human science. Part one: social science*, UNESCO. The Hague: Mouton/UNESCO.
Rosenthal, R. (1963) The Vollunteer Subject, *Human Relations*, 18 (4), 389-406.

Rubenowitz, M. (1973) *The nature of human values*. New York: Free Press.
Rummel, R. J. (1970) Dimensions of error in cross-national data. In: R. Naroll & R. Cohen (Eds.) *A handbook of of method in cultural anthropology*. New York: Natural History Press. (Reprinted New York: Columbia University Press, 1973, 946-961).
Rump, E. E. (1985) Personality Ramifications of Attitude to Authority: Studies in Australia and Italy, *High School Journal*, 68, 287-292.
Sales, S. M. (1973) Threat as a factor in authoritarianism: a analysis of archival data, *Journal of Personality and Social Psychology*, 28 (1), 44-57.
Samelson, F. (1986) Authoritarianism from Berlin to Berkeley: On Social Psychology and History, *Journal of Social Issues*, 42 (1), 191-208.
Sanford, N. (1973) Authoritarian Personality in Contemporary Perspective, In: J. N. Knutson (Ed.) *Handbook of Political Psychology*. San Francisco/Washington/London: Jossey-Bass Publishers, 139-171.
Scheepers, P., Felling, A. & Peters, J. (1992) Anomie, Authoritarianism and Ethnocentrism: update of a classic theme and an empirical test, *Politics and the Individual*, 2 (1), 43-59.
Schmitt, M., Montada, L. & Maes, J. (2000) Gerechtigkeit als innerdeutsches Problem: Abschlussbericht an die DFG, *GiP-Bericht*, 21, 1-37.
Schmitt, M., Maes, J. & Seiler, U. (2001) Meßäquivalenz und strukturelle Invarianz von Indikatoren der seelischen Gesundheit bei Ost- und Westdeutschen, *Zeitschrift für Differentielle und Diagnostische Psychologie*, 22 (2), 87-99.
Schneider, J. (1985) Authoritarian-Conservatism and pleasantness of visual patterns: what determines aesthetic preferences?, *High School Journal*, 4-5, 389-395.
Schneider, J. (1997) Erfahrungen mit deutschsprachigen Versionen der Right-wing Authoritarianism Scale von Altemeyer, *Gruppendynamik*, 28 (3), 239-249.
Schuman, H., Bobo, L. & Krysan, M. (1992) Authoritarianism in the General Population: The Education Interaction Hypothesis, *Social Psycholog Quarterly*, 55 (4), 379-387.
Schwartz, S. (1992) Universals in the Content and Structure of Values: Theoretical advances and empirical tests in 20 countries, *Advanes in experimental social psychology*, 25, 1-65.
Schwartz, S. H. (1994a) Beyond individualism/collectivism: New cultural dimensions of values. In: U. Kim, H. C. Triandis, C. Kagitcibasi, S.-C. Choi & G. Yoon (Eds.) *Individualism and collectivism: Theory, method and applications*. Thousand Oaks, CA: Sage, 85-122.
Schwartz, S. H. (1994b) Are there universal aspects in the structure and contents of human vulues?, *Journal of Social Issues*, 50, 19-45.
Schwartz, S. H. & Bardi, A. (1997) Influences of adaptation to communist rule on value priorities in Eastern Europe, *Political Psychology*, 18, 385-410.
Schwartz, S. & Bilsky, W. (1987) Toward a psychological structure of human values, *Journal of Personality and Social Psychology*, 53, 550-562.
Schwartz, S. & Bilsky, W. (1990) Toward a Theory of Universal Content and Struckture of Values: Extensions and Cross-Cultural Replications, *Journal of Personality and Social Psychology*, 58 (5), 878-891.
Schwartz, S. H., Lehmann, A. & Roccas, S. (1999) Multimethod Probes of Basic Human Values. In: J. Adamopoulos & Y. Kashima (Eds.) *Social Psychology and Cultural Context*. Thousand Oaks: Sage Publications, 107-124.

Schwartz, S. H. & Sagiv, L. (1985) Identifying culture-specifics in the content and structure of values, *Journal of Cross-Cultural Psychology*, 26, 92–116.

Segall, M. H. (1986) Assessment of Social Behavior. In: W. J. Lonner & J. W. Berry (Eds.) *Field Methods in Cross-Cultural Research*. Beverly Hills: Sage Publications, 265–290.

Segall, M. H., Dasen, P. R., Berry, J. W. & Poortinga, Y. H. (1999) *Human behavior in global perspective: an introduction to cross-cultural psychology*. Boston: Allyn & Bacon.

Semin, G. R. & Rubini, M. (1990) Unfolding the concept of person by verbal abuse, *European Journal of Social Psychology*, 20, 463–474.

Sharma, S. N. & Singh, R. P. (1972) A Study of Attitudes towards Modern Approach in Teaching, *Indian Journal of Psychometry and Education*, 3 (1), 29–33.

Shiraev, E. B. & Levy, D. A. (2000) *Introduction to cross-cultural psychology*. Boston: Pearson.

Shweder, R. A. (1990) Cultural Psychology – What is it? In: J. W. Stigler, R. A. Shweder & G. Herdt (Eds.) *Cultural Psychology. Essays on Comparative Human Development*. Cambridge: Cambridge University Press, 1–43.

Sidanius, J. (1993) The psychology of group conflict and the dynamics of oppression: A social dominance perspective. In: Iyengar, S. & McGuire, W. (Eds.) *Explorations in Political Psychology*, Durham, NC: Duke University Press.

Sidanius, J. & Pratto, F.(2001) Social Dominance: An intergroup theory of social hierarchy and oppression. New York: Cambridge University Press.

Singelis, T., Triandis, H. C., Bhawuk, D. & Gelfand, M. (1995) Horizontal and vertical dimensions of individualism and collectivism: a theoretical and measurement refinement, *Cross-Cultural Research*, 29, 240–275.

Sinha, D. (1989) Cross-Cultural Psychology and the Process of indigenisation: A Second View from the Third World. In: D. M. Keats, D. Munro & L. Mann (Eds.) *Heterogeneity in Cross-Cultural Psychology*. Amsterdam/Lisse: Swets & Zeitlinger B. V., 24–40.

Sinha, D. (1997) Indigenizing Psychology. In: J. W. Berry, Y. H. Poortinga & J. Pandey (Eds.) *Handbook of Cross-Cultural Psychology. (Vol. 1), Theory and Method*. Boston: Allyn and Bacon, 129–170.

Sinha, D. & Tripathi, R. C. (1994) Individualism in a Collectivist Culture: A Case of Coexistence of Opposites. In: U. Kim, H. C. Triandis, C. Kagitcibasi, S.-C. Choi & G. Yoon (Eds.) *Individualism and Collectivism. Theory, Method, and Applications*. Thousand Oaks: Sage Publications, 123–136.

Sinha, J. B. P. & Verma, J. (1987) Structure of collectivism. In: C. Kagitcibasi (Ed.) *Growth and progress in cross-cultural psychology*. Lisse: Swets and Zeitlinger, 123–129.

Sinha, J. B. P. & Verma, J. (1994) Social Support as a Moderator of the Relationship Between Allocentrism and Psychological Well-Being. In: U. Kim, H. C. Triandis, C. Kagitcibasi, S.-C. Choi & G. Yoon (Eds.) *Individualism and Collectivism. Theory, Method, and Applications*. Thousand Oaks: Sage Publications, 267–275.

Smith, P. B. & Bond, M. H. (1998) *Social psychology across cultures* (2nd ed.) Hemel Hempstead: Harvester/Wheatsheaf.

Smith, P. B. & Schwartz, S. (1997) Values. In: J. W. Berry, M. H. Segall & C. Kagitcibasi (Eds.) *Handbook of cross-cultural psychology* (Vol. 3). Needham Heights, MA: Allyn & Bacon, 77–118.

Solanke, G. K. (1986) Value orientation and job preference of agricultural college students, *Journal of Psychological Researches*, 30 (2), 88-92.
Sprengler, O. (1990) Einführung in den Untergang des Abendlandes. In: D. Stefanov & D. Ginev (Hrsg.) *Ideen für die Kulturwissenschaft* (Vol. 1). Sofia: Universitätsverlag St. Kliment Ohridsky, 94-104 (in bulgarisch).
Steiner, C. M. (1987) The seven Sources of power: an alternative to autority, *Transactional Analysis Journal*, 17 (3), 102-104.
Stone, W. (1980) The Myth of Left-Wing Authoritarianims, Political Psychology, *Journal of the International Society of Political Psychology*, 2 (1), 3-19.
Süllwold, F. (1988) Zur Diagnose und Theorie von Ethnophilie und Ethnohostilität, *Zeitschrift für Experimentelle und Angewandte Psychologie*, 35 (3), 476-495.
Suh, E., Diener, E., Oishi, S. & Triandis, H. (1998) The Shifting Basis of Life Satisfaction Judgements Across Cultures : Emotions versus Norms, *Journal of Personality and Social Psychology*, 74, (2), 482-493.
Sumner, W. G. (1906) *Folkways*. New York: Ginn.
Sweney, A., Fiechtner, L. A. & Samores, R. J. (1975) An integrative Factor Analysis of leadership measures and theories, *The Journal of Psychology*, 90, 75-85.
Swim, J. T., Aikin, K. J., Wayne, S. W. H. & Hunter, B. A. (1995) Sexism and racism: old-fashioned and modern prejudices. *Journal of Personality and Social Psychology*, 68, 199-214.
Tafarodi, R. & Swann, W. B. (1996) Individualism-collectivism and global self-esteem: Evidence for a cultural trade-off, *Journal of Cross-Cultural Psychology*, 27, 651-672.
Tajfel, H. (1981) *Human Groups and Social Categories: studies in social psychology*. Cambridge: Cambridge University Press.
Tajfel, H. & Turner, J. (1979) An integrative theory of intergroup conflict. In: W. Austin & S. Worchel (Eds.) *The Social Psychology of Intergroup Relations*. Monterey, California: Brooks/Cole.
Tarr, H. & Lorr, M. (1991) A comparison of right-wing authoritarianism, conformity and conservatism, *Personality and Individual Differences*, 12 (3), 307-311.
Tedeshi, J. T. (1988) How Does One Descrive a Platypus? An Outsider's Questions for Cross-Cultural Psychology. In: M. H. Bond (Ed.) *The Cross-Cultural Challenge to Social Psychology*. Newbury Park: Sage Publications, 14-28.
Thomas, D. R. (1974) The relationship between ethnocentrism and conservatism in a „authoritarian" culture, *The Journal of Social Psychology*, 94, 179-186.
Thomas, D. R. (1975) Conservatism, Authoritarianism and Child-rearing Practices, *British Journal of social and clinical Psychology*, 14 (1), 97-98.
Thomas, A. (Hrsg.) (1993) *Kulturvergleichende Psychologie. Eine Einführung*. Göttingen: Hogrefe.
Thomas, A. (1993) Entwicklung der kulturvergleichenden Fragestellung in der Psychologie. In: A. Thomas (Hrsg.) *Kulturvergleichende Psychologie. Eine Einführung*. Göttingen: Hogrefe, 28-34.
Thompson, W. R. (1980) Cross-Cultural Uses of Biological Data and Perspectives. In: H. C. Triandis & W. W. Lambert (Eds.) *Handbook of Cross-Cultural Psychology - Perspectives (Vol.1)*. Boston: Allyn and Bacon.

Tönnies, F. (1957) *Community and society.* New York: Harper & Row. (Original work published 1887)

Trafinow, D., Triandis, H.C., Goto, S.G. (1991) Some tests of the distinction between the private and the collective self, *Journal of Social and Personality psychology,* 60, 649–655.

Triandis, H.C. (1972) *The analysis of subjective culture.* New York: John Wiley.

Triandis, H.C. (1976) Approaches toward minimizing translation. In: R. Brislin (Ed.) *Translation: applications and research.* New York: Wiley/Halsted, 229–243.

Triandis, H.C. (1978) Some universals of social behaviour, *Personality and Social Psychology Bulletin,* 4, 1–16.

Triandis, H.C. (1980) Introduction to Handbook of Cross-Cultural Psychology. In: H.C. Triandis & W.W. Lambert (Eds.) *Handbook of Cross-Cultural Psychology – Perspectives (Vol.1).* Boston: Allyn and Bacon.

Triandis, H.C. (1987) Individualism and social psychological theory. In C. Kagitcibasi (Ed.) *Growth and progress in cross-cultural psychology.* Lisse, Netherlands: Swets & Zeitlinger, 78–83.

Triandis, H.C. (1988) Cross-Cultural Contributions to Theory in Social Psychology. In: M.H. Bond (Ed.) *The Cross-Cultural Challenge to Social Psychology.* Newbury Park: Sage Publications, 122–140.

Triandis, H.C. (1989) The self and social behavior in differing cultural contexts, *Psychological Review,* 96, 506–520.

Triandis, H.C. (1990) Theoretical Concepts that are applicable to the analysis of ethnocentrism. In R.W. Brislin (Ed.) *Applied cross-cultural psychology.* Newbury Park: Sage Publications, 34–55.

Triandis, H. (1993) Collectivism and Individualism as cultural syndromes, *Cross-Cultural Research,* 27, 155–180.

Triandis, H.C. (1994) Theoretical and Methodological Approaches to the Study of Collectivism and Individualism. In: U. Kim, H.C. Triandis, C. Kagitcibasi, S.-C. Choi & G. Yoon (Eds.) *Individualism and Collectivism. Theory, Method, and Applications.* Thousand Oaks: Sage Publications, 41–51.

Triandis, H.C. (1994) *Culture and Social Behavior.* New York: McGraw-Hill.

Triandis, H.C. (1995) *Individualism and collectivism.* Boulder, CO: Westview.

Triandis, H.C. (1996) The Status of Recent Studies on Individualism an Collectivism, *Sociological problems,* Sofia, 1, 5–19 (in bulgarisch).

Triandis, H.C. (2000) Cultural Syndromes and Subjective Well-being. In E. Diener & E.M. Suh (Eds.) *Culture and Subjective Well-being.* Cambridge: Bradford Book, 13–36.

Triandis, H.C., Bontempo, R., Betancourt, H., Bond, M., Leung, K., Brenes, A., Georgas, J., Hui, H.C., Marin, G., Setiadi, B., Sinha, J.B.P., Verma, J., Spangenberg, J., Touzard, H. & Montmollin, G. (1986) The measurement of the etic aspects of individualism and collectivism across cultures, *Australian Journal of Psychology,* 38, 257–26.

Triandis, H.C., Bontempo, R., Villareal, M.J., Asai, M. & Lucca, N. (1988) Individualism and collectivism: Cross-cultural perspectives on self-ingroup relationshipss, *Journal of Personality and Social Psychology,* 54, 323–338.

Triandis, H. C. & Gelfand, M. (1998) Converting Measurement of Horizontal and Vertikal Individualsm and Collektivism, *Journal of Personality and Social Psychology*, 74 (1), 118–128.
Triandis, H. C., Leung, K., Villareal, M. V. & Clark, F. L. (1985) Allocentric versus indiocentric tendencies: Convergent and discriminant validation, *Journal of Research in Personality*, 19, 395–415.
Triandis, H. C., Malpass, R. S. & Davidson, A. (1972), Cross-cultural psychology, *Biennial Review of Antropology*, 1–84.
Triandis, H. C., McCusker, C., Betancourt, H., Iwao, S., Leung, K., Salazar, J. M., Setiadi, B., Sinha, J. B. P., Touzard, H. & Zaleski, Z. (1993) An etic-emic analysis of individualism and collectivism, *Journal of cross-cultural psychology*, 24 (3), 366–383.
Triandis, H. C., McCusker, C. & Hui, C. (1990) Multimethod Probes of Individualism and Collektivism, *Journal of Personality and Social Psychology*, 59 (5), 1006–1020.
Trommsdorff, G. (1993) Entwicklung im Kulturvergleich. In: A.Thomas (Hrsg.) *Kulturvergleichende Psychologie. Eine Einführung*. Göttingen: Hogrefe, 103–144.
Tyler, F. B. (1989) A Psychosocial Perspective on Cross-Cultural Unity in Psychology. In: D. M. Keats, D. Munro & L. Mann (Eds.) *Heterogeneity in Cross-Cultural Psychology*. Amsterdam/Lisse: Swets & Zeitlinger B. V., 54–65.
Van der Flier, H., Mellenbergh, G. J., Adér, H. J. & Wyn, M. (1984) An interative item bias detection method, *Journal of Educational Measurement*, 21, 131–145.
Van de Vijver, F. J. R. & Leung, K. (1997a) Methods and Data Analysis of Comparative Research. In: J. W. Berry, Y. H. Poortinga & J. Pandey (Eds.) *Handbook of Cross-Cultural Psychology (Vol. 1), Theory and Method*. Boston: Allyn and Bacon, 257–300.
Van de Vijver, F. J. R. & Leung, K. (1997b) *Methods and data analysis for cross-cultural research*. Newbury Park, CA: Sage.
Van de Vijver, F. J. R. & Poortinga, Y. H. (1991) Testing across cultures. In: R. K. Hambleton & J. Zaal (Eds.) *Advances in educational and psychological testing*. Boston: Kluwer, 277–308.
Van de Vijver, F. J. R. & Poortinga, Y. H. (1994) Methodological issues in cross-cultural studies on parental rearing behavior and psychopathology. In: C. Perris, W. A. Arrindell & M. Eisenmann (Eds.) *Parenting and psychopathology*. New York: Wiley, 173–197.
Vygotsky, L. S. (1978) *Mind in society: The development of higher psychological processes*. Cambridge: Harvard University Press.
Wadhwa, B. S. (1987) Personality and Attitude Measures of Convent School Teachers in Relation to Religion, Religious Fundamentalism And Subject, *Indian Journal of Applied Psychology*, 24 (2), 107–108.
Waldert-Lauth, M. & Scherer, K. R. (1983) Interpersonale Kommunikation von Machiavellismus: Zur Bedeutung von Kommunikationskanälen und Situationsfaktoren, *Zeitschrift für experimentelle und angewandte Psychologie*, 30, 311–345.
Warwick, D. P. (1980) The Politics and Ethics of Cross-Cultural Research. In: H. C. Triandis & W. W. Lambert (Eds.) *Handbook of Cross-Cultural Psychology – Perspectives (Vol.1)*. Boston: Allyn and Bacon.
Warwick, D. P. & Osherson, S. (1973) Comparative analysis in the social science. In: D. P. Warwick & S. Osherson (Eds.) *Comparative research methods*. Englewood Cliffs, N. J.: Prentice-Hall, 3–41.

Waterman, A. S. (1984) *The psychology of individualism.* New York, Praeger.
Weller, L. & Nadler, A. (1975) Authoritarianism and Job Preference, *Journal of Vocational Behavior,* 6, 9–14.
Wheeler, L. & Reis, H. (1988) On Titles, Citations, and Outlets: What Do Mainstreamers Want? In: M. H. Bond (Ed.) *The Cross-Cultural Challenge to Social Psychology.* Newbury Park: Sage Publications, 36–40.
White, L. (1990) Die Kulturwissenschaften. Das Problem der Kulturevaluation. In: D. Stefanov & D. Ginev (Hrsg.) *Ideen für die Kulturwissenschaft* (Vol. 1). Sofia: Universitätsverlag St. Kliment Ohridsky, 423–431 (in bulgarisch).
Whiting, J. W. M. (1961) Socialization, process and personality. In: F. L. K. Hsu (Ed.) *Psychological anthropology.* Homewood, Ill.: Dorsey.
Wilderom, C. P. M. & Cryns, A. G. (1985) Authoritarianism/Dogmatism as a function of age: a relevant yet forgotten area of research, *High School Journal,* 4, 5424–428.
Williams, D. L. & Kremer, B. J. (1974) Pastoral counselling students and secular counselling Students: a comparison, *Journal of Counseling Psychology,* 21 (3), 238–242.
Wilson, G. D. & Patterson, J. R. (1970) *The Conservatism Scale.* Windsor, Berks: National Foundation for Educational Research.
Wylie, L. & Forest, J. (1992) Religious Fundamentalism, Right-Wing Authoritarianism and Prejudice, *Psychological Reports,* 71, 1291–1298.
Yamaguchi, S. (1994) Collectivism Among the Japanese: A Perspective from the Self. In: U. Kim, H. C. Triandis, C. Kagitcibasi, S.-C. Choi & G. Yoon (Eds.) *Individualism and Collectivism. Theory, Method, and Applications.* Thousand Oaks: Sage Publications, 175–188.
Yonge, G. D. & Regan, M. C. (1978) Female sex-role expectations and authoritarianism, *Psychological Reports,* 43, 415–418.
Zick, A. (1997) *Vorurteile und Rassismus – eine sozialpsychologische Analyse.* Münster: Waxmann.
Zimbardo , P. & R. J. Geriing (2008) *Psychologie,* Pearson: New York, 18. Überarbeitete Auflage
Zipf, G. K. (1949) *Human Behavior and the Principle of Least Effort.* Cambridge: Mass.
Zook, A. & Sipps, G. J. (1987) Machiavellianism and Dominance: Are Therapists in training manipulative?, *Psychotherapy,* 24 (1), 15–19.
Zwillenberg, D. F. (1983) *Predicting Biases in the Punishment of Criminals as a Function of Authoritarianism: The Effects of Severity of the Crime, Degree of Mitigating Circumstances, and Status of the Offender.* Unpublished doctoral dissertation, Columbia University.

Stichwortverzeichnis

A

accosting-Strategie 107
Adorno 128, 174–179, 183, 186, 188, 190, 191, 196, 201–203
Analyse von Varianz (Intervall- und Ratio-Level-Skalen) 75
Antezedent 45, 46, 66, 69, 86, 90, 108, 119, 164
Anthropologischer Ansatz 40
Äquivalenz 17, 52–54, 57–67, 70–73, 83, 95, 97, 110, 112, 120–121, 126, 157
Assimilationsverzerrung 118
Ästhetisch-poetische Übersetzung 70
autoritäre Unterwürfigkeit 176, 186, 187, 190, 193
autoritärer Aggressivität 187
autoritäres Syndrom 176, 179, 183, 184, 199, 200

B

Back translation 44, 71
Barnum-Effekt 118
belief-perseverance-Effekt 119
Beurteilungskontext 114
Bidirektionale Kausation 119
Bilinguale Technik 60, 71

C

chinese culture connection 157, 166
Clusteranalyse 63, 83–85

culture and personality – school 40
Cultural Mixtures 48
cultural syndrome 148, 210

D

Dichotome Kategorien 147
dichotomen und stetigen Variablen 118
DIF-Methode *(differential item functioning)* 72
differentielle Item-Funktionstechniken 74, 75
Dogmatismus 128, 132, 177, 178, 180, 183, 189, 190, 196, 200, 202

E

Einstellungen 23, 49, 80, 91, 100, 107, 131, 134, 139, 148, 149, 151, 156, 159–163, 177, 180, 181, 184, 187, 190, 191–201, 206, 208, 210
E-P-A-Ansatz 72, 205, 206
Ethnographischer Ansatz 37
Ethnozentrismus 34, 36, 37, 40, 42, 122, 130, 176, 180, 181, 183–185, 190, 197, 199, 200
Ethnographische Übersetzung 70
Etic und Emic 32–35, 64, 65, 67, 68, 72, 87, 106, 116, 150, 169, 202
Evaluative Verzerrungen der Sprache 118
evolutionäres Problem 38, 43, 111, 168

explorative Faktorenanalyse 63, 83

F
F-Skala (Faschismus-Skala) 175–179, 189, 196, 200
Fundamentaler Attributionsfehler 118

G
Galton's Problem 89, 111, 112
Gleichheit-Ungleichheits-Paradox 118
Gerechte-Welt-Hypothese 202

H
Holokulturelle Forschungsmethoden 111, 112, 124
horizontaler und vertikaler Individualismus 137, 152
horizontaler und vertikaler Kollektivismus 137, 152
HRAF 22, 111, 112, 123, 124

I
Indigene Psychologie 34, 42–45, 53, 107
Individual-level-variables 40
inhaltliche Indigenization 44
Inhaltsanalyse (Kontentanalyse) 67, 68, 69, 94, 99, 110, 149, 150
Institutional-level-variables 40
instrumentale Werte 134
Interrater-Korrelation 69
Integrativer Ansatz 49
Item-Bias-Analysen 55, 56, 58, 74, 77, 78, 80, 119

item response theory (IRT) 73, 74, 75, 80
item score 73, 77, 79
Item-Statistik 73

K
kognitive Anthropologie 40, 41
Komitee-Ansatz 71
Kompakt- und Augmentationsmodell 82
Kontentanalyse (Inhaltsanalyse) 67, 68, 69, 94, 99, 110, 149, 150
konvergente und diskriminante Validität 103
Konservatismus 129, 138, 156, 176, 180, 183, 184, 188, 189, 190, 195, 200
Konventionalismus 176, 179, 186–188, 190, 201
Kultur 11–20, 21–29, 30–36, 37–44, 45–51, 76–91, 96–112, 205–211
Kulturpsychologie 15, 17, 19, 22, 30, 40, 54, 90, 114, 141
Kulturvergleichende Psychologie 12–20, 21–29, 29–51, 52–59, 66–72, 86, 87, 90, 91, 93, 94, 101, 104, 105, 110–114, 117–122, 141–143, 145, 147, 149, 158, 169
Kulturelle Evolution 38, 43, 111, 132, 168, 211
Kultur und Handlung 41
Kulturelle vs. genetische Übertragung 36, 39, 132
Kultureller Relativismus 34, 42–45, 107, 123
Kulturelle Universalien 45, 123–126, 128, 129, 206

Stichwortverzeichnis

L
left-wing-Autoritarismus   180
level score   73, 79
Level-orientierte Techniken   85
Liberalismus   185
loglineare Modelle   73, 78
Linguistische Übersetzung   70

M
Machiavellismus   181, 183, 193, 194
Mantel-Haenszel-Prozedur   73, 75
McGranahon-Studie   199
Methoden der multidimensionalen Skalierung (MDS)   83
Milgram-Experiment   186
Modernismus   132, 156
Motivationsziele   135
Multikulturalismus   36, 37
Multilevelanalysen   86
Multistufenansatz   115, 116
multiple Kausation   119
Multi-Level Analysen   129

N
naturalistischer Fehlschluss   119
Normen   20, 22, 28, 37, 45, 47, 58, 96, 97, 106, 114, 148–151, 160–166, 171, 178, 179, 186, 187, 190, 199, 200–208, 210, 211
Nicht-Stichprobenauswahlfehler   89

O
Ökokultureller Ansatz   47, 211
ökologischer Ansatz   22, 23, 39, 55, 114

P
Parameter- und modellbasierte Vergleiche   80
pattern variables   131
p-Differenz   75
Pragmatische Übersetzung   70
Pretest-Prozeduren   71
Projektive Techniken   94
Proposed Etics   72
post hoc error   118
psychologische Anthropologie   40

R
Relativismus   33, 34, 42, 123
repräsentative Verzerrung   118
researcher-respondent-Probleme   92
right-wing-Autoritarismus (RWA-Skala)   155, 185, 186–189, 190, 199

S
Sampling   86–90, 94
Saphir-Whorf-Hypothese   209
selbsterfüllende Prophezeiung   118
situationale Kontext   114
Skalenäquivalenz bzw. Strukturäquivalenz   63
social dominance theory   192
Soziologischer Ansatz   47
Soziobiologischer Ansatz   38, 39
Soziokulturelle Schule   42
soziale Struktur   41, 114
soziales Verhalten   28, 49, 53, 137, 158, 161, 185, 208, 209
split-half-Reliabilität   69, 71
Stichprobe nach Zugänglichkeit   88, 103

strukturelle Indigenization 44
Standardisierung bei Kulturvergleichen 58, 82, 95
street theater-Strategie 107
Strukturorientierte Techniken bei Kulturvergleichen 83
Stichprobenauswahlfehler 89
Strukturgleichungsmodelle (SGM) 83
Sub-System-Validierung 62
subjektive Kultur 20, 22, 72, 97, 205, 206, 207–211
Szenarios 149

T
Theoretische Indigenization 44
Theoretics 33
terminale Werte 134, 135

U
Universalismus 33, 34, 123, 126, 131, 132, 135, 137, 159
Universalien 33, 39, 44, 45, 52, 53, 64, 123–126, 128, 138, 206
unobtrusive Methoden 104, 105

W
Wohlbefinden 31, 165, 205
„working-class"-Hypothese 196

Z
Zugangsverzerrung 118

Methoden

Christian Geiser
Datenanalyse mit Mplus
Eine anwendungsorientierte Einführung
2., durchges. Aufl. 2011. ca. 300 S.
mit CD-Rom. Br. EUR 34,95
ISBN 978-3-531-18002-1
Praxisnah, mit zahlreichen Beispielen, Probedatensätzen und Abbildungen führt der Autor Schritt für Schritt in die Grundlagen der Handhabung von Mplus (Version 5) ein, und beschreibt die Anwendung grundlegender Analyseverfahren. Dabei werden nicht nur konventionelle Strukturgleichungsmodelle, sondern auch Strukturgleichungsmodelle der Veränderungsmessung sowie Mehrebenenregressionsmodelle und Latent-Class-Analysen besprochen.

Karl-Heinz Renner / Timo Heydasch / Gerhard Ströhlein
Forschungsmethoden der Psychologie
Von der Fragestellung zur Präsentation
2011. ca. 120 S. (Basiswissen Psychologie)
Br. ca. EUR 12,95
ISBN 978-3-531-16729-9
Warum soll man sich in der Psychologie mit Forschungsmethoden auseinandersetzen? Wie können Hypothesen für empirische Untersuchungen gewonnen werden? Wie kann man psychische Phänomene messen? Warum werden in der Psychologie Experimente durchgeführt? Das Buch liefert Antworten auf diese und viele andere Fragen und führt in verständlicher, übersichtlicher Form in die Forschungsmethoden der Psychologie ein.

Günter Mey / Katja Mruck (Hrsg.)
Grounded Theory Reader
2., akt. und erw. Aufl. 2011. ca. 468 S.
Geb. EUR 39,95
ISBN 978-3-531-17103-6
Der „Grounded Theory Reader" bietet einen Überblick über die Entwicklung und den aktuellen Stand der Grounded-Theory-Methodologie, die international am weitesten verbreitete qualitative Forschungsstrategie.

Thomas Schäfer
Statistik I
Deskriptive und Explorative Datenanalyse
2010. 134 S. (Basiswissen Psychologie)
Br. EUR 14,95
ISBN 978-3-531-16939-2
Wozu braucht man überhaupt Statistik? Warum ist die Psychologie eine Wissenschaft? Lassen sich menschliches Erleben und Verhalten wirklich messen? Und wenn ja, auf welche Weise? Das Buch führt in die statistische Darstellung und Beschreibung von Daten ein und beantwortet diese und viele andere Fragen anhand von praktischen Beispielen. Die wichtigsten Möglichkeiten zur Aufbereitung und Visualisierung von Daten in Tabellen, Abbildungen und statistischen Kennwerten werden vorgestellt.

Erhältlich im Buchhandel oder beim Verlag.
Änderungen vorbehalten. Stand: Juli 2011.

Einfach bestellen:
SpringerDE-service@springer.com
tel +49(0)6221/345-4301
springer-vs.de

Basiswissen Psychologie

Ulrich Ansorge / Helmut Leder
Wahrnehmung und Aufmerksamkeit
2011. 152 S. Br. EUR 14,95
ISBN 978-3-531-16704-6

Christian Bellebaum / Patrizia Thoma / Irene Daum
Neuropsychologie
2011. ca. 120 S. Br. ca. EUR 12,95
ISBN 978-3-531-16827-2

Reinhard Beyer / Rebekka Gerlach
Sprache und Denken
2011. ca. 181 S. Br. EUR 16,95
ISBN 978-3-531-17135-7

Hede Helfrich
Kulturvergleichende Psychologie
2011. ca. 120 S. Br. ca. EUR 14,95
ISBN 978-3-531-17162-3

Walter Herzog
Wissenschaftstheoretische Grundlagen der Psychologie
2011. ca. 120 S. Br. ca. EUR 14,95
ISBN 978-3-531-17213-2

Thomas Gruber
Gedächtnis
2011. 144 S. Br. EUR 14,95
ISBN 978-3-531-17110-4

Andrea Kiesel / Iring Koch
Lernen
Grundlagen der Lernpsychologie
2011. ca. 120 S. Br. ca. EUR 12,95
ISBN 978-3-531-17607-9

Bernd Marcus
Personalpsychologie
2011. 156 S. Br. EUR 12,95
ISBN 978-3-531-16723-7

Malte Mienert / Sabine Pitcher
Pädagogische Psychologie
Theorie und Praxis des Lebenslangen Lernens
2011. 150 S. Br. EUR 14,95
ISBN 978-3-531-16945-3

Klaus Rothermund / Andreas Eder
Motivation und Emotion
2011. ca. 216 S. Br. EUR 19,95
ISBN 978-3-531-16698-8

Erich Schröger
Biologische Psychologie
2011. 142 S. Br. EUR 12,95
ISBN 978-3-531-16706-0

Alexandra Sturm / Ilga Opterbeck / Jochen Gurt
Organisationspsychologie
2011. ca. 158 S. Br. EUR 14,95
ISBN 978-3-531-16725-1

Erhältlich im Buchhandel oder beim Verlag.
Änderungen vorbehalten. Stand: Juli 2011.

Einfach bestellen:
SpringerDE-service@springer.com
tel +49(0)6221/345-4301
springer-vs.de

GPSR Compliance
The European Union's (EU) General Product Safety Regulation (GPSR) is a set of rules that requires consumer products to be safe and our obligations to ensure this.

If you have any concerns about our products, you can contact us on

ProductSafety@springernature.com

In case Publisher is established outside the EU, the EU authorized representative is:

Springer Nature Customer Service Center GmbH
Europaplatz 3
69115 Heidelberg, Germany

www.ingramcontent.com/pod-product-compliance
Ingram Content Group UK Ltd.
Pitfield, Milton Keynes, MK11 3LW, UK
UKHW022211230426

12048UKWH00016BA/786